마음챙김 걷기

마음챙김 걷기

발행일   2026년 1월 5일

지은이   이휘재
펴낸이   손형국
펴낸곳   (주)북랩

출판등록   2004. 12. 1(제2012-000051호)
주소   서울특별시 금천구 가산디지털 1로 168, 우림라이온스밸리 B동 B111호, B113~115호
홈페이지   www.book.co.kr
전화번호   (02)2026-5777   팩스   (02)3159-9637

ISBN   979-11-7598-040-2 03320 (종이책)   979-11-7598-041-9 05320 (전자책)

작가 연락처 문의 ▸ ask.book.co.kr

전용 게시판에 문의를 남기시면 저자에게 직접 전달됩니다.

(주)북랩 성공출판의 파트너

북랩 홈페이지와 SNS에서 다양한 출판 솔루션을 만나 보세요!

홈페이지 book.co.kr   •   **블로그** blog.naver.com/essaybook   •   **출판문의** text@book.co.kr
카톡채널 북랩

고통에서 행복으로 가는 길

마음챙김 걷기

걷고 이휘재

북랩

마음챙김 걷기

오랜 세월 길 위에서 몸과 마음을 단련해 온 저자는, 걷기를 통해 겪은 회복과 성찰의 여정을 바탕으로 '걸으며 행복해질 수 있는 방법'을 탁월한 통찰로 풀어낸다. 길벗들의 변화와 갈등, 그리고 각자의 삶 속에서 펼쳐지는 마음의 풍경들을 누구보다 가까운 자리에서 지켜본 사람이기에 가능한 글이다.

저자는 명상은 표층 의식을 붙잡지 않고 흘려보내는 작업이며, 명상을 하면서 잡념과 싸우거나 쫓아가는 자신을 빨리 알아차리고 명상의 주제로 돌아와 집중하는 것이 바로 마음챙김이라고 명상과 마음챙김의 관계를 설명한다. 또한 저자는 마음챙김은 자신의 몸과 마음을 '지금-여기'에 머물게 만드는 방법이라고 말한다. 우리는 몸은 여기 있지만 마음은 과거나 미래에 머무르는 '분리된 삶'을 사는 경우가 많다. 저자는 걸음 속에서 끊임없이 솟아오르는 생각과 감정의 소란을 '부드럽게 알아차리고 감각으로 돌아오는 것이 마음챙김 걷기의 핵심이라고 강조한다. 사유와 감정이 만들어 내는 허상에서 벗어나 발끝과 몸, 호흡에서 느껴지는 감각을 통해 다시 현재로 돌아오는 길. 그 단순한 전환이 삶 전체를 새롭게 한다는 사실을 독자는 자연스럽게 체험하게 된다.

이 책은 마음챙김 걷기의 구체적 방법에 대해서도 상세하게 안내하고 있다. 이 책은, 걷기가 단순한 이동이 아니라 의식의 전환이라는 사실을 친절하게 보여준다. 걷기 전에 마음을 가라앉히고, 몸의 감각을 깨우며, 호흡의 길이에 맞춰 걸음을 맞추는 과정은 누구나 바로 따라 할 수 있을 만큼 단순하지만, 그것의 긍정적 효과는 크다. 발바닥에 닿는 감각을 느끼고, 떠오르는 생각이 있으면 그것을 억누르지 않고 부드럽게 다시 호흡과 걸음으로 돌아오는 이 반복은, 삶의 소란 속에서도 '지금-여기'의 나를 회복시키는 현실적이고도 강력한 수행이 된다. 이 책은 그런 마음챙김 걷기의 구체적 원리를 일상의 언어로 풀어내어, 독자가 실제로 길 위에서 변화를 체험할 수 있도록 돕는 안내서다.

저자가 제시하는 마음챙김 걷기는 단순한 기술이 아니다. 그것은 자기중심적인 '나'라는 틀을 허물고, 과거의 기억이 만들어 낸 자동적 패턴에서 벗어나는 작업이며, 매 순간 새로운 선택을 가능케 하는 실천이다. 자극과 반응 사이에 존재하는 아주 짧은 여백인 '0.5초의 간격'을 포착해, 감각으로 전환하고 자유를 회복하는 과정은 특히 인상적이다. 걷기는 이 자유 훈련을 위한 단순하고도 강력한 도구가 된다.

이 책은 또한 마음챙김 걷기가 단순한 이론이나 수행법이 아니라 실제 삶을 변화시키는 힘임을 생생하게 증언한다. 삶의 고통과 상처 속에서 길을 잃었던 일곱 명과의 인터뷰는, 이들이 꾸준히 걷기를 이어가며 다시 자신을 회복해 간 과정을 담담하지만 깊은 울림으로 전달한다. 걷는 동안 마음의 그림자가 스스로 옅어지고, 자연과 호흡하며 삶의 무게를 내려놓는 경험은 그 누구의 삶에도 적용될 수 있는 보편적 치유의 원리임을 보여준다. 이들의 이야기는 걷기가 몸을 건강하게 하는 것을 넘어, 인간이 다시 살아갈 힘을 되찾는 소박하면서도 확실한 길임을 조용히, 그러나 확고하게 말해 준다.

이 책은 걷기를 통해 마음을 비추고, 마음을 통해 다시 삶을 비추는 길을 보여준다. 누구나 이미 가지고 있지만, 너무 오래 잊고 지낸 '지금-여기'의 힘을 회복하게 하는 책이다. 걷는다는 가장 일상의 행위가, 올바른 마음의 방향을 만날 때 얼마나 큰 지혜와 평온을 가져오는지 이 책은 따뜻하고도 단단한 문장들로 일러준다. 이 책이 많은 이들에게 삶을 다시 시작할 용기와 고요한 힘이 되어 주기를 바란다.

김정호

김정호
- 덕성여자대학교 심리학과 명예교수
- 한국건강심리학회 산하 MMPT 연구회 회장
- 전) 한국심리학회 회장
- 전) 한국건강심리학회 회장
- 전) 대한스트레스학회 이사장
- 저서 : 『흔들릴 줄 알아야 부러지지 않는다』, 『명상, 마음챙김, 긍정심리 훈련
    (MMPT) 워크북: 행복과 성장을 위한 8주 마음공부』, 『자비수행: 자비
    의 이해와 실천』, 『마음챙김 명상 멘토링』 외

삶을 위한 명상일까, 명상을 위한 삶일까?

너무나 우스꽝스런 질문을 해본다. 명상의 역사가 수천 년이 되다 보니 그 방법이나 목적이 참으로 다종다양하다. 근래에는 동양의 명상이 서양으로 건너가 변형되고, 다시 수입되어 대중에게 각광을 받는 명상까지 있으니, 명상을 처음 접하는 사람의 입장에서는 뭐가 뭔지 판단도 못하고 그 기법과 이론에 끌려갈 수도 있겠다 싶다. 실제로 자신을 명상의 도구로 만들어 가는 사람들을 종종 보게 된다. 그래서 이런 우스꽝스런 질문을 던져 본다.

이런 관점으로 저자를 본다면, 저자는 어떤 명상가일까? 내가 경험해 온 저자는 철저하게 삶을 위한 명상을 하는 수행자이다. 저자에게서는 명상 때문에 형성된 어떤 허영기도 찾아볼 수 없다. 길이 있으니 걷는 것처럼, 괴로움이 있으니 명상하는 사람이다.

사람은 누구나 길 위를 간다. 누구나 숨을 쉰다. 누구나 마음의 질곡에서 허덕인다. 그것이 삶이다. 저자는 그 순간마다 전통적인 명상의 지혜를 아주 담박하게 끌어다가 쓴다. 저자는 유난히도 걷기를 좋아한다. 마음을 챙기면서 걷는 것을 좋아한다. 그 걸음에,

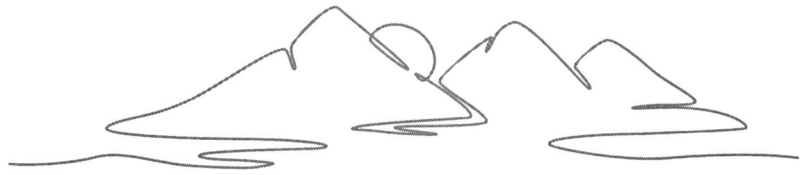

그 밭에 저자의 명상 경험과 지혜가 다 녹아 있다.

이 책에는 '마음챙김'에 대한 자세한 설명이 있다. 자세하면서도 담박하다. 그리고 저자의 걸음걸이 이야기가 있다. 함께 걷고 있는 사람들의 이야기도 있다. 우리 이웃 같은 이들의 삶의 이야기가 있다. 명상이 어떻게 이들의 발걸음에 들어와 마음챙김의 걸음걸이가 되는지, 또 그 걸음걸이가 어떻게 이들의 내면을 변화시켜 가는지, 소위 명상이 어떻게 이들의 삶이 되는지에 대한 이야기가 있다.

그래서 이 책의 분위기는 장엄하고 고급스러운 명상 센터의 분위기가 아니다. 때로는 홀로 동네 길을 산책하는 분위기와도 같고, 때로는 좋은 사람들과 들길을 함께 걷는 것과도 같다. 때로는 시골 어느 길가에 있는 작은 슈퍼마켓 평상에서 막걸리 한 잔으로 마른 목을 축이는 것 같기도 하다.

우리는 아침에 눈을 뜨면 길을 걷는다. 아침에 눈을 뜨기 전 잠들어 있을 때 꿈을 꾼다면 꿈속에서도 길을 걷는다. 이왕 걷는 걸음이라면 한 번쯤 그것에 마음을 챙겨 보는 것은 어떨까? 시간에 헉헉대고, 도착해야 하는 목표 지점만 바라보고 걷던 습관, 그래서 지금 이 순간 내가 걷고 있다는 이 분명한 사실을 까맣게 잊고 느끼지 못하는 것에서 잠시라도 벗어나, 내가 지금 걷고 있음을 선명하게 느끼고, 걷는 이 순간 내가 살아 있음을 분명하게 느끼는, 거룩한 걸음걸이를 한 번쯤 경험해 보는 것은 어떨까?

길을 가다가 유난히 가볍고 고요하게 걷는 사람이 보인다면, 그 사람이 바로 이 책의 저자일 확률이 높다. 조용히 곁으로 다가가 함께 침묵하면서, 나의 걸음걸이에 마음을 챙기고 가볍고, 고요하고, 행복하게 걸어 볼 것을 진심으로 권한다.

달마 김준영

김준영

간화선을 기반으로 티베트의 족첸과 포와, 마하시, 술륜, 쉐우민 전통의 위빠사나를 섭렵. 현재, 필요에 따라 간화선, 위빠사나, 티베트 명상 등을 융합해서 수행을 안내하고 있다.
- 축서사 토요 정진회 참선 법회 초심자반 참선 지도 법사
- 축서사 불교 대학 '삶과 수행' 출강
- KBS 명상 동아리 명상 지도 법사
- 서울 목동에서 축서사 문수선원 서울 모임 참선 수행 지도 법사
- 저서 : 『당신이 길입니다, 친절한 화두 명상 지침서』

추천의 글

이 책에는 저자의 평범한 일상이 담겨 있다.
우리도 늘 경험하는 일상이다.
다만, 저자는 마음챙김의 끈을 놓지 않는다.
부단하게 자신을 돌아보며 성찰한다.
때로는 지나칠 정도로.

이 책에는 '마음챙김' 내용이 반복된다.
어떻게든 독자에게 전하고픈 마음이다.
그 바람은 소박하고 우직하고 한결같다.
언제든지, 어디서든지, 단 한 명이라도
괴로움에서 벗어나 평안하기를.

마음은 걸림 없는데
마음의 장난 앞에서는 초라할 뿐이다.
갈고 닦아 온 이성도
애써 쌓아 온 삶의 경험도
근사하게 꾸며 온 삶의 장식도.

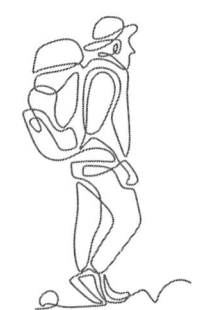

저자는 걷기에 진심이다.
길과 길벗을 만나 행복하고
길 위에서 자신을 만나 행복하다.
우리도 걸으며 느껴 보자.
마음챙김 걷기의 자유로움을.

만날 사람은 만나게 되어 있다.
저자와의 특별한 인연에 감사한다.
이 책은 당신을 위한 책이다.
이 책을 만난 당신을 축복한다.
이 책을 읽으며 잠시나마 평온하기를.

렛고 우미라

우미라
- 서울교육대학교 졸업
- 서울교육대학교 대학원 국어교육과(교육학 석사)
- 이화여자대학교 대학원 초등교육과(문학 박사)
- 전) 서울위례별초등학교 교사
- 전) 서울교육대학교, 이화여자대학교 강사
- 저서 : 『국어교육과 교육연극의 방법과 실제』, 『아동문학교육론』, 『뇌 기반
　　　초등문학교육론』

차례

1장   들어가는 글

2장   마음챙김이 필요한 이유

3장 | 마음챙김 걷기

4장 　보사수(步思修)

5장 | 걷기란?

발간을 준비하며

오랜 기간 다양한 길을 걸었다. 걸으며 몸의 건강을 회복할 수 있었고, 몸이 회복되며 마음의 건강도 지켜낼 수 있었다. 걷기 동호회 활동을 하면서, 또 걷기 동호회를 직접 운영하면서 함께 걷는 길벗이 긍정적으로 변하는 모습을 많이 보았다. 반면, 점점 더 자신의 틀을 강화하고 그 안에 갇혀 사람들과 벽을 만들고 살아가는 길벗도 보았다. 걷기를 통해 건강과 행복을 찾는 사람이 있는가 하면, 오히려 회원들 간의 갈등과 스트레스로 인해 동호회를 떠나거나 불편한 상황을 마주하는 사람도 있다. 같은 길을 걷는데도, 사람에 따라 행복과 불행이, 편안함과 불편함이, 화합과 갈등이 공존하는 모습을 보며 너무 안타까웠다. 걷기를 통해 행복해질 수 있는 방법을 고민하게 되었고, 이 책은 그 고민에 대한 결과물이다.

마음챙김은 자신의 몸과 마음을 '지금-여기'에 머물게 하는 방법이다. 몸은 '여기'에 있으면서 마음은 '저기'에 가 있거나, 몸은 '지금'에 머물면서 생각과 감정은 '과거'나 '미래'에 가 있다면 '지금-여기'를 살고 있는 것이 아니다. 이는 몸과 마음과 생각이 분리되어 살아가고 있는 이상한 모습의 삶이다. 과거나 미래에 매몰되어 현재를 살지 못하고 있다. 우리가 원하는 모습으로 살아가기 위한 유일한 통로는 '현재'다. '지금-여기'에서 과거를 반성하고, 과거와는 다른 태도와 습관을 통해 원하는 미래를 만들어 나갈 수 있다.

길을 걸으며 '지금-여기'를 생생하게 경험하고 현재를 살아가는 지혜를 터득할 수 있는 방법이 있다. 바로 '마음챙김 걷기'다. '마음챙김 걷기'란 걸으면서 생각과 감정이 떠오를 때 빨리 알아차리고 부드럽게 몸의 감각으로 돌아오는 것이다. 생각과 감정은 과거나 미래가 만들어 낸 허상이고, 감각은 오직 '지금-여기'에서만 느낄 수 있는 실상이다. 생각과 감정을 감각으로 변환하여 과거나 미래에 매몰되지 않고, 현재를 생생하게 살아갈 수 있는 방법이 바로 마음챙김 걷기다.

이 책은 네 개의 장으로 구성되어 있다. 첫 번째 장은 '마음챙김이 필요한 이유'로, 왜 우리가 마음챙김을 해야 하는지에 대해 정리했다. 두 번째 장은 '마음챙김 걷기'로, 마음챙김 걷기의 의미와 목적, 다양한 방법 등을 정리했다. '보사수(步思修)'라는 소제목의 세 번째 장은 걸으며 생각하고 성찰한 경험을 정리한 글 모음이다. 그리고 마지막 장인 '걷기란?'에 실린 글은 길을 걸으며 자신의 고통과 상처를 극복한 일곱 명의 인터뷰 내용을 정리한 것이다. 걷기를 통한 이들의 경험이 지금 고통 속에서 신음하고 있는 사람들에게 삶의 시련을 극복할 수 있다는 희망을 주기를 바란다. 그리고 맨 뒤에는 이 책이 채워 주지 못한 갈증을 충족하기를 바라는 마음으로, 이 책을 쓰며 참고로 했던 책을 실었다. 독자 스스로 참고 문헌을 읽고 공부하고 걸으며 자신만의 길을 찾고 행복한 삶을 살아가길 바란다.

이 책이 나오기까지의 과정이 쉽지만은 않았다. 원고 초안은 약 2년 전에 탈고했다. 책 발간을 앞두고 혹시 잘못된 내용은 없는지, 독자들에게 혼란을 주지는 않을지 등을 고민하며 원고를 다시 꺼내어 검토했다. 수정과 보완이 필요했다. 이 상태로 책을 발간하는 것은 마치 큰 잘못을 저지르는 것과 같다는 생각이 들었다. 고민 끝에 두 사람에게 도움을 요청했다.

화두 명상 지침서 『당신이 길입니다』의 저자 달마 김준영 님에게 먼저 도움을 청했다. 평생 다양한 명상법과 화두 참선을 수행하고, 지금은 명상 지도 법사로 활동하고 있는 달마 님은 30년 이상 인연을 이어 온 스승이자 든든한 도반이다. 달마 님에게 원고 전문을 보내어 검토를 부탁했다. 특히 불교 전문 용어에 대해 잘못된 부분이 없는지, 또는 불교 공부가 부족해 잘못된 정보를 전달하는 실수를 범하지 않았는지, 꼼꼼한 검토를 부탁했다. 친절한 피드백뿐만 아니라 책 발간을 위한 조언도 많이 받았다.

걷기학교 길벗인 렛고 님에게 원고 수정을 부탁했다. 원고의 교정과 교열, 윤문, 수정, 보완 등을 맡아 주었다. 때로는 적합한 제목을 찾기 위한 노력도 함께 했다. 1년이라는 긴 기간 동안 매주 한 편씩 원고를 수정하는 작업은 지난한 작업이었을 것이다. 하지만 단 한 번도 싫은 내색 없이 최선을 다해 수정하려고 며칠씩 고민하는 모습을 보며 고맙고 미안했다. 렛고 님이 원고에 쏟은 정성과 노력은 고맙다는 표현만으로는 매우 부족하다. 내가 건축물의 골조를 세웠다면, 렛고 님은 내부 실내 장식을 맡아 주었다. 어떤 사람이 찾아

와도 편안하게 머물 수 있게끔 내부 인테리어를 깔끔하게 정리하고
정돈해 주었다.

원고 작업에 몰두하느라 신경을 써 주지 못한 아내에게는 미안하
다는 말로는 그 미안함을 모두 표현할 수가 없다. 또한 걷기 동호회
활동을 하느라 집을 떠나 있는 시간이 많음에도 불구하고, 불평 한
마디 하지 않고 묵묵히 나의 길을 응원하는 아내에게 이 책을 통해
고마움을 전하고 싶다. 언젠가는 이 책이 손녀 보윤과 손자 보현에
게 작은 도움이 될 수 있다면, 또 자랑스러운 할아버지라는 말을 들
을 수 있다면, 이보다 더 행복한 일은 없을 것이다.

걷기를 통해 힘든 시간을 견뎌냈고, 지금은 편안한 삶을 살아가고
있다. 모두가 길 덕분이다. 길에서 만난 사람들 덕분이다. 이 책은
그들에게 진 빚을 갚기 위해 쓴 책이다. 부디 이 책이 삶의 고통이라
는 터널 속에서 헤매고 있는 사람들에게 스스로를 밝힐 수 있는 등
불이 되어 주길 바란다. 이 책을 읽는 독자 모두가 길 위에서 자신
의 길을 찾아 행복한 삶을 살아가길 소망한다.

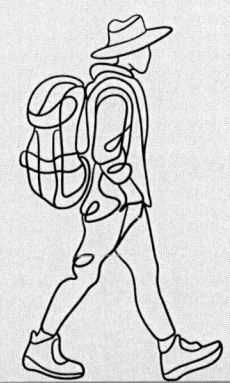

1장
들어가는 글

마음챙김 걷기, 변화의 첫걸음

변화는 자연의 섭리다. 사람을 포함하여 모든 것은 변한다. 고인 물이 썩듯이, 고인 생각과 태도는 정체되어 있거나 죽은 삶이다. 사람이 변한다는 것은 아집과 편견, 사고방식, 반복적인 생활 패턴 등 그 사람의 틀이 변하는 것이다. 자신이 쌓아 온 틀은 자신을 지키기 위해 만들어 놓은 성곽이지만, 시간이 지남에 따라 이 성곽은 허물어져야 한다. 과거의 모습에 집착하고 그 모습대로만 살려고 한다면, 자신은 물론이고 가족과 주변 사람들에게 피해와 상처를 안겨 줄 수 있다.

변화는 저절로 이루어지지 않는다. 자신의 틀을 깨기 위한 노력이 필요하다. 이 과정은 궁극적으로 자신의 틀이 없는 사람, 즉 참 자유인으로 향하게 한다. 자유는 걸림이 없는 상태다. 무엇이 걸림인가? '나'라고 생각하고 있는 나 자체가 걸림이다. '나'라는 개념은 이미 갈등을 내포하고 있다. '나'가 만든 '너' 또는 '내가 아닌 존재'와의 구분이 시작되기 때문이다. 자신의 틀이 없어지면 나와 너의 경계는 저절로 사라진다. 집의 담장을 허물면 온 세상이 나의 집이 될 수 있듯이. 괴로움의 원인은 '나'라는 자기중심성에서 비롯된다. '나'는 '너'라는 상대 개념을 만들고 '나'가 중심이 되어 '너'를 대하게 된다. '너'가 '나'의 뜻에 거슬리면 괴롭고 화가 난다. 반대로 '나'는 '너'에게

'나'의 뜻을 요구한다. 갈등이 발생할 수밖에 없는 상황이다.

자신의 틀을 깨는 방법에는 여러 가지가 있다. 걷기를 좋아하는 사람으로서, 걷기를 좋아하는 사람들에게 마음챙김 걷기를 권한다. 마음챙김은 '지금'이라는 시점과 '여기'라는 장소에서 자기중심적인 '나'가 작용할 때 빨리 알아차리는 것을 의미한다. '걷기'라는 행위를 통해 '나'라는 생각이나 감정에서 벗어나는 방법이 마음챙김 걷기다. 즉 마음챙김 걷기는 길을 걸으며 어떤 생각이나 감정이 올라올 때 거기에 매몰되지 않고, 바로 '지금-여기'에서 느껴지는 감각에 집중하는 것이다. 걸으면서 발이나 몸의 감각에 집중하면 생각이나 감정은 저절로 사라진다. 생각이나 감정은 감각과 동시에 공존할 수 없다. 감각을 느끼는 순간 생각과 감정은 사라진다.

생각이나 감정은 대부분 자기중심적이다. 우리를 괴롭히는 것은 생각과 감정이다. 이 둘은 과거의 경험과 미래에 대한 쓸데없는 망상을 불러와서 계속해서 몸집을 키운다. 몸집을 키우지 않고 고통에서 벗어날 수 있는 방법은 생각과 감정이 올라오는 순간에 느껴지는 몸의 감각을 관찰하는 것이다. 감정, 생각, 판단을 내려놓고 그냥 감각에 집중하면 된다. 생각과 감정으로 인해 발생한 감각을 지켜보면 시간이 지남에 따라 그 감각은 약해지거나 사라진다. 그리고 감각의 위치가 변한다. 이미 우리를 괴롭혔던 이전의 생각과 감정은 사라지고 다른 생각과 감정이 올라오며 감각의 위치가 변한 것이다. 감각의 무상함을 통해 생각과 감정 역시 무상하다는 중요한 진리도 체험할 수 있다.

미얀마 명상센터 중 하나인 '고엔카 위빠사나 명상센터'를 창립하신 S. N. 고엔카(Satya Narayan Goenka)는 몸의 감각에 대한 알아차림의 중요성을 강조했다.

"마음속에서 일어나는 모든 것을 '담마'라고 합니다. 마음속에서 어떤 담마가 일어나든 몸에서 감각이 일어납니다. 그때 몸에 일어난 감각은 마음의 번뇌와 관련이 있습니다. 우리는 마음에 번뇌가 있음을 알고 몸에서 감각을 관찰합니다. 모든 감각은 영원하지 않습니다. 그러므로 그 감각과 관련된 번뇌 또한 영원하지 않습니다. (……) 분노의 원인이 무엇인지는 중요하지 않습니다. 우리는 분노로 인해 느끼는 감각을 관찰하고 그 감각이 영원하지 않음을 이해합니다. 따라서 이 분노 또한 영원하지 않습니다. 무상입니다."

(고엔카 법문 내용 중 인용)

우리가 괴로운 이유는 다양하겠지만 한 가지로 귀결된다. 욕심 때문이다. 원하는 대로 이루어지지 않기 때문에 세상과 주변 사람과 자신을 비난하고 부정적인 시각으로 바라본다. 왜곡된 시각은 과거의 경험이나 미래에 대한 상상과 헛된 망상으로 인해 만들어진 결과물이다. '지금-여기'라는 현재를 살지 못했기 때문에 만들어진 것이다. 마음챙김 걷기를 통해 이 부정적이고 왜곡된 시각을 원래의 상태로 되돌릴 수 있다. 원래의 상태란 있는 그대로의 모습이다. 어떤 왜곡도 있을 수 없고 어떤 고통도 존재하지 않는다. 마음챙김 걷기를 통해 많은 사람이 신체의 건강뿐만 아니라 마음의 건강까지 챙길 수 있기를 바란다.

2장
마음챙김이 필요한 이유

현재의 나 vs 과거의 나

콤플렉스(complex)는 현실적인 행동이나 지각에 영향을 미치는 무의식의 감정적 관념이다. 최고의 융 권위자이며 심리분석가인 제임스 홀리스(James Hollis)에 의하면, 콤플렉스는 무의식이 자극을 받을 때 일어나고, 자극에 대한 반응은 하나의 패턴으로 나타나며, 이런 패턴들은 우리를 미래가 아닌 편협한 과거에 얽매이도록 만든다. 칼 융(Carl Jung)에 의하면, 콤플렉스는 무의식에 있는 에너지 덩어리이고, 역사적 사건들로 가득하고, 반복을 통해 강화되고, 우리 인격의 한 부분을 보여주며, 프로그램처럼 입력된 반응과 기대를 맹목적으로 일으킨다.

과거의 경험이 쌓여 에너지 덩어리가 된다. 이 덩어리는 내면에 숨어 있다가 외부 자극을 받을 때 활성화되고, 그 활성화의 결과가 기존의 덩어리에 쌓여 더 큰 덩어리가 된다. 이 덩어리는 지속적으로 '나'라는 사람을 만들어 내고 통제한다. 통제에서 벗어나려고 발버둥을 치면 칠수록, 기존의 방식대로 살아가라고 더욱 강하게 억압하고 통제한다. 지금의 자신이 삶의 주인인데도 주인이라는 사실조차 인식하지 못하게 만들고, 과거의 경험 덩어리를 자신으로 알고 살아가라고 강요한다. 더 무서운 사실은 이러한 강요를 강요라고 생각조차 하지 못한 채, 지금의 삶의 양식이 바로 '자신'이라는 생각을 하며 살아가게 만든다는 것이다. 이런 반복적인 패턴으로 인해 에너지 덩어리의 힘은 더욱 강해지고 견고해진다. 일종의 강화 작용이다. 에너지 덩어리의 손아귀에서 벗어나려 애쓰느라 시간과 에너지를 모두 소진해서 자신의 발전을 위한 창조적인 활동을 할 수 없게 만들어 버린다. 더구나 벗어나고 싶어도 마음만 있을 뿐, 반복적인 패턴으로 생활하는 자신의 모습에서 좌절감을 느끼고 지금의 자신을 포기한 채 과거 자신의 종으로 살아가게 된다.

동일한 자극에 대한 반응은 사람마다 다르게 나타날 수 있다. 출근길에 동료를 만나 가볍게 어깨를 툭 치며 인사를 건넸을 때, 어떤 사람은 웃으며 반갑게 인사를 나눌 것이다. 하지만 어떤 사람은 어깨를 쳤다며 기분 나쁘게 반응할 수도 있다. 반갑게 인사한 사람은 평소 나와 관계가 좋거나 그날 아침의 기분이 좋은 사람일 가능성이 높다. 반면에, 상반되는 반응을 보인 사람은 나와 관계가 나쁘거나 어떤 상황으로 인해 기분이 나쁜 사람일 것이다. 또는 과거에 어떤 일로 갈등을 겪었던 사람이기에 내가 건네는 인사가 달갑지 않을 수도 있다. 자극, 즉 어깨를 툭 치는 행동은 동일하다. 그러나 반응은 각각 다를 수 있다. 이는 나의 잘못일까? 아니면 상대의 잘못일까? 어느 누구의 잘못도 아니다. 과거의 기억과 경험이 만든 헛된 장난에 불과하다. 우리는 과거가 만들어 놓은 영화를 보며 울고 웃으며 살아간다. 영화는 스크린에 비친 허상일 뿐이다.

우리는 현재에 살고 있다. 오직 '지금-여기'에서만 존재한다. 우리의 몸은 과거에 살 수도 없고 미래의 세상을 살 수도 없다. 과거에 산다면 죽은 목숨이고, 미래에 산다면 아직 태어나지 않은 사람이 살고 있는 꼴이다. 하지만 우리의 생각과 감정은 대부분 과거나 미래에 머물러 있다. 지금 이 글을 쓰면서도 예전의 기억이 떠오르기도 하고, 이 글을 쓴 이후 딸네 집에 갈 생각을 하고 있다. 몸은 '여기'라는 공간에 있고 '지금'이라는 시점에서 글을 쓰고 있지만, 마음은 '지금-여기'에 머물지 않고 과거나 미래를 방황하고 있다. 생각하고 행동하고 말하는 모든 것이 '지금의 나'가 아니라는 사실조차 인식하지 못한 채 과거나 미래에 갇혀 살아가고 있다.

여기에서 벗어날 방법은 무엇일까? 어떤 자극에 대해 패턴화되어 있는 반응을 하려는 순간, '과거의 나' 또는 '상상 속 미래의 나'가 작동하고 있다는 사실을 빨리 알아차리는 것이 '지금의 나'로 살아갈 수 있는 유일한 방법이다. 이 짧은 순간을 포착하여 잘 활용할 수 있다면, 과거의 반복적인 패턴에서 벗어나 새로운 선택을 할 수 있다. 이 선택은 새로운 나, 즉 '지금의 나'가 결정하며, 이때 비로소 자신의 주인으로 살아가게 된다.

우리는 정체성을 만들며 살아간다. '정체성'이란 동일성을 유지하려는 변하지 않는 성질을 의미한다. 일관된 성격, 태도, 행동 등이 정체성이다. 흔히 얘기할 때, 그 사람은 매사 분명한 사람이다, 까다로운 사람이다, 또는 너그러운 사람이라고 얘기한다. 그의 정체성을 표현한 것이다. 정체성이란 자신을 지키기 위한 성(城)이라고도 할 수 있다. 정체성의 근간은 과거의 경험이다. 우리는 일반적으로 긍정적인 경험은 쉽게 잊고, 불편하고 부정적인 경험은 오랜 기간 쌓아 두려는 경향이 있다. 부정적인 경험을 더 쌓지 않기 위한 방어 기제로 자신의 성을 만들고 쌓는다. 이 방어벽이 자신의 정체성이 된다. 정체성이라는 성(城)이 자신의 삶을 지키고 지탱시켜 주는 원동력이기도 하지만, 동시에 자신을 과거의 삶에 묶어 두는 원인이 되기도 한다.

가정을 이루고 사회 구성원으로 살아가기 위해 자신만의 정체성을 만들 필요가 있다. 그러나 사회와 가정의 책무를 어느 정도 마친후에는, 또는 자신의 주인을 찾고자 할 때는 그 정체성을 부수는 작업을 해야만 한다. 칼 융은 "인생의 오전을 위해 만든 프로그램으로 인생의 오후를 살 수는 없다."라고 했다. 과거의 노예로 살아갈지 아니면 자신의 주인으로 살아갈지는, 과거의 패턴대로 살아가느냐 아니면 그 패턴을 알아차려서 새로운 선택과 결정을 내리느냐에 달려있다. 마음챙김이 필요한 이유다.

세상을 변화시키는 0.5초

인간 중심 상담의 창시자인 칼 로저스(Carl Rogers)는 우리가 맞이하는 세계는 객관적 현실이 아닌 과거 경험, 현재의 지각, 감정과 신념, 욕구 등이 바탕이 되어 각 개인이 주관적으로 인식하는 세계라고 한다. 이 말의 의미는 우리가 같은 세상을 살고 있지만 각자 지각하는 세상이 다르므로 현실 세계는 사람 수만큼 많고 다양하다는 것이다. 세상살이가 힘들다고 말하는 사람들을 보면 각자 자기의 삶이 가장 힘들다고 여긴다. 자신의 고통이 다른 사람의 어떤 고통보다도 훨씬 더 크게 다가오는 것이다. 괴로움과 즐거움의 절대적인 기준과 척도는 없다. 주관적인 기준과 척도만 있을 뿐이다. 따라서 우리가 인식하는 세상과 삶의 고락 역시 객관적인 것이 아니라 자신만의 주관적인 세상이고 고락일 뿐이다.

같은 세상을 다르게 느끼는 것은 정신 작용의 결과다. 눈, 코, 입, 귀, 혀, 피부라는 감각 기관이 있다. 이들이 외부의 환경과 접촉하며 의식이 발생한다. 예를 들면, 눈이 사물을 볼 때 눈은 감각 기관이고 사물은 대상이다. 이 둘로 인해 안식(眼識)이 만들어진다. 감각 기관이 있으므로 외부 환경을 통해 의식이 형성된다고 알고 있지만, 실은 의식이 형성되기 위해서는 보겠다는, 또는 보고 싶다는 의지와 욕구가 있어야 한다. 눈, 대상, 그리고 의지나 의도가 모두 갖추어져 있어야 비로소 '봄'이 형성된다. 함께 같은 길을 걸어도 어떤 사람은 광고 간판을 보고, 어떤 사람은 흘러나오는 음악을 듣는다. 간판을 본 사람이 그 간판을 보았느냐고 묻지만 상대방은 보지 못했다고 한다. 음악을 들은 사람이 음악에 대해 물어보지만 상대방은 듣지 못했다고 한다. 서로의 관심사가 다르기에, 즉 추구하는 욕구나 의지가 다르기에 같은 공간에 있으면서도 마치 다른 공간에 머문 것처럼 생각하고 느낀다.

외부 자극을 보고 듣고 냄새 맡고 접촉하는 것 자체는 아무런 문제가 없다. 감각 기관과 대상이 만나는 작용일 뿐이다. 눈이 있기에 사물을 보고 귀를 통해서 소리를 듣는다. 어떤 감정도 없는 단순한 '봄'과 '들음'이다. 하지만 사물을 보고 안식이 형성된 후에는 대상에 대해 좋거나, 싫거나, 덤덤하거나, 이 세 가지 느낌이 만들어진다. 좋은 것은 취하고 싶고, 싫은 것은 밀어내고 싶고, 덤덤한 것은 별로 개의치 않는다. 취하고 싶은 것을 취하지 못할 때, 또는 밀어내고 싶은 것이 마음대로 되지 않을 때 불편함이 올라오거나 분노가 발생한다. 이때 느낀 것에 대한 해석과 개념화를 통해 지각이 형성되지만, 이는 이전의 경험과 사고가 바탕이 된 것으로 주관적이고 부정확하며 왜곡되어 있다. 실재(reality)를 있는 그대로 보지 못하고 자신의 주관적 기준으로 판단한 것이다. 그리고 그 부정확성에 확실성을 부여함으로써 점점 더 실재에서 멀어지게 된다. 같은 상황을 사람마다 다르게 보거나 판단하는 이유다.

느낌과 지각은 다양한 정서 반응을 불러일으킨다. 이 무의식적인 정서 반응이 외부 자극에 대해 결정적인 역할을 한다. 자신이 인식하지도 못하는 사이에 무의식이 작용하며 대응 방식을 결정해 버린다. 긍정적인 또는 부정적인 시각으로 세상을 바라보는 것도 무의식이 작용한 결과다. 사회적, 경제적으로 힘든 삶을 살면서도 마음 편하게 살아가는 사람이 있고, 성공과 부귀를 누리면서도 불안감에 시달리며 살아가는 사람도 있다. 동일한 상황에 대해 대수롭지 않게 대응하는 사람이 있는가 하면, 무척 힘들고 고통스럽게 느끼는 사람도 있다. 이는 상황 자체보다는 상황을 해석하고 대응하는 방식에 의해 행복과 불행이 결정된다는 뜻이다. 따라서 행복과 불행은 세상과 상황을 어떤 시각으로 바라보느냐에 따라 결정된다고 할 수 있다.

주어진 환경과 상황이 절대적인 기준이나 요인은 아니다. 전혀 무시할 수는 없겠지만, 주어진 상황에 대응하는 기존의 방식을 변화시키면 된다. 오랜 기간에 걸쳐 형성된 습관적인 태도와 행동이 쉽게 변하지 않겠지만 연습을 통해서 변화시킬 수 있다. 세상을 바꾸는 것이 아니라 세상을 바라보는 자신의 시각을 바꾸는 것이다. 이를 통해 행복과 불행은 스스로 결정하고 만들어 나갈 수 있다. 누군가는 마음에도 근육이 있다고 표현한다. 긍정적(부정적)인 근육을 많이 사용하면 긍정적(부정적)인 마음 근육이 형성된다. 작은 일에도 웃으면서 긍정적인 대처를 하는 사람은 미소 마음 근육이 형성되었기 때문이고, 사소한 일에도 자주 짜증이 난다면 평상시에 짜증 마음 근육이 많이 만들어졌기 때문이다.

일상에서 마음 근육을 긍정적으로 발달시키는 방법이 있다. 바로 감각 기관이 외부 환경과 접촉한 후 발생하는 자극과 반응 사이의 간격을 이용하는 방법이다. 신경과학자 벤자민 리베(Benjamin Libet)는 운동을 담당하는 뇌 영역이 활성화된 지 0.25초 후에 의지를 자각하고, 다시 0.25초가 지나야 움직임이 시작된다고 한다. 외부 자극과의 접촉 후 판단하고 행동하기까지 아주 짧은 시간인 0.5초의 간격이 있다. 이 간격을 이용해서 패턴화된 자동적 반응이 일어나기 전에 빨리 알아차리고, 잠시 판단과 행동을 멈추고, 몸에서 느껴지는 감각에 집중하면 기존과는 다른 대응 방식을 선택할 수 있다.

외부 자극이 발생할 때 이미 형성된 생각, 감정, 욕구 등에 의해 자동으로 반응하면 기존의 패턴은 더욱 강화된다. 하지만 느껴지는 몸의 감각에 집중하면, 자극에 대한 반복적인 생각과 감정에서 해방되어 이전과는 다른 결정을 내릴 수 있는 마음의 공간이 생긴다. 즉 0.5초의 간격을 통해 생각과 감정을 감각으로 변환한다면 기존의 익숙한 행동 양식의 늪에서 헤어 나올 수 있다. 꾸준한 연습을 통해 새롭고 긍정적인 마음 근육을 키울 수 있는 것이다.

같은 자극에 다른 반응을 보인다는 것은 같은 세상을 다른 시각으로 본다는 것과 같은 의미다. 같은 세상을 다른 시각으로 바라본다는 것은 이미 같은 세상이 다른 세상으로 변화된 것이다. 지금 바라보는 세상이 무의미하고 우울하다면 그런 시각으로 세상을 보고 있다는 것이다. 밖으로 나가 오감을 활짝 열고 걸어 보자. 생각, 감정, 욕구가 올라올 때 그들을 따라가거나 빠져들지 말고 '지금-여기'

에서 느껴지는 감각에 집중해 보자. 비록 자신이 처한 환경은 변하지 않더라도, 세상을 바라보는 시각의 변화로 이미 다른 세상에 살고 있는 모습을 발견할 수 있을 것이다. 행복과 불행은 세상이 만든 것이 아니고 나 스스로 만든 것이다. 마음챙김이 필요한 이유다.

실상(實像) vs 허상(虛像)

과연 실상이 존재할까? 우리가 보고 느끼고 만지고 냄새 맡는 모든 것은 실재(實在)일까? 만약 실재라면 같은 대상을 보고 느끼고 생각하는 것이 모두 같아야 한다. 인간 중심 상담의 창시자인 칼 로저스는 개개인의 현상학적 관점을 이렇게 표현했다.

"내가 알 수 있는 유일한 현실은 내가 현재 지각하고 경험하는 대로의 세계이다. 당신이 알 수 있는 유일한 현실은 당신이 현재 지각하고 경험하는 대로의 세계이다. 그리고 확실한 것 하나는 그렇게 지각된 현실들이 서로 다르다는 것이다. '현실 세계'는 사람 수만큼이나 많다."

- 칼 로저스, 『칼 로저스의 사람-중심 상담』(2007)

칼 로저스에 의하면, 우리가 느끼는 실상의 모습은 사람마다 다르다. 같은 경험을 해도 그 경험에 대한 느낌과 감정과 생각이 각각 다르다. 같은 세상에 살면서도 서로 다른 세상을 살고 있다는 의미다. 이런 사실은 삶의 고통을 만들어 낸다. 서로 갈등을 일으키는 주된 이유는 상황이나 사람을 바라보는 시각차가 존재하기 때문이다. 자신의 시각이 옳고 상대방의 시각은 그르다는 이분법적 사고는 갈등을 배가시킨다.

이처럼 같은 세상을 각자 다른 세상으로 인식하고 해석하기 때문에 참다운 소통이 이루어지기 어렵다. 같은 사람에 대한 생각 역시 각각 다르다. 우리는 경험을 통해서 성장하고 배워 나간다. 하지만 역설적이게도, 그 경험의 과정에서 쌓인 무의식, 콤플렉스, 아뢰야식 등이 우리를 지배하고 있다. 그리고 이런 통제에서 벗어나려 안간힘을 쓰며 살아간다. 고통스러운 윤회의 반복이다.

"유식론은 단순히 대상에 대한 우리의 인식 과정을 설명하는 데 그치는 것이 아니라, 대상이 어떻게 존재하는지에 대해 그 진상을 밝히는 존재론이다. 유식학은 기억이 잠복했다가 표출하기를 반복하는 두 가지 기능을 면밀히 고찰하여 세상의 모든 것이 마음의 작용에서 비롯된다는 사실을 이론적으로 밝혀 나간다."

- 정승석, 『유식에서 상식으로』(2005)

유식학(唯識學)은 마음의 작용을 통해서 만법의 실상을 밝히는 학문이라고 할 수 있다. 함께 같은 길을 걸어도 어떤 사람은 길에서 들리는 새소리를 듣고, 어떤 사람은 꽃을 보고, 어떤 사람은 향기를 맡는다. 이 세 명이 걷기를 마친 후 느낀 점을 얘기한다면 각자 다른 얘기를 할 것이다. 틀림없이 같은 길을 걸었는데 경험하고 느낀 점은 서로 다르다. 감각 기관이 있더라도, 물체나 경험을 인식하기 위해서는 의식이 함께 존재해야 한다. 어떤 의식을 갖고 세상을 경험하고 느끼느냐에 따라 동일한 세상과 상황을 다르게 받아들이며 살아간다. 각자 인식하는 세상은 자신이 만들어 낸 세상에 불과하다.

무의식, 현상학적 세계, 유식은 모두 공통점이 있다. 존재의 실상은 존재하지 않고, 과거 경험과 사고로 이루어진 세상인 허상(虛像)만 존재한다는 것이다. 동일한 외부 자극이나 상황을 각자 다르게 해석하고 판단하고 느끼는 이유는 바로 이 허상 때문이라고 할 수 있다. 정신 분석은 무의식 내에 잠재해 있는 콤플렉스를 의식화하여 외부 세상을 왜곡되지 않은 시각으로 바라볼 수 있게 도와주는 심리 치료 기법이다. 인간 중심 상담은 우리가 지각하고 있는 세상이 주관적이므로 세상을 바라보는 시각의 변화로 삶을 편안하게 살아갈 수 있도록 도움을 주는 심리 치료 기법이다. 유식학은 모든 존재는 개념과 표상으로 이루어진 허상이므로, 바른 견해(正見)로 허상의 실체를 바라봄으로써 괴로움에서 벗어날 수 있다고 한다.

존재의 실상이 없음에도 불구하고 우리가 고통을 느끼는 이유는 바로 무의식 속 콤플렉스나 스스로 개념화한 관점이 만들어 낸 왜곡된 시각 때문이다. 즉 바르지 못한 시각으로 세상을 바라보기 때문에 고통이 발생한다. 바로 이 부분이 우리가 고통으로부터 해방될 수 있는 실마리를 제공해 준다. 왜곡된 시각을 정견으로 바꿀 수 있다면, 고통을 평온함으로 바꿀 수 있다. 존재의 실상을 바로 볼 수 있다면, 고통에서 해방될 수 있다. 고통은 우리가 만들어 낸 허상으로 인해 발생한다. 그런 허상을 붙잡고 일희일비(一喜一悲)하는 자신의 어리석은 모습을 바라볼 수 있다면, 그 어리석음으로부터 벗어날 수 있다.

존재의 실상을 바르게 보고 세상의 모든 괴로움으로부터 해방될 수 있는 다양한 명상 수행법이 있다. 마음을 평화롭게 만들어 주고 괴로움에서 벗어나도록 도와주는 여러 가지 방편이 있다. 겉으로 드러난 허상에 속지 말고 같은 세상을 지금과는 다르게 바라보며 살아가기 위해서는 각자 자신에게 맞는 방법을 찾아 반복적으로 수행하고 연습해야 한다.

유식(唯識)과 명상

우리가 흔히 말하는 일체유심조(一切唯心造)는 모든 것은 오직 마음이 지어낸다는 것이다. 불교의 유식학(唯識學)은 마음이 세상을 만든다는 것을 이론적으로 밝히는 학문으로, 일체유심조의 과정을 밝히는 학문이라고도 할 수 있다. 유식(唯識)은 오로지(唯) 인식(識)만 있을 뿐이지, 식(識)을 떠나서는 어떠한 실재(實在)도 없다는 뜻이다.

유식에서는 8식(八識)이 있다. 안이비설신의(眼耳鼻舌身意)가 색성향미촉법(色聲香味觸法)을 만나 6식(六識)을 만들어 낸다. 눈(眼)이 사물(色)을 보면 안식(眼識)이 형성되고 귀(耳)가 소리(聲)를 들으면 이식(耳識)이 형성되듯이, 감각 기관이 외부의 자극과 만나 형성된 여섯 가지의 식(識)을 6식이라고 한다. 제7식인 말나식은 아뢰야식에 저장된 종자를 끌어내어 현행하게 함으로써 현재의 인식이 이루어지게 하고, 생각과 생각이 끊임없이 일어나게 하는 역할을 한다. 즉 말나식은 아뢰야식과 6식의 매개 역할을 하여 끊임없이 6식이 일어나게 하는 작용을 하는 마음이다. 그리고 제8식인 아뢰야식은 살아오면서 과거에 몸, 입, 마음을 통해 경험하고 생각한 모든 기억, 느낌, 감정, 의식 등을 모아두는 창고다. 외부의 자극을 받으면 아뢰야식에 쌓여 있는 기본 자료를 바탕으로 말나식이 활동하게 되는데, 그 자극을 순수하게 받아들이지 않고 아뢰야식에 쌓인 과거의 경험을 바탕으로 판단하고 결정하며 실행에 옮기게 만든다.

우리는 과거의 기억으로 오늘의 상황을 판단하고 사람을 대한다. '지금-여기'에서 발생하는 모든 자극을 있는 그대로 오롯이 받아들이지 못하고 과거의 경험을 바탕으로 판단하고 행동한다. 어제 만난 사람을 오늘 다시 만나도, 그는 이미 같은 사람이 아니다. 하루의 시간만큼 세포도, 감각 기관도, 생각도 변해 있다. 어제는 기분이 안 좋았는데 오늘은 기분이 좋을 수도 있다. 사람 간의 만남에 있어서 두 사람의 만남은 넷의 만남이 된다. 지금의 너와 나, 그리고 우리가 기억하는 과거의 너와 나. 이 넷의 만남이 서로 뒤엉켜 오해와 불신과 불화를 만들고, 사랑과 이해와 신뢰를 만든다. 마찬가지로, 상황을 대하는 우리의 태도 역시 과거의 상황을 바탕으로 오늘의 상황을 판단하고 그에 따른 행동을 취한다. 이러한 오늘의 경험은 다시 아뢰야식에 차곡차곡 쌓인다. '지금-여기'를 살고 있지만, 우리는 과거를 살고 있다고 할 수 있다. 때로는 아직 오지도 않은 미래에 대한 걱정으로 잠을 설치거나 불안해하며 조마조마하게 살아가기도 한다. 이런 기억과 경험도 아뢰야식에 그대로 저장된다.

만약 과거나 미래에 끌려 다니지 않고 '지금-여기'를 순수하게 살아갈 수 있다면, 있는 그대로의 세상을 오염되지 않은 순수한 시각으로 바라볼 수 있다면, 우리는 행복한 삶을 살 수 있다. 유식학의 관점에서 보면 고통의 시작은 아뢰야식의 존재와 이를 끌어다 쓰는 말나식의 존재 때문이라고 할 수 있다. 따라서 고통에서 벗어나려면 아뢰야식의 창고를 가볍게 만들거나 비우는 작업이 반드시 필요하다. 기억의 창고인 아뢰야식을 모두 비우면 말나식은 저절로 굶어 죽을 수밖에 없게 된다. 말나식의 자양분은 아뢰야식에 보관되어 있는 수많은 기억과 경험들이다. 이들을 하나씩 하나씩 제거하고 더 이상 새로운 것을 쌓아 두지 않는다면 말나식은 저절로 그 기능을 잃게 된다. 말나식이 사라진다면 '지금-여기'를 오롯이 살 수 있게 된다. 과거와 미래에서 해방되어 지금의 모든 순간을 순수하게 받아들이고 고통에서 해방될 수 있다.

해탈을 뜻하는 니르바나의 어원은 '불을 끄는 것' 또는 '불이 꺼진 상태'다. 번뇌와 욕망의 불을 끈 상태로 영원한 평안과 완전한 평화를 이룬 상태를 의미한다. 니르바나를 이루기 위해서 아뢰야식을 비우는 작업을 해야 한다. 이 작업은 말나식의 활동을 줄이거나 멈추게 하는 작업이기도 하다. 흔히들 명상을 마음 비우는 작업이라고 한다. 마음을 비운다는 것은 바로 이 아뢰야식을 비우는 것이다. 조용히 앉아서 명상의 대상에 집중하면 아뢰야식에 갇혀 있던 기억이 하나하나 떠오른다. 유식학에서 말하는 심층 의식이 표층 의식으로 떠오르는 과정이다. 이 표층 의식을 붙잡지 않고 흘려보내는 작업이 바로 명상이고, 흘려보낸 만큼 아뢰야식은 비워진다. 하지만, 떠오르는 생각을 붙잡거나 따라가면서 또 다른 잡념이나 망상을 만들어 낸다면 오히려 아뢰야식의 창고를 채우는 작업이 된다.

"정신 집중이 제대로 이루어지기 시작하면, 일상적인 의식 상태에서 우리의 감각 기관들을 사로잡고 있는 온갖 대상들이 차단되고, 이로부터 일상적인 의식 상태에 의해 억눌려 있던 상념들이 떠오르게 된다. 정신 집중이 시작되면 표층 의식이 사라지면서 심층 의식이 표층 의식으로 떠오르고, 이 표층 의식이 사라지면서 다른 심층 의식이 표층 의식으로 떠오르는 과정이 반복된다. 잡념이란 반복해서 표층 의식으로 바뀌는 심층 의식을 가리킨다."

- 정승석, 『유식에서 상식으로』(2005)

명상하면서 떠오르는 잡념은 아뢰야식에 쌓여 있는 내용물이 표면으로 올라온 것이다. 이 잡념을 붙잡고 쫓아가거나, 밀어내려고 싸우면 다시 아뢰야식을 쌓는 행위가 된다. 그러나 명상의 대상에 집중하며 무심하게 흘려보내면 아뢰야식을 비우는 과정이 된다. 떠오른 잡념은 거울에 잠시 나타났다 사라지는 허상에 불과하다. 거울은 대상을 붙잡거나 밀어내지 않는다. 비추어진 대상을 그냥 비출 뿐이다. 한 대상이 지나가고 나면 다른 대상이 또 떠오른다. 역시 붙잡거나 밀어내지 않고 그냥 바라만 보면 저절로 사라진다. 이때 마음챙김이 필요하다. 명상하면서 잡념과 싸우거나 쫓아가는 자신을 빨리 알아차리고 명상의 주제로 돌아와 집중하는 것이 바로 마음챙김이다.

명상에는 여러 가지 방법이 있다. 최근에는 명상과 유사한 명상법이 유행하기도 하고, 스트레스 완화나 심리적 고통을 줄일 수 있는 방편도 많이 개발되었다. 어떤 식으로든 고통을 평안으로 바꿀 수 있고 삶의 질을 높일 수 있다면 좋은 일이다. 다만, 아뢰야식을 비워 내고 행복의 길로 이끄는 명상법을 제대로 판단하고 선택하려면, 명상을 하는 근본 목적이나 기본 원리에 대한 이해가 선행되어야 한다.

머릿속 목소리 'let go' 하기

"명상은 떠오르는 것은 그것이 생각이든, 감정이든, 기억이든 인지하되 그
냥 지나가게 내버려 둔다. 떠오르는 것들에 주의를 집중하되 자애로운 마
음으로 주의를 기울이고 매달리지도 물리치지도 않으며 자연스러운 흐름
에 따라 지나가도록 지켜본다."

- 액설 호퍼, 『프로이트의 의자와 붓다의 방석』(2018)

명상의 정의를 가장 명쾌하고 단순하게 정리한 글이다. 요즘 명상
이라는 단어를 어디에서든 쉽게 들을 수 있다. 그만큼 명상이 일상
에 깊이 들어와 있고, 많은 사람이 다양한 방식으로 명상을 수행하
고 있다. 우리는 명상을 왜 할까? 삶의 고통에서 벗어나 행복을 추
구하고 늘 평안한 마음을 유지하며 살아가고 싶기 때문일 것이다.

평안한 삶을 추구한다는 것은 평상시의 삶이 그다지 평안하지 못
하다는 것을 전제로 한다. 일반적으로 우리는 긍정적인 것보다 부정
적인 것을 더 오래 기억한다. 좋은 기억보다는 나쁜 기억을 더 오래
마음 깊은 곳에 간직한다는 것이다. 어쩌면 우리는 좋지 않은 추억과
경험을 통해 생존을 유지하고 있는지도 모른다. 좋은 경험만 가득하
다면, 미래에 다가올 수도 있는 나쁜 상황에 제대로 대비하지 못함으

로써 자신을 위험에 노출시킬 수 있다. 모든 생명체는 자신의 목숨을 유지하는 것보다 더 중요한 것은 없다. 부정적인 기억을 더 강하게 간직하는 것은 생존을 위해 유전적으로 전달된 것은 아닐까?

여기서 중요한 것은 나쁜 기억을 오랫동안 마음 깊은 곳에 간직함으로써 즐겁고 아름다운 추억을 기억할 심리적 공간과 마음의 여유마저 사라져 버린다는 점이다. 우리는 누군가에게 쫓기거나 위험에 처할 때 그 위험에서 벗어나기 위해 모든 힘을 기울이고, 그 위험에서 벗어난 후에야 정상적인 바이털 사인(vital sign)으로 돌아온다. 하지만 늘 스트레스 상황에 놓여 있는 사람의 경우에는 바이털 사인이 정상적으로 돌아오는 데 시간이 더 많이 걸리거나 쉽게 진정되지 않는 경우도 많다. 심한 경우에는 스트레스 상황이 사라지지 않고 늘 기억과 경험 속에 존재하며 일상을 무너뜨리기도 한다.

부정적인 생각뿐만 아니라 끊임없이 떠오르는 모든 생각이나 감정도 우리의 평온함을 방해하는 요소가 될 수 있다. 에크하르트 톨레(Eckhart Tolle)는 그의 저서 『삶으로 다시 떠오르기』에서 '머릿속 목소리'의 위험성을 설명하고 있다. 그는 우리가 자신의 주인임에도 불구하고 끊임없이 떠들어대는 '머릿속 목소리'의 명령을 받으며 살아간다고 말한다. '머릿속 목소리'는 과거나 미래에 관한 얘기를 잠시도 쉬지 않고 떠들어댄다. 그런데 우리는 이 '머릿속 목소리'의 지시에 따라 움직이고 있다는 사실조차 모르며 살아간다. 이놈에게 장기적이고 지속적으로 세뇌당하며 원래 자기의 뜻과는 무관한 언행을 하며 살아가고 있다. 때로는 그런 언행을 하고 바로 후회하기도 하지만, 이 후회의 경험과 기억은 다시 '머릿속 목소리'의 재료나 하수인이 된다.

우리는 자기의 생각과 감정을 바로 '자신'이라고 착각하며 살아간다. 생각과 감정은 자신의 일부일 수는 있지만 전부는 아니다. 생각과 감정은 이미 지나간 과거로부터 만들어진 것이므로 바꿀 수도 없고 개입할 수도 없다. 과거의 경험과 기억으로 만들어진 '머릿속 목소리'는 마치 우리의 주인인 양 행세를 하고, 우리는 종이 되어 이놈의 지시에 따라 행동하며 살아가고 있다. 우리가 자신의 주인으로 행복하게 살아가기 위해서는 '머릿속 목소리'를 제거하는 작업을 해야 한다. 이놈은 과거의 기억과 경험, 오지도 않은 미래에 대한 쓸데없는 걱정과 불안, 과거나 미래와는 전혀 관련 없는 무의미한 망상이나 잡념이 만들어 낸 허상일 뿐이다.

이놈이 나타날 때 이놈을 물리치려 하거나 잡으려 하는 것은 이놈을 키우는 작업이 될 뿐이다. 형상도 없고 존재하지도 않는 이놈은 영화의 영상과 같다. 이놈은 지난 과거나 오지도 않은 미래를 재료로 삼아 하얀 스크린에 영상을 만들어 내고, 우리는 그 영상을 보며 울고불고 난리 친다. 우리의 본래 모습은 하얀 스크린이지만, 그 스크린에 비치는 영상을 본래 모습이라고 착각하며 본연의 모습을 잃어버리고 살아간다. '머릿속 목소리'에서 해방되어 자신의 본성을 되찾기 위해 마음챙김이 필요하다.

'머릿속 목소리'와 싸울 필요는 없다. '머릿속 목소리'가 나타나면 그냥 'let go', 즉 흘려보내면 된다. 그 에너지와 시간조차 너무 아깝다. 그냥 나타나면 나타났다고 알아차리고 일상으로 돌아오면 된다. 일단 이놈과 싸우기 시작하면 끝없는 싸움이 이어진다. 영화 속 영상의 주인공과 싸워서 이를 물리치거나 죽일 수 있을까? 때려 봤자 힘만 빠지고, 사랑해 봤자 꿈속 사랑이고, 욕을 해 봤자 누워 침 뱉기가 될 뿐이다. 영화의 전원 스위치를 끄면 된다. 그 전원 스위치를 끄는 방법이 바로 마음챙김이고 명상이다. 어떤 생각이나 감정이 떠오를 때 빨리 알아차림을 한 후, 지금 자신이 하는 일에 집중하거나 그 당시에 느껴지는 몸의 감각을 느끼면 된다. 이것이 바로 '머릿속 목소리'를 차단하는 방법이다. 명상은 마음챙김과 집중의 두 날개를 갖고 있다. 마음챙김을 하며 '머릿속 목소리'를 알아차리면 명상의 주제로 자연스럽게 돌아오게 되고, 돌아오면 편안하게 집중할 수 있다. 집중이 잘 되면 마음챙김도 잘 이루어진다.

몸의 감각과 '머릿속 목소리'는 동시에 존재할 수 없다. 감각을 놓치면 이놈이 나타나고, 감각을 느끼면 이놈은 저절로 사라진다. 감각 대신 명상의 대상으로 돌아오는 방법도 있다. 화두 수행자는 화두를 들면 되고, 호흡 명상 수행자는 호흡으로 돌아오면 된다. 굳이 명상 수행을 하지 않더라도 지금 하고 있는 일, 가수는 노래에, 화가는 그림에, 작가는 글쓰기에 집중하면 된다. 방법은 아주 쉽다. 다만 꾸준한 연습이 필요할 뿐이다. 익숙하지 않은 것을 익숙하게 만들고, 익숙한 것을 덜 익숙하게 만드는 것이 수행이고 명상이다. 예전에 친견했던 큰스님 말씀이 떠오른다. "표주박으로 바닷물을 모두 퍼서 버리겠다는 마음으로 꾸준히 수행해야 한다." 오래전에 들었던 이 말씀이 이제야 들린다.

　명상을 처음 공부하는 사람들에게는 믿을 만한 스승을 찾아가거나 명상 센터를 방문해서 시작하는 것을 권한다. 명상에는 스승의 존재가 절대적으로 필요하다. 스승을 만나지 못했다면 자신이 믿고 따르고 싶은 스승의 글이나 법문, 영상, 책 등을 통해 만날 수도 있다. 홀로 공부하는 10년 세월보다 스승을 찾아 헤매는 10년 세월이 훨씬 더 의미 있다는 말이 있듯이, 스승의 존재는 명상 수행에 절대적이라고 할 수 있다. 주변의 수행 단체나 인연 있는 사람을 통해 명상을 제대로 배워서 일상 속 평온함을 유지하기 바란다.

상카라(Sankhara, 行)

'담마 코리아'는 '고엔카 위빠사나 명상센터'의 한국 분원으로 전북 진안에 있다. 일반 사찰과는 다르게 길가에 세워져 있고 특별한 모양새를 갖추고 있지도 않다. 일반 건물을 사용하고 길가에 있다는 것은 어쩌면 위빠사나 수행 자체가 우리의 삶과 분리될 수 없다는 진리를 암시하고 있는 것은 아닐까? 수행이 삶과 분리되는 순간, 그 수행은 죽은 수행이다. 바쁜 일상에서도 마음만은 평정심을 유지하며 살아가는 힘을 얻는 것이 수행의 목적이다. 우리가 종교를 찾고 마음공부를 하는 이유는 편안하고 행복하게 살고 싶어서다. 물론 사람마다 삶의 가치가 달라서 획일적으로 얘기할 수는 없지만, 대부분은 삶의 고통에서 벗어나기 위해 종교를 찾고 기도하고 심신을 수련한다.

'수처작주(隨處作主)'라는 말이 있다. 어떤 상황에 처해 있든 일상의 사소한 일에 마음 휘둘리지 말고 바위처럼 굳건하게 자신의 주인으로 살아가라는 의미다. '사소한'이라고 굳이 쓴 이유는 아무리 중요하고 큰일이라고 해도 이승을 벗어나면 의미가 없고, 어떠한 일도 시간이 지나면 대부분 그 의미가 약해지고 변하기 때문이다. '무상(無常)'이라는 자연의 진리 앞에서는 어떤 일도 사소한 것에 불과할 뿐이다. 삶을 비관적으로 보거나 회의적으로 보라는 의미가 아니다.

지금 당장 눈앞에 보이는 고민거리나 큰일이라고 생각되는 것들이 시간이 지나면서 어느 순간, 별일 아니라고 느낀 적이 있을 것이다.

모든 것은 변한다는 무상의 진리를 삶 속에서 많이 경험하고 있지만, 우리 스스로 그 중요한 진리를 통찰하거나 체득하지 못하고 있을 뿐이다. 그래서 일이 틀어지면 호들갑을 떨거나 고통스러워하면서 주변 사람들을 괴롭히기도 한다. 그렇게 해서 상황이 호전되면 좋겠지만 오히려 악화되는 경우가 많다. 그 경우에 우리가 할 수 있는 유일한 일은 상황과 싸우지 말고 그냥 지금 주어진 일을 충실하게 하는 것이다. 삶의 어떠한 순간에도 우리에게 주어진 오늘 하루를 충실하게 살기만 하면 우리의 역할은 끝난다. 나머지는 우리 영역 밖의 일이다. 자연의 법칙, 우주의 섭리, 삼라만상의 이치, 또는 보이지 않는 힘이 알아서 한다.

우주를 뜻하는 영어 단어 중 'cosmos'가 있다. 이 단어는 질서와 조화를 이룬 체계로서의 세상이나 세계를 의미한다. 인간을 포함한 모든 유정, 무정의 존재들은 우주의 일원으로 우주의 질서와 조화를 이루는 한 부분이다. 행복한 삶도, 괴로운 삶도 모두 우주의 한 부분이다. 인간의 무지로 인한 무분별한 개발 때문에 고통스러워진 자연도, 태풍이나 홍수와 같은 자연재해를 통해 스스로 정화 작업을 하고 있다. 이런 관점으로 보면, 삶의 고통 역시 우리 자신을 위한 정화 작업이 될 수 있다. 고통을 통해 신에게, 우주의 질서에, 자연의 법칙에 조금씩 귀를 기울이며 다가갈 수 있다. 수행은 이러한 자연의 법칙을 체득해 가는 과정이라는 생각이 든다.

외부 환경과 여섯 개의 감각 기관 - 눈, 귀, 코, 혀, 몸, 생각 - 이 만나면서 인식을 하게 된다. '꽃'과 '눈'이 만나고 '음악'과 '귀'가 만난다. 이 과정을 식(識)이라고 한다. 인식을 하게 되면 '꽃' 또는 '음악'이라는 지각을 하게 된다. 이 과정을 상(相)이라고 한다. 지각을 하면 몸에 감각이 일어난다. 이 과정을 느낌, 즉 수(受)라고 한다. 느낌에는 세 가지가 있다. 유쾌하거나 불쾌하거나, 아니면 둘 다 아니거나. 느낌에 대한 반응이 일어난다. 그 반응이 마음의 반작용인 행(行), 범어로 '샹카라'다. 좋은 느낌은 유지하고 싶고, 불쾌한 느낌은 버리고 싶어 한다. 여기서 바로 고통이 시작된다. 몸의 감각 기관은 외부 자극에 대해 저절로 반응하는데, 이 과정은 전혀 문제가 되지 않는다. 하지만 '샹카라'가 작용하면서 고통이 시작된다.

'담마 코리아'에서 집중 수행을 마치며 들었던 고엔카 선생님의 법문 중, 중요한 부분을 이해하고 있는 범위 내에서 정리하자면 다음과 같다. '샹카라'는 이미 전에 느끼고 생각하고 경험했던 것들이 쌓인 주머니인 '아뢰야식'과 만나 작용을 한다. '샹카라'는 결과가 되면서, 동시에 원인이 된다. 꽃에 대한 좋은 추억이 있는 사람에게 꽃은 가지고 싶은 물건이 된다. 하지만 꽃으로 맞아 본 사람에게 꽃은 보기도 싫은 물건이 된다. 기존의 '샹카라'가 튀어나와 새로운 '샹카라'와 만나 일종의 강화 작용을 하는 것이다. 만약 꽃에 대해 기분이 좋거나 나쁜 감정 없이 그냥 바라보기만 한다면, 꽃에 대한 기존의 '샹카라'는 힘을 잃게 된다. 바로 이 과정이 우리가 수행하며 고통에서 벗어날 수 있는 아주 중요한 지점이다. 어떤 자극을 느낄 때 빨리 알아차리고, 자동으로 반응하지 않고, 좋거나 싫거나 판단하지 않고, 몸의 감각을 지켜보기만 하면 된다. 그러면 새로운 '샹카라'는 형성되지 않고, 아뢰야식 내에 쌓여 있는 '샹카라'는 반응할 자양분 공급이 끊기며 저절로 사라지게 된다. 그 결과 불성, 본성, 참 자기, 진면목이 저절로 드러나게 된다. 비로소 수처작주의 삶이 시작된다.

여섯 개의 감각 기관을 통해서 들어오는 모든 자극에 대해 자신이 인식하기도 전에, 몸이 먼저 반응한다. 몸을 지닌 우리는 매 순간 자극을 만나고 그에 대해 반응한다. 그 자극에 끌려다니지 않고 그냥 바라보면서 '지금-여기'에서 하고 있는 일을 하면 자극의 힘은 줄어들거나 사라진다. 괴로움을 피하려 하거나 쾌락을 움켜쥐려 할 필요가 없다. 피하려는 마음이나 움켜쥐려는 마음이나 모두 욕심이고, 욕심은 고통을 만들어 낸다. 빨리 알아차리고, 반응하지 않고, 판단 없이 바라보고, 매 순간 주어진 일을 묵묵히 하는 것. 그것이 우리가 할 일이고 우리의 삶이다. 삶의 주인이 되는 유일한 방법이다.

수행하며 들었던 법문의 내용을 나름대로 이해하고 정리해서 썼지만, 혹여 고엔카 선생님의 가르침이나 진리에서 벗어난 내용은 없을까 하는 우려가 되기도 한다. 이 글은 오로지 나의 개인적인 생각을 정리한 글이다. 위빠사나 수행에 관심이 있는 분들은 '담마 코리아'에서 진행하는 집중 수행을 통해 참다운 공부법을 제대로 익히고 수처작주의 삶을 살아가길 바란다.

생각에 속지 않으려면, 사띠(Sati)

지금 한 친구의 이름을 불러보자. 이름을 부르는 순간 그 사람의 이미지가 떠오르면서, 고맙거나 편안하거나 불쾌한 어떤 감정이 동시에 떠오를 것이다. 이는 인연 따라 생기고 사라지는 것을 그대로 보내지 못하고 붙잡고 있기 때문이다. 우리는 새롭게 변화하는 세상에 살면서, 어제의 모습을 갖고 계속해서 어제로 돌아가려 한다. 현재의 생각은 과거의 유사한 경험을 바탕으로 또 다른 생각을 불러 일으키며, 생각의 연결 고리는 끊임없이 이어진다. 우리는 생각의 늪에 빠져 허우적거리며 살아간다.

생각의 늪에서 빠져나오는 방법이 바로 사띠(sati), 즉 마음챙김이다. 팔리어 '사띠'는 2,500년 전 인도의 한 지방에서 사용하던 언어다. 알아차림, 마음챙김, 새김 등으로 번역되다가 최근에는 '마음챙김'이라는 단어로 통용되고 있다. 사띠에 관한 다양한 정의를 살펴보면, '현재'라는 시간적 개념, '경험'이라는 자극, 자극에 대한 순수한 '관찰'이라는 공통점을 찾을 수 있다.

- 현재의 순간에 비판단적인 태도를 갖고 의도적으로 주의를 집중하는 것.
  (Kabat-Zinn, 1990)
- 현재의 경험에 대한 주의(attention)와 알아차림(awareness).
  (Brown and Ryan, 2003)
- 지속적인 내적, 외적 자극의 흐름들이 일어날 때 비판단적으로 관찰하는 것.
  (Baer, 2003)
- 마음챙김은 늘 '지금-여기'에 깨어 있음이다. 탈동일시다.(김정호, 2016)

끊임없는 생각은 우리가 현재에 머무는 것을 방해한다. 과거가 떠오를 때 빨리 알아차리고 현재로 돌아올 수 있다면 더 이상 과거의 노예가 되지 않는다. 마찬가지로, 미래에 대한 망상을 빨리 알아차릴 수 있다면 현재를 사라지게 만드는 어리석은 행위를 멈출 수 있다. 현재는 과거와 미래에 얽매이지 않는, 생생한 '지금-여기'를 의미한다. 우리는 지난 과거를 바꿀 수 없다. 오지도 않은 미래 역시 변화시킬 수 없다. 하지만 현재를 통해서 원하는 미래를 만들어 갈 수는 있다. 우리는 사띠를 통해 '지금-여기'에 머물 수 있고, 과거나 미래로부터 해방될 수 있으며, 자신의 주인으로 살아갈 수 있다.

『호흡을 통한 알아차림(mindfulness with breathing)』의 저자인 붓다다사 비구는 감각 대상과 접촉하는 그 순간에 사띠가 바로 거기 있어야 한다고 강조한다. 감각 대상과 감각을 느끼는 감각 기관이 있다. 눈은 사물을 본다. 눈은 감각 기관이고, 사물은 감각 대상이다. 귀는 소리를 듣는다. 소리는 감각 대상이고, 귀는 감각 기관이다. 감각 기관을 가진 우리는 수많은 자극에 항상 노출되어 있다.

길을 걸으며 수많은 것을 보고 듣는다. 하지만 습관적으로 보고 듣고 반응하며 살아간다. 만약 우리가 보고 듣는 그 순간에 사띠를 한다면, 있는 그대로를 보고 들을 수 있으며, 무의식적이고 자동적 반응에서 의식적이고 선택적 반응으로 변화시킬 수 있다. 자동적 반응은 과거가 나를 끌고 가는 방법이고, 선택적 반응은 현재의 내가 나의 주인으로서 선택하고 결정하며 살아가는 방법이다.

자극은 자극일 뿐인데, 자기(ego)가 자극에 의미를 부여하기 시작한다. 자기(ego)의 주인은 과거다. 우리는 자기(ego)와 자아(Self)를 구별할 필요가 있다. 오쇼 라즈니쉬(Osho Rajneesh)는 "자기(ego)란 진정한 자아(Self)에 대해 만들어 놓은 가짜의 대체품으로 관념이나 그림자처럼 실재하지 않는 것"이라고 했다. 자아(Self)는 있는 그대로를 고요하게 주시하는 관찰자다. 외부 자극에 대해 어떤 반응도 하지 않고 있는 그대로 관찰하는 주인이다. 자기(ego)는 영화의 장면이고, 자아(Self)는 흰 스크린이다. 이 사실을 깨닫게 된다면 자기(ego)가 원하는 대로 반응할 필요가 없어진다. 이미 모든 것은 완벽하다.

이때 사띠를 통해 어떠한 생각이나 감정이 떠오르는 것을 비판단적으로 관찰하기만 하면 허상은 저절로 사라진다. 생각이나 감정을 물리치기 위해 머릿속으로 씨름만 한다면 이놈은 더욱 강해지고 힘만 세질 뿐이다. 어둠을 몰아내기 위해 어둠 속에서 아무리 발버둥을 쳐도 어둠은 사라지지 않는다. 전원 스위치를 켜면, 즉 밝음이 오면 어둠은 저절로 사라진다. 밝음은 어떤 생각과 판단도 없는 순수한 바라봄이다. 오쇼 라즈니쉬는 "마음이 사라지고 생각이 사라지면 마음챙김, 완전히 깨어 있는 자각이 생긴다."라고 했다. 마음과 생각 역시 자기(ego)가 만들어 놓은 허상에 불과할 뿐이다. 사띠는 자기(ego)를 죽이고 자아(Self)를 회복하는 매우 중요한 방편이며, 과거나 미래로부터 해방될 수 있는 유일한 방편이다.

일체유위법(一切有爲法)	분별 망상으로 드러난 세상은
여몽환포영(如夢幻泡影)	꿈·환영·물거품·그림자와 같고
여로역여전(如露亦如電)	이슬 같고 또한 번개와 같으니
응작여시관(應作如是觀)	마땅히 이같이 관찰하라

- 『금강경』

『금강경』에서도 분별 망상으로 드러난 세상을 꿈, 환영, 물거품, 그림자, 이슬, 번개에 비유한다. 자기(ego)는 분별과 망상을 불러일으킨다. 분별은 나와 너를 구별하는 차별심이고, 망상은 헛된 생각이다. 이렇게 만들어진 세상은 진짜가 아니다. 왜곡된 가짜 세상이다. 과거가 만들어 낸, 또는 미래에 대한 망상이 만들어 낸 허구에 불과하다. 자기(ego)가 만들어 낸 가짜 세상에 반응하는 것은 어리석은 짓이다. 마치 홀로그램에 나타난 상대와 권투 시합을 하는 것과 같다.

사띠에는 다양한 방법이 있다. 식사하며 먹는 행위에 집중하는 사띠가 있고, 걸으며 걷기에 집중하는 사띠도 있다. 설거지하며 설거지에 집중하는 사띠도 있고, 호흡에 집중하는 사띠도 있다. 이들은 모두 몸을 통한 사띠에 해당한다. 그 외에도 감정을 알아차리는 사띠도 있고, 마음의 변화를 알아차리는 사띠도 있고, 삼라만상의 무상함과 무아의 본질을 알아차리는 사띠도 있다. 사띠는 특별한 것이 아니고 매우 평범하고 일상적인 것이다. 단지, 지금 주어진 자극을 있는 그대로 받아들이면 된다.

"몸 있는 곳에 마음을 두어라."

이 말은 사띠를 가장 잘 표현하고 있다. 몸은 현재에 머물면서 마음은 과거나 미래에 가 있는 사람들이 대부분이다. 마음만 정신없이 여기저기 헤매면서 살아간다. 걸으면서 밥 먹을 생각을 하고, 밥을 먹으면서 휴대폰을 확인하고, 친구를 만나면서 내일 할 일을 생각한다. 사띠가 없는 상태에서 하루를 보내고 있다. 몸과 마음이 한곳에 머무는 것, 즉 몸이 머무는 '지금-여기'에서 하고 있는 일에 집중하는 것이 사띠다. 이것이야말로 하루를 살아가는 완벽한 방법이다.

에고 너머의 본성을 바라보자

며칠 전 친구들과의 모임에서 한 친구의 태도가 마음에 거슬렸다. 나를 무시하는 것처럼 느껴졌다. 실제 그 친구는 나를 무시하는 마음으로 대했을까? 그 친구의 의도와 상관없이 내가 그렇게 느꼈을까?

모임을 마치고 집으로 돌아오는 내내 마음이 불편했다. 그 불편한 마음을 살펴보았다. 처음에는 그 친구에 대해 원망하는 마음이 들었다. 그 후에 왜 그런 마음이 떠올랐는지를 생각해 보았다. 평소 남이 나를 대접하기를 바라는 마음은 거의 없다. 하지만 최소한 무시하는 태도로 나를 대하는 것은 싫다. 그러니까 그 친구의 태도로 인해 내 안의 에고(ego)가 움직이기 시작한 것이다. 에고는 '거짓 나'다. 그 '거짓 나'에 속아 화가 난 것이다. 그 친구에 대해 판단, 해석, 감정을 내려놓고 관찰자가 되어 에고를 바라보기 시작했다. 여전히 불편함은 마음 한구석에 남아 있었지만, 그 친구를 원망하는 마음은 조금씩 사라지기 시작했다. 불편함을 안고 다시 그냥 바라만 보았다. 잠시 후 내가 그 친구를 무시하고 있는 마음이 투사되었다는 생각이 들기 시작했다. 투사라는 것을 알아차린 후에는 원망하는 마음이 미안한 마음으로 변했다.

이번 일을 계기로, 어떤 상황에서 불편한 감정이 생기는지 들여다

보았다. 누군가 연락을 해오면 즉시 답을 하는 편이다. 그래서 그런지 상대방도 그렇게 하기를 바란다. 반드시 답변이 필요한 것이 아님에도 불구하고, 아무런 응대가 없으면 서운한 마음이 생긴다. 그럼 나는 왜 연락을 했을까? 반드시 그 연락이 필요한 것이었을까? 굳이 그럴 만한 일이 아닌 경우도 많다. 나에게 관심을 가져 달라는 에고가 의도를 갖고 행동한 것이다. 간혹, 가까운 지인들에게 글을 보낼 때도 있다. 어떤 친구들은 글을 읽고 간단한 답변을 보내오기도 하지만, 그렇지 않은 경우도 많다. 아무런 답변이 없는 경우에는 섭섭한 마음이 들 때가 있다.

상대방의 의사와 관계없이 먼저 연락하고 글을 보냈다. 이 때문에 상대방이 불편할 수도 있겠다는 생각을 못 하고, 단지 반응이 없다는 것만으로 서운함을 느꼈다. 상대방이 원하지 않는, 일방적인 연락과 글은 그 자체가 이미 강요다. 더구나 이 강요에 답변을 요구하는 것은 상대방에게 무례한 행동이 될 수도 있다. 무례하게 행동하면서 오히려 지인들의 무응대에 서운해하고 불편해했다.

『깨달음 그리고 지혜』의 저자 레스터 레븐슨은 떠오르는 모든 생각과 감정은 에고의 작용이니, 그것들에 빠지지 말고 그 이면의 '참자아'를 바라보라고 한다. '나는 무엇인가?'라는 생각에 집중하라고 한다. 감정이나 생각에 끌려다니며 행동하는 사람이 되지 말고 관찰자가 되어야 한다. 행동하는 주체는 '에고'이고, 관찰자는 '본성'이다. 우리의 사고, 감정, 느낌, 감각은 모두 에고의 작용이다. 본성은 그 에고의 이면에 있는 '본래 면목'이다. 스크린에 비치는 영상이 에고의 작용이고, 스크린 자체가 바로 '본성'이다. 스크린은 원래부터 늘 그 자리에 변하지 않고 완벽한 채로 존재하고 있다.

수면이 고요해지면 모든 쓰레기가 수면 위로 떠오르는 것처럼, 마음이 고요해지면 아뢰야식에 저장되어 있던 기억, 감정, 느낌, 감각, 경험들이 하나씩 하나씩 떠오른다. 즉 아뢰야식에 저장되어 있던 심층 의식이 떠올라 표층 의식으로 드러난 것이다. 이때 그대로 흘려보내면 된다. 드러난 표층 의식을 걷어내는 작업이 바로 흘려보내는 것이다. 떠오른 생각을 따라가지도 말고 붙잡지도 않으면 된다. 그러면 또 다른 심층 의식이 표층 의식으로 떠오른다. 다시 흘려보내면 된다. 고요해져야 비로소 떠오르는 마음의 쓰레기를 알아차릴 수 있다. 알아차리면 흘려보낼 수 있다. 흘려보내는 만큼 아뢰야식의 공간이 비워진다. 비워진 만큼 마음이 편안해진다. 이 작업의 반복이 바로 명상이고 수행이고 깨달음에 이르는 길이다.

에고는 이원성이고 '본성'은 일원성이다. 이원성은 너와 나를 분별하고 차별한다. 차별심으로 인해 이기적이 된다. 바로 이 이기적인 생각이 떠오를 때, 즉 에고가 작용할 때가 깨달음에 다가갈 수 있는 좋은 기회다. 이기심을 바탕으로 깨달음에 도달할 수 있다. '번뇌즉보리'(煩惱卽菩提)다. 바로 이 순간을 알아차리기 위해 마음챙김을 한다.

지도무난(至道無難)	도에 이르는 길은 어렵지 않으니
유혐간택(唯嫌揀擇)	오직 차별하는 마음을 내지 마라
단막증애(但莫憎愛)	미워하고 사랑하는 차별심을 내지 않으면
통연명백(洞然明白)	모든 것이 막힘없이 뚫려 훤하게 된다

- 승찬대사, 『신심명(信心銘)』

우리는 타인과 분리된 존재로서의 몸과 마음을 자신이라고 동일시한다. 이 동일시는 에고의 작용이다. 에고는 종에 불과하고, 진짜 주인은 '본성'이지만 주인이 종의 삶을 살고 있다. '본성'이 에고의 지시를 따르며 살아가고 있다. 몸과 마음의 동일시에서 벗어나 '본성'을 회복하려면 관찰자가 되어야 한다. 이것이 바로 깨달음에 이르는 길이며, 우리가 마음챙김을 해야 하는 이유다.

마음챙김과 마음놓음

며칠 후면 해파랑길을 걷는다. 마치 해파랑길을 걷기 위해 살아가는 사람 같다. 길에 대한 갈증이나 욕심보다는 함께 걷는 길벗들과의 만남이 기다려지기 때문이다. 그만큼 길벗은 중요하다. 마음공부를 할 때도 도반이 매우 중요하다. 도반은 서로 의지하고 격려하고, 때로는 경쟁하며 정진과 가행정진을 할 수 있다. 또한 공부하며 발생하는 장애에 대해 솔직하게 얘기하며 극복하는 데 도움을 받을 수도 있다. 공부 수준이 비슷한 사람끼리 서로에게 조언해 줄 수는 없어도, 같은 고민을 하기에 각자의 고민 해결을 위한 방법을 얘기하며 스스로 생각지도 못한 방편을 찾을 수도 있다. 도반은 든든한 버팀목이다. 마찬가지로 길벗 또한 든든한 버팀목이다. 혼자 걸으면 목적지에 도착하지 못할 수도 있지만, 함께 걸으면 목적지에 도착할 수 있다. 때로는 두려움과 불안으로 인해 힘들 수도 있지만, 든든한 도반과 길벗이 있다는 사실이 주는 편안함과 안정감 덕분에 무사히 목적지에 도착할 수 있다.

수행과 걷기는 같다. 목적지에 도착하는 것을 목표로 삼지 않고 그 과정을 중요시한다. 충실한 과정의 결과물 또는 부산물이 깨달음이고 목적지에 도착하는 것이다. 서울에서 부산까지 이동할 때 비행기, 고속철도, 버스 등 다양한 운송 수단을 이용할 수도 있지만,

걷기라는 매우 단순한 이동 방법도 있다. 같은 목적지에 간다고 해도 이동 방법에 따라 느끼는 경험은 각각 다르다. 해파랑길은 부산에서 고성에 이르는 750km에 달하는 길이다. 승용차를 이용하면 불과 몇 시간 만에 도착할 수 있는 거리다. 하지만 우리는 매월 2회 무박 2일을 걷거나, 때로는 며칠간 걸으며 약 1년 반에 걸쳐 완보할 계획이다. 도착하는 데 걸리는 시간이 다르듯이, 목적지에 도착하며 느끼는 경험과 생각 역시 매우 다를 것이다.

과정을 충실하게 걷는다는 것은 무엇인가? 엘렌 랑거(Ellen Langer)의 저서 『마음챙김: 생각을 여는 심리학』에 마음챙김(mindfulness)과 마음놓음(mindlessness)이 나온다. 마음챙김은 지금 내가 하는 일을 자각하고 그 일에 집중하는 것이다. 반면, 마음놓음은 지금 하는 일을 망각한 채 반복적이고 습관적으로 아무 생각 없이 하는 것이다. 사실 '마음놓음'이라는 번역은 마음에 들지 않는다. 차라리 '정신없음', '혼이 나감', '정신 못 차림'이라는 단어가 더 적절하지 않을까 하는 생각을 해본다. 아무튼 어떤 단어를 쓰든, 마음을 챙기지 못한 상태를 의미한다.

가끔은 "과연 어떻게 걷는 것이 좋을까? 굳이 무엇을 하며 걸어야 하나?"라며 자문하기도 한다. 그냥 많이 오래 걷다 보면 생각과 감정은 사라지고 오직 '걷는 것'만 존재하는 순간을 만나게 된다. 어떤 생각, 감정, 의식, 느낌이 사라진 오직 '걷는 존재'만 남는다. 이 순간, 나와 길과 걷는 행위는 하나가 된다. 따라서 굳이 어떤 방식으로 걷는 것이 좋고, 어떻게 걸어야만 한다고 얘기하고 싶지 않다. 그럼에도 이 글을 쓰는 이유는 '마음놓음' 또는 '정신없음' 상태로 걷는 것은 지양할 필요가 있다는 생각이 들기 때문이다.

길을 걸으며 우리가 할 수 있는 일은 무엇일까? 과거를 후회한다고 다시 돌이킬 수 있을까? 과거는 이미 지나갔고 다시 되돌릴 수 없다. 미래에 대해 걱정하거나 장밋빛 꿈을 꾼다고 해도, 생각한 대로 이루어지지 않고 미래를 빨리 당겨올 수도 없다. 이런 생각은 망상일 뿐이다. 길을 걸으며 회사나 집안일을 생각한다고 해서 상황이나 문제를 해결하거나 개선할 수도 없다. 몸은 해파랑길에 있는데 어떻게 회사나 집안일을 해결할 수 있겠는가?

"걱정해서 걱정이 사라진다면 걱정할 일은 아무것도 없다."라는 외국 속담이 떠오른다. 걱정은 걱정을 부를 뿐 어떤 해결책도 제시하지 못한다. 생각을 정리하기 위해 생각을 한들, 생각은 정리되지 않는다. 순간적으로 정리된 것처럼 보이지만, 이는 마치 상처에 연고를 바르고 다 나았다고 생각하는 착각에 불과하다. 상처가 난 근본적인 자신의 마음을 다스리지 않는 한, 상처는 끊임없이 발생할 수밖에 없다. 그렇다면 걸으며 할 수 있는 일은 무엇일까? 오직 걷는 것밖에 없다. '마음놓음' 상태로 걷는 것이 아니고, 걷고 있는 행동을 자각한 상태인 '마음챙김'을 하며 걷는 것밖에 없다. 이 방법을 통해 생각과 감정에서 벗어나고, 나아가 자신의 모습과 직면하며 변화를 꾀할 수 있다.

어떻게 '마음챙김'을 하며 걸을 수 있을까? 과연 '마음챙김'은 무엇일까? 김정호 교수는 '미시적 마음챙김'과 '거시적 마음챙김'이라는 두 가지 마음챙김을 얘기한다. '거시적 마음챙김'은 '행위'와 '자신(Self)'을 분리하는 것이다. 움직이는 몸은 그냥 몸일 뿐 '자신(Self)'이 아니다. 몸은 나의 일부분이기는 하지만, 나의 전체는 아니다. 몸과 자신의 동일시에서 벗어나서 걸으면 된다. 즉 몸을 관찰하는 주시자가 되는 것이 거시적 마음챙김이다. 몸을 객관적인 시각에서 관찰하면 움직임을 관찰할 수 있다. 동일시에서 벗어나면 몸의 요구로부터 자유로울 수 있고, 이는 매우 중요한 변화를 만들어 내기도 한다. 미시적 마음챙김은 보고, 듣고, 맛보고, 냄새 맡고, 몸의 접촉을 느끼는 오감 중에서 한 가지를 선택하여 마음챙김하는 것이다. 걷기 전에 청각, 시각 등 한 가지 감각에 집중하며 걷겠다는 마음을 확립하는 것이 중요하다.

마음챙김을 하고 걷는 것과 하지 않고 걷는 것은 확연한 차이가 있다. 감각에 집중하면 생각은 떨어져 나간다. 감각을 놓치면 수많은 생각이 그 틈을 비집고 들어온다. 굳이 생각과 감정을 밀어내거나 없애기 위해 애쓸 필요가 없다. 생각이나 감정이 떠오를 때 부드럽게 감각으로 돌아오면 된다. 이 끊임없는 반복이 우리를 '지금-여기'로 데려다준다. 그리고 한 번에 한 가지 대상에 집중하는 게 좋다. 마음챙김이 잘 되지 않는다고 집중의 대상을 자주 바꾸면 오히려 집중하는 데 방해가 될 가능성이 높다. 해파랑길을 걸으며 30분씩 한두 번 정도 침묵 걷기 시간을 갖는다. 혼자 걸을 때도 스스로 시간을 정해서 집중적으로 자신이 정한 감각에 마음챙김을 하며 걷는다면, 마음 놓고 걷는 것보다 훨씬 더 마음 건강을 챙길 수 있고, 나아가 긍정적으로 자신을 변화시킬 수 있다. 마음 놓고 걷지 말고, 마음을 챙기며 걷자. 한 가지 감각에 집중하거나 주시자가 되어 걸어 보자.

호흡은 마음챙김의 관문이다

길을 걷거나, 누군가와 말하거나, 음식을 먹거나, TV를 보거나, 어떤 일을 하면서 그 일에 온전히 집중한다는 것은 쉽지 않은 일이다. 길을 걸으며 어제 일을 생각하기도 하고, 친구를 만나 얘기하며 다른 친구를 떠올리기도 한다. 어떤 일을 하고 있으면서도 그 일을 하고 있다는 사실조차 인식하지 못한 채, 일하는 경우도 많다. 일상의 반복이 주는 편안함도 있지만, 그에 따른 위험도 있다. 무의식적이고 자동적인 반응은 주인 의식과 현재를 잃어버리게 만들기 때문이다.

아침에 일어나 아파트 현관문을 열고 신문을 들고 온다. 신문을 보기 전에 주방에서 물 한 잔 떠 와서 혈압 약을 먹고 거실에 앉아 신문을 본다. 신문을 보다가 아내가 식사하라고 부르면 일어나 식탁에 앉아 아침 식사를 한다. 식사한다는 생각조차 하지 못한 채 이미 저작 활동을 하고 있다. 식사를 마친 후 다시 거실로 돌아와 신문을 마저 읽고 책상에 앉아 글을 쓴다. 자동적으로 진행되는 이런 행동이 효율적이라기보다는 오히려 프로그램화 된 기계 같다는 생각이 든다. 만약 나 자신이 기계라면 이 기계를 작동시키는, 또는 기계에 명령을 내리는 어떤 것이나 누군가가 있어야 한다. 근데 아침에 일어나서 하는 일련의 행동에는 어떤 주체도 찾을 수가 없다. 단지 입력된 프로그램에 따라 움직이는 로봇 같은 몸만 있을 뿐이다.

주체도 없이 뭔가를 무의식적으로, 그리고 자동 반복적으로 하는 나는 무엇인가? 과연 '나'는 존재하는가?

'왜 걷는가?'라는 주제로 길을 꾸준히 걷고 있는 사람을 만나 인터뷰를 한 적이 있다. 한 여성은 아침에 기상하자마자 자동적으로 부엌에 가서 아침 식사를 준비하고 있는 자신의 모습을 보고 깜짝 놀랐다고 한다. 자신의 모습이 마치 입력된 프로그램대로 움직이고 있는 로봇 같다는 생각이 들어서였다. 그녀는 자녀가 대학 입시를 마친 후 바로 산티아고로 떠나 자신을 찾는 여정을 시작했다. 산티아고를 다녀온 후, 공부 모임과 걷기 모임을 만들어 자신만의 주체적인 삶을 즐겁게 살아가고 있다.

요즘 꾸준히 연습하고 있는 것이 있다. 한 행동에서 다른 행동으로 이동할 때 호흡을 한두 번 하며 무엇을 하기 위해 움직이고 있는가를 의식한 후 행동하는 것이다. 책상에 앉아 글을 쓰고 있는데 차를 마시고 싶다는 생각이 든다. 차를 마시기 위해 주방으로 이동하기 전, 차 마시고 싶은 마음을 알아차리고, 호흡을 한두 번 한 후에 의자에서 일어나 주방으로 간다. 커피를 들고 자리에 앉아 커피를 마시기 전에 호흡을 한두 번 한 후 커피를 마신다. 어떤 행동을 하기 전에 그 행동을 하겠다는 의도를 알아차린 후 행동하려고 연습하고 있지만 아직은 잘 되지 않는다. 늘 행동이 한참 진행된 후에야 겨우 알아차린다. 꾸준히 연습하면 언젠가는 행동하기 전에 미리 알아차리고 할 수 있는 날이 올 것이다.

약 40년 전, 송광사에서 진행하는 4박 5일 간의 단기 출가 수행 프로그램에 참가했던 적이 있다. 승보 사찰인 송광사에서 한국 불교의 전통 수행법인 화두 참선을 가르치지 않고 위빠사나를 가르친 것이 매우 신기했다. 처음 해 본 수행에 얼떨떨했고, 왜 이것을 수행이라고 하는지 전혀 이해할 수 없었다. 좌복에 오래 앉는 인내심만 키우는 연습을 하고 온 것 같았다. 그런데 40년이 지난 지금에야 이 수행법에 대한 이해를 겨우 하게 되었다.

당시 송광사에서 좌선과 행선을 반복적으로 수행했다. 좌선 시에는 들숨에 배가 올라오고, 날숨에 배가 들어가는 것을 관찰한다. 행선 시에는 발을 올리고, 이동하고, 내리는 세 단계로 나눠 매우 천천히 걸으며 발의 감각에 집중한다. 이때 중요한 것은 이 각각의 단계를 실행하기 전에 미리 인식하며 걷는 것이다. '발을 들어 올린다. 앞으로 옮긴다. 발을 내려놓는다.'를 마음속으로 얘기하며 행선을 한다. 자신이 무엇을 하고 있는지 행동과 의식을 합일시키기 위한 방편이다. 뒤돌아 올 때는 잠시 멈춰 서서 한두 호흡을 한 후에 뒤돌아 가겠다는 의지를 알아차리고 뒤돌아서서 같은 방식으로 행선을 한다.

우리는 일반적으로 자신이 어떤 행동을 하고 있는지 또는 할 것인지를 인식하지 못한 채 무언가에 홀린 듯 행동한다. 게다가 어떤 행동을 하든 온전히 집중하는 것이 아니라, 무성의하고 무의미하게 반복적으로 행동한다. 한 행동(A)에서 다른 행동(B)을 할 때 미리 알아차리고 하게 되면, 그 행동(B)에 아주 짧은 시간만이라도 집중할 수 있고, 이 짧은 시간에 자신과 행동이 하나가 될 수 있다. '지금-여기'에서 하는 일을 인식하고, 그 일과 자신이 하나가 되게 만드는 것이 마음챙김이다. 밥을 먹으며 회사를 생각하기도 하고, 회의하며 퇴근 후 친구 모임을 생각하기도 한다. 몸은 여기에 있으면서 마음은 다른 곳에 가 있거나, 과거나 미래를 방황하고 있다. 삶의 불만족은 바로 여기부터 시작된다. 불만족을 제거하는 방법이 바로 '지금-여기'의 삶을 살아가는 것이다.

호흡을 통해 우리는 '지금-여기'로 돌아올 수 있다. 호흡은 떠돌아다니는 마음과 생각과 감정에서 벗어나 '지금-여기'로 돌아올 수 있는 가장 쉽고 편한 방법이다. 몸의 감각도 오직 '지금-여기'에서만 느낄 수 있고, 호흡 역시 오직 '지금-여기'의 호흡만 있다. 과거의 호흡은 사라졌고, 미래의 호흡은 아직 오지 않았다. 우리가 '지금-여기'를 느낄 수 있는 방법은 바로 호흡과 몸의 감각을 통해서만 가능하다.

음식 주문 후 식사가 나오면 바로 먹지 말고 한두 호흡을 한 후, 음식을 맛본다는 마음을 알아차리고 식사하게 되면 음식 맛을 더 풍부하게 느낄 수 있다. 글을 쓰기 위해 책상에 앉아 컴퓨터를 켠 후에 잠시 한두 호흡을 하며 글을 쓰면 글 쓰는 행동에 온전히 집중할 수 있다. 이런 연습을 통해 '지금-여기'에 머무는 시간을 늘려 나갈 수 있다. '지금-여기'를 살고 있는 시간만큼 고통에서 해방되어 자유로운 삶을 살 수 있게 된다. 우리의 고통은 대부분 과거의 후회나 미래의 불안으로 인해 발생하기 때문이다. '지금-여기'를 온전히 살아갈 수 있는 방법이 마음챙김이고, 호흡은 마음챙김의 관문이다.

1분 30초의 기적

"앞으로 친구들에게 화를 내지 않을 거야. 왜냐면 화를 내고 나도, 내 마음이 즐겁지 않아. 그래서 화가 날 때 화를 내는 대신에 표정과 행동으로 화가 났다는 것만 알려 주려고."

손녀가 아내에게 한 얘기다. 아내는 아이가 어떻게 이런 생각을 했는지 무척 신기해했고, 나 역시 많이 놀랐다. 60대 중반이 지난 지금에서야 겨우 깨달은 삶의 지혜를 초등학교 1학년 아이를 통해서 듣게 되다니! 나이만 어릴 뿐, 아이는 아이의 세상을 통해 삶의 지혜를 터득하며 살아간다.

누군가에게 비난이나 욕을 들으면 같은 방식으로 대응하는 경우가 적지 않다. 비록 좋은 방식은 아니지만, 이렇게 대응한 후에 조금이라도 마음이 편해진다면 그렇게 할 수도 있을 것이다. 하지만 상대방과 똑같은 언행을 한 후에 남는 것은 불편한 감정이 더 크다. 그리고 그 감정은 다시 자신을 공격한다. 반드시 그렇게 행동해야만 했을까? 왜 상대방은 내게 그렇게 했을까? 무엇이 잘못되었을까? 수많은 질문과 함께 자신에 대한 부정적인 판단을 내리며, 감정과 생각은 더욱 악화되어 자신을 갉아먹는다. 그리고 그런 생각과 감정은 마음속 깊은 곳에 숨어 있다가 비슷한 상황이 발생하면 예전의 기억까지 불러들여 더 강한 반응을 하게 만든다. 이런 부정적인 감정과 생각은 주변 사람과의 관계를 악화시키고, 결국 자신을 더 힘들게 만든다.

일반적으로 자극에 대한 반응을 '투쟁-회피(fight or flight) 반응'이라고 하는데, 이는 외부 자극에 대해 싸우거나 아니면 도망가는 무의식적이고 자동 반복적인 반응이다. 자신이 자극에 대해 어떤 판단과 결정을 내리기도 전에 반응은 이미 시작된다. 중요한 사실은 이러한 반응은 과거의 경험이 바탕이 되기 때문에, 주어진 상황을 있는 그대로 바라보지 못하고 왜곡된 행동으로 표현된다는 것이다. 이렇게 반복되는 행동은 점점 더 강화되어 고정화된 패턴을 형성한다. 때로는 그날의 기분에 따라 상반된 행동을 취하기도 한다. 상대방의 의도와 상관없이 그 순간의 기분에 따라 판단하고 행동한다. 이런 과거의 기억이나 경험들은 마음속 깊은 곳에 쌓여 있다가 비슷한 상황이 발생하면 그에 따른 반응을 자동 반복적으로 하게 된다. 현재를 살지 못하고 과거를 살고 있는 꼴이다.

뇌과학자 질 볼트 테일러(Jill Bolte Taylor)에 의하면, 감정의 수명은 1분 30초이며, 그 시간이 지난 후에도 그 감정이 계속 살아 있게 하려면 생각이 필요하다고 한다. 생각이 감정을 연장하는 연료가 되는 것이다. 생각은 다른 생각을 연속적으로 불러일으키고, 이어지는 생각은 발생한 감정을 더 고조시킨다. 1분 30초만 어떤 생각이나 결정, 판단을 보류하고 멈출 수 있다면 고정화된 패턴에서 벗어날 수 있다.

뇌과학자의 말대로 부정적인 생각과 감정을 불러일으킨 상황이나 사람에 대해 1분 30초만 참고 견딜 수 있다면, 패턴화된 반응을 멈추고 새로운 대안을 선택해서 과거와 다른 삶을 살아갈 수 있다. 지금의 현실을 생생하게 살아가기 위해서는 과거를 소환하거나 과거 속에서 살지 말고, '지금-여기'에서의 삶을 살아야 한다. 우리의 생각이 이미 지나간 과거에 가 있거나, 오지도 않은 미래에 가 있다면 '지금-여기'로 돌아와야 한다. 그 방법이 바로 자신의 생각과 감정을 알아차린 후 잠시 멈춰서 호흡과 감각을 느끼는 것이다. 호흡과 감각은 오직 '지금-여기'에서만 존재할 수 있다. 숨을 들이마시고 내쉬며 '지금-여기'로 돌아올 수 있다. 호흡은 우리와 한순간도 떨어질 수 없다. 떨어지는 순간 죽음이다. 신체에서 느껴지는 감각 역시 '지금-여기'에서만 느낄 수 있다. 생각은 과거나 미래에 가 있을 수 있겠지만, 호흡이나 감각은 오직 '지금-여기'에서만 존재한다.

'지금-여기'로 돌아오기 위해서는 알아차림이 우선되어야 한다. 외부 자극이 발생해서 패턴화된 반응을 하려고 할 때 빨리 알아차려야 한다. 이 알아차림이 바로 마음챙김이다. 잠시 멈추어 호흡을 두세 번 하거나, 그때 느껴지는 감각에 집중한다. 이 집중이 바로 마음챙김이다. 이 매우 짧은 시간이 우리를 변화시킬 수 있다. 마음챙김을 통해 생각이나 감정을 호흡이나 감각으로 변환시켜 '지금-여기'로 돌아올 수 있다면, 패턴화된 행동 양식을 취하지 않고 새로운 대안을 선택할 수 있다. 패턴은 과거가 결정하는 방식이고, 새로운 대안은 지금의 자신이 내린 결정이다. 과거의 수동적인 삶에서 벗어나, 지금의 자신이 만들어 가는 능동적인 삶을 살아야 한다.

과거의 기억이 계속 따라다니며 우리를 괴롭히기도 한다. 아쉬움과 미련과 후회가 남더라도 굳이 안고 있을 필요가 없다. 어떤 노력을 해도 이미 지난 과거를 돌이킬 수는 없다. 흘러보내야 한다. 미래에 대한 불안과 불필요한 걱정도 흘러보내야 한다. 그냥 부드럽게 자신의 호흡이나 감각으로 돌아오면 된다. 이 반복적인 연습을 하기 위해 마음챙김이 필요하다. 마음챙김은 지금 자신이 하는 모든 것을 자각하는 것이다. 자각하면 지금의 상황에서 벗어날 수 있고, '지금-여기'에서 편안한 삶을 살 수 있다.

부정적인 습관을 제거하고 긍정적인 습관을 만들어 나가려는 노력이 필요하다. 오늘도 걸으며 마음챙김을 한다. 앉아서 호흡과 감각에 집중하는 마음챙김을 한다. 1분 30초의 기적을 경험하기 위하여!

행복의 열쇠

'소확행'이라는 단어가 한동안 유행했다. 이는 불분명하고 거대한 미래의 행복을 위해서 현재를 희생하지 않겠다는 선언이었다. 대단한 사회적 성공이 아니더라도, 일상에서 작지만 확실한 자기만의 행복을 찾고자 했다. 그런데 소확행이 타인의 시선을 의식하여 SNS를 통해 남에게 보여주기 식으로 의미가 변질되면서 피로도가 높아졌고, 행복해야만 한다는 강박에서 벗어나고자 하는 욕구가 커지고 있다.

소확행의 대안으로 등장한 '아보하'는 『트렌드 코리아 2025』에서 제시하는 10대 키워드 중의 하나다. 아보하(아주 보통의 하루), 또는 오보하(오늘도 보통의 하루)는 지극히 행복하지도, 불행하지도 않은 무탈하고 잔잔한 하루를 의미한다. 특별히 좋은 일이 없어도 괜찮고, 오늘 하루를 큰 사고 없이 무탈하게 지낸 것으로 만족하며, 평범하게 하루가 흘러가는 것에서 일상의 행복을 느끼는 것이다.

이처럼 우리 사회의 행복 담론이 변하고 있다. 행복의 사전적 정의는 '생활에서 충분한 만족과 기쁨을 느끼어 흐뭇함 또는 그러한 상태'이다. 행복의 정의에 파랑새나 꿈과 같은 단어는 없다. 오히려 현실적인 '생활'이라는 단어가 들어가 있다. 생활은 우리네 일상이다. 일상에서 벗어나 행복을 추구하는 것은 뜬구름을 잡으려는 것과 같다. 의미 있는 삶을 살아가는 과정에서 행복은 저절로 찾아온다. 행복만을 추구하기 위해 애쓴다면 행복을 찾기는 어려울 것이다.

일상에서 행복하게 살아가는 방법은 무엇일까? 빅터 프랭클(Viktor Frankl)은 삶의 의미를 찾고 그 의미에 부합하는 삶을 살아갈 때 행복은 저절로 찾아온다고 했다. 삶에서 의미를 찾고 책임을 다하며 살아가는 것이 빅터 프랭클의 행복 이론이다. 니체(Nietzsche)는 자신에게 주어진 그날의 일을 하는 것이 우리가 삶의 의무를 다하는 것이라고 했다. 같은 말이다. 주어진 일상과 상황을 받아들이며 하루하루 살아가면 된다. 하지만 주어진 삶이나 일상을 수용하는 것이 결코 쉬운 일은 아니다. 욕심 때문이다. 지금의 상황보다는 좀 더 나은 상황이 되기를 바라고, 좀 더 좋은 환경에서 살고 싶고, 오늘의 불만족한 삶에서 빨리 벗어나고 싶어 한다. 욕심은 꿈을 좇게 만든다. 꿈은 허상이다. 허상이 반복되면 실상처럼 느껴진다. 그리고 그 허상을 실상으로 착각하며 거기에 맞춰 살고 싶어 안달한다. 이런 일상이 반복되면 쉽게 지치고, 삶의 의미와는 점점 더 멀어지고, 마음속에는 원망과 후회와 절망만 가득하게 된다.

허상이 반복되어 실상처럼 느껴지는 착각에서 쉽게 벗어날 수는 없지만, 바로 이 지점이 우리가 행복하게 살아갈 수 있는 단초를 제공한다. 착각에서 벗어나 허상을 허상이라고 알게 될 때, 실상은 저절로 드러난다. 사물의 실상을 있는 그대로 보는 것을 여실지견(如實知見)이라고 한다. 여실지견을 이루기 위해서는 꾸준한 마음공부가 필요하다. 명상과 마음챙김, 이 두 가지를 꾸준히 수행하면 허상에 속지 않고 살아갈 수 있다. 삶의 고통은 우리의 마음이 만들어 낸 허상에서 비롯된다. 우리는 허상에 속아 울고불고하며 살아간다. 그리고 세월이 지나 아무것도 아닌 일에 너무 많은 시간과 에너지를 낭비한 것을 발견하며 다시 후회하기도 한다.

명상하는 동안 수많은 경험, 느낌, 감정, 생각들이 떠오른다. 평상시에도 늘 떠오르지만 바쁘고 정신없이 살아가느라 알아채지 못할 뿐이다. 하지만 명상하며 마음이 차분히 가라앉게 되면 떠오르는 잡념을 쉽게 감지할 수 있다. 명상한다고 앉아 있으면 너무 많은 생각들이 떠올라 명상을 제대로 하지 못한다고 걱정하지만, 실은 떠오른 것을 알아챈 만큼 명상을 잘하고 있다고 할 수 있다. 이때 떠오른 것은 모두 허상임을 인식하는 것이 중요하다. 허상에 빠져 헤맬 필요가 없다. 그냥 알아차리고 명상의 주제로 돌아가 집중하면 된다. 명상을 통해 '지금-여기'의 삶을 살아갈 수 있다. 이때 마음챙김이 필요하다. 마음챙김은 습관적이고 무의식적인 반응에 경고음을 울리며, 매 순간 생각하고 행동하는 모든 것을 인식하는 역할을 한다. 마음챙김을 통해 부정적이고 무의식적인 반응을 알아차리고 새로운 대안을 찾을 수 있다면, 행복한 삶을 살아갈 수 있다.

"순간순간 우리 내면에 심리적 현실을 만들어 내는 방식을 체계적으로 들여다볼 수 있다면 현상에 대한 습관적이고 무의식적인 반응의 고리를 끊을 수도 있고, 나아가 깊이 뿌리내린 믿음을 바꾸는 가능성을 만들어 내고, 우리의 모든 경험을 망치는 보편적인 불만족으로부터 벗어날 수 있다."

— 액설 호퍼, 『프로이트의 의자와 붓다의 방석』(2018)

행복의 열쇠는 외부에 있지 않다. 자신의 내부에 있다. 그 열쇠를 돌리고 문을 여는 작업이 바로 명상과 마음챙김이다. '지환즉리 이환즉각(知幻卽離 離幻卽覺)'이라는 말이 있다. 환영인 줄 알면 벗어나고, 벗어나는 순간 바로 깨달음이 찾아온다는 의미다. 명상과 마음챙김은 이 진리를 체득하는 과정이다. 환영에 끌려다니며 살면 불행의 연속이고, 그것으로부터 벗어나면 바로 행복 시작이다. 이것이 바로 행복의 열쇠다.

마음챙김의 힘

아침에 일어나자마자 손녀 보윤이가 울기 시작했다. 안아주며 왜 우느냐고 물었다.

"영어 학원 가기 싫어."

"영어가 싫어?"

"아니, 그냥 가는 게 싫어."

"엄마랑 잘 얘기해 봐."

"응."

아침 식사 후 걸으러 나가면서 현관에서 딸에게 얘기했다.

"애가 싫어하는데 계속해서 영어 학원 보낼 거야? 그러다 영어를 아예 싫어할까 걱정이다."

"네, 계속 시킬 거예요."

더 이상 아무 말도 하지 않고, 뒤도 돌아보지 않고 나왔다. 딸의 대답을 듣고 마음이 상했다. 처음에는 보윤이가 우는 게 안쓰러웠다. 그다음에는 내 얘기에 딸이 주저하지 않고 단호하게 "네, 시킬 거예요."라고 하는 말이 서운했다. 일주일에 며칠씩 딸네 집에 머물며 필요한 일을 도와주기 시작한 게 어느덧 2년이 지나간다. 그간 손주의 교육이나 양육 방식에 관해 어떤 얘기도 하지 않았다. 주 양육자가 부모라는 것을 아이들에게 인식시켜 주는 것이 아이들의 교육을 위해 중요하기 때문이다. 물론, 딸 부부가 먼저 질문해 오거나 상의해 올 때는 의견을 얘기하지만, 그러기 전에는 먼저 나서서 얘기하는 편이 아니다.

집을 나와 걸으면서 발의 감각에 집중하려 했지만 잘 되지 않고 딸에 대한 서운한 마음만 올라왔다. 그간 도움을 주었던 생각도 함께 떠오르면서, 아빠의 의견을 재고의 가치도 없이 잘라 버리는 딸이 서운하게 느껴졌다. 서운한 마음은 곧 가벼운 화로 변하기 시작했다. 다시 발의 감각에 집중하려 노력했지만 이미 올라온 감정은 쉽게 가라앉지 않았다. 마음챙김 덕분에 화가 번지는 것을 막을 수는 있었지만, 이미 일어난 감정을 가라앉히는 데는 제법 시간이 걸렸다. 감정의 변화를 살펴보았다. 손녀에 대한 안쓰러움에서 내 의견이 받아들여지지 않은 서운함, 그리고 서운함은 화로 번지고, 그 화는 딸이 괘씸하다는 감정으로 변해 갔다. 원래 의도는 손녀가 싫어하는 것을 시키지 말라는 것이었는데, 나중에 화가 나는 지점은 의도와 상관없이 내 의견이 묵살된 것 때문이었다.

20분 정도 석촌호수까지 걸어가는 동안에 감정은 이미 많이 가라앉아 있었다. 석촌호수 주변에는 많은 사람이 걷거나 뛰면서 운동하고 있었다. 발의 감각에 집중하며 천천히 걸었다. 걸으며 이런저런 생각을 해보니 화가 난 지점을 다시 확인할 수 있었다. 내 의견이 무시되거나 받아들여지지 않을 때 화가 나는 편이다. 딸이 자신의 생각을 확고하게 밝힌 것인데, 왜 서운하고 괘씸하다는 생각이 들었을까? 돌이켜보니 가족 간에도, 친구 간에도 그랬다. 남이 내 의견에 반대하거나 나를 통제하려 하면 화가 난다. 그러면서 내 의견이 남에게 받아들여지기를 바라고, 내 방식으로 남을 통제하려는 생각도 갖고 있다. 남의 통제는 받기 싫어하면서 남을 통제하려고 한다. 내가 싫어하는 것은 남 또한 싫어하는 것이 인지상정이다. 이 사실을 잘 알면서도 그렇게 행동하고 있다. 이율배반적이다.

다시 발의 감각에 집중하며 걸었다. 생각에 몰두한 나머지, 호수의 어느 지점에 와 있는지도 모르고 걸었다. 마음을 챙기지 못하고 걷고 있었다. 주변을 살펴본 후, 다시 마음을 챙기며 걸었다. 발의 감각이 이전보다 더 많이 느껴졌다. 신발이 발을 감싸는 따뜻함도 느껴졌고, 안정감도 느껴졌다. 손가락의 감각이 마치 풍선에 바람을 분 것처럼 커지는 느낌도 들었다. 손가락이 커지는 것을 느끼는 만큼 손가락의 감각은 강해진다. 예전에도 그랬다. 집중이 잘 되면 손이 커지는 느낌이나 손가락의 끝부분이 확장되는 느낌이 들었다.

갑자기 한 생각이 떠올랐다. 산티아고에서 만난 두 분이 기억났다. 80대로 보이는 한 분과 그 뒤를 말없이 따르던 60대 남자. 아마 부자지간인 것 같았다. 노인은 비록 힘은 없어 보였지만 한 걸음 한 걸음에 온 신경을 집중해서 걸었다. 그 발걸음은 엄숙했다. 마치 지금 걷는 한 걸음이 이번 생의 마지막 걸음인 것처럼. 왜 걷는지 궁금했지만 차마 물을 수도 없었다. 감히 말을 건네기조차 조심스러웠다. 그 노인의 걷는 모습이 떠오르며, 지금 내딛는 발걸음이 '나의 마지막 걸음이라면 어떻게 걸을까?'라는 생각이 들었다. 한 걸음마다 나의 모든 것을 바쳐 걸을 것 같다.

　이 걸음이 나의 마지막 걸음이라는 생각을 하며 걷기 시작했다.
조금 걷고 나니 발의 감각이 무겁게 느껴졌다. 발걸음이 무거운 것
이 아니다. 그 무거움은 안정감이다. 나의 발걸음은 마치 큰 산이 움
직이고 있다는 느낌이 들 정도로 무겁고 엄숙했다. 비록 잠시지만
무거운 안정감을 느끼며 걸었다. 발걸음은 가벼운데 느낌은 무겁다.
안정된 발걸음으로 석촌호수를 한 바퀴 더 돌았다. 마음의 구름은
사라졌다. 집에 돌아오는 길에 베토벤의 '합창'을 들으며 걸었다. 발
걸음이 가벼웠다.

　집에 돌아오니 딸이 반갑게 맞이했다. 나도 아무 일 없던 것처럼
편하게 대했다. 씻고 나와 바디스캔을 하며 잠시 휴식을 취했다. 오
늘 감정의 흐름을 살펴보니 저절로 웃음이 나왔다. 아무 일도 아니
었다. 다만 감정이라는 놈이 나를 갖고 놀았다. 지금은 나는 나대
로, 딸은 딸대로, 손녀는 손녀대로 마치 아무 일도 없었다는 듯이
평온하다. 실제 아무런 일도 일어나지 않았다. 손녀는 울었고, 나는
안아주었다. 나는 물었고, 딸은 대답했다. 그것이 전부다. 말을 있
는 그대로 듣기만 하면 되는데, 내 감정을 실어 버린 것이 문제라면
문제였다.

　손녀는 영어 학원 가는 날 아침마다 운다. 그리고 다녀오면 아무
일도 없었다는 듯이 재미있었다고 한다. 그냥 엄마랑 헤어지는 것이
싫은 것 같다. 영어 학원을 다녀온 후에는 학원에서 스티커를 받았

다고 자랑하며 보여준다. 나는 "최고!"라고 말하며 안아준다. 아무 일도 없다. 또 사건이라고 할 만한 것도 없다. 어쩌면 우리네 삶도 이와 같을 것이다. 아무 일도 아닌 일에 감정을 내세우고, 내가 옳고 너는 그르다며 시비를 가리기 위해 시간과 감정과 에너지를 소모하며 살아간다. 참 쓸데없는 짓이다. 마음을 잘 챙기면 이런 불필요하고 쓸데없는 일로 인해 소모되는 시간과 에너지를 줄이며 살 수 있다. 그만큼 온전한 삶을 살 수 있다. 마음챙김의 힘을 키우면 키울수록 우리의 삶은 가벼워지고 행복해진다.

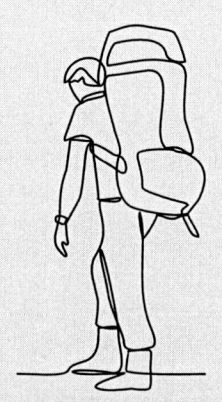

3장
마음챙김 걷기

마음챙김 걷기 1

마음챙김이란 무엇일까? '챙기다'의 사전적 정의는 '필요한 물건을 찾아서 갖추어 놓거나 무엇을 빠뜨리지 않았는지 살피다'이다. 마음챙김에서 살피는 것은 알아차리는 것이고, 챙기는 것은 멀어진 마음을 되찾아 오는 것이다. 즉 마음챙김은 '지금-여기'에서 행위를 하는 몸과 마음이 함께 있는지, 아니면 분리되어 있는지를 살피고 챙기는 것이다. 늘 깨어 있는 상태에서 현재의 순간순간을 알아차리고, 모든 경험을 평가하지 않고 비판단적으로 수용하는 것이다.

마음챙김은 '지금'이라는 시점(x)과 '여기'라는 공간(y)이 만나는 지점에서만 가능하다. '지금-여기'를 벗어났다면 이미 마음챙김을 하지 못하고 있는 것이다. 깨어 있는 상태란 지금 하는 일을 스스로 인식하는 메타 인지가 작용하는 상태다. '메타 인지(meta 認知)'란 자신의 생각과 행동을 객관적인 시각에서 관찰하고 판단하는 정신 작용으로 '인식에 대한 인식', '생각에 대한 생각'을 의미한다. 깨어 있는 상태가 유지되어야만 자신이 무슨 일을 하는지 알아차릴 수 있으며, 몸과 마음을 합일시킬 수 있다.

마음챙김 걷기란 무엇일까? 마음챙김 걷기는 길을 걸으면서 자신이 걷고 있다는 사실을 인식하고, 떠오르는 생각을 따라가지 않고 알아차리며, 걸으면서 느끼는 감각에 집중하는 것이다. 생각과 감각은 동시에 존재하지 못한다. 생각이 떠오르는 순간 감각은 사라지고, 감각을 느끼면 생각은 멀어진다. 길을 걷다 보면 수많은 상념이 떠오른다. 업무에 대한 걱정, 가정의 다양한 상황에 대한 불안, 대인관계의 불편함, 미래에 대한 망상이나 꿈, 걷기를 빨리 끝내고 쉬고 싶다는 생각 등등. 이런 생각이 떠오르면 이미 몸과 마음의 분리가 시작된 것이다. 알아차림을 하지 못한다면 생각의 연결 고리는 끊임없이 이어져 자신이 걷고 있다는 사실조차 인식하지 못하고 상상의 나래를 펴게 된다. 몸은 걷고 있지만 마음은 딴짓을 하고 있다. 몸이 있는 곳에 마음이 없다면, 또는 마음이 있는 곳에 몸이 없다면 허깨비에 불과하다.

걸으며 떠오르는 생각들은 대부분 무의미한 것일 확률이 높고, 걸으며 해결할 수 있는 일도 거의 없다. 그런 무의미한 생각에 빠져 사느라 정작 중요한 현실인 '지금-여기'를 놓치며 살아간다. '궁리 끝에 악심 온다.'라는 말이 있다. 생각에 빠지다 보면 대부분 부정적인 결론에 이르게 될 가능성이 크다. 그로 인해 불안이 가중되고, 불안에서 벗어나기 위해 또 다른 쓸데없는 망상과 상상을 하며 시간과 에너지를 낭비하며 살아간다.

마음챙김 걷기를 통해 '지금-여기'에서 살아가는 방법을 배우고, 망상과 잡념에서 벗어나 현실 세계에서 자신이 원하는 삶을 만들어가는 지혜를 얻으며, 현재에 집중하며 살아가는 힘을 키울 수 있다. 우리의 생각과 마음은 그동안 경험하고 느끼고 살아왔던 모든 것들의 종합 결과물이다. 이런 생각과 마음은 나름의 방향성을 갖고 있고, 지금까지 살아온 방향대로 이끌고 가는 힘이 있다. 일종의 관성이다. 이 관성에서 벗어나는 방법이 바로 마음챙김이다. 마음챙김 연습을 통해 기존의 습관화된 패턴에서 벗어나 새로운 선택과 결정을 하며 자신의 주인으로 살아갈 수 있다. 우리는 일상생활을 하면서 늘 걷는다. 업무를 위해, 사람을 만나기 위해, 하고 싶은 일을 하기 위해 걷기는 필수적인 행동이다. 마음챙김 걷기를 통해 자신의 삶을 원하는 대로 바꿀 수 있다면, 굳이 마음챙김 걷기를 하지 않을 이유가 없다.

걸으면서 마음을 챙기는 가장 좋은 방법은 감각에 집중하며 걷는 것이다. 어떤 생각이 떠오를 때 그 생각을 빨리 알아차리고, 걷고 있다는 사실을 인식하면서 '지금-여기'에서 느껴지는 감각에 집중하면 된다. 발의 감각, 몸의 촉각, 자연의 소리를 듣는 청각, 자연을 감상하는 시각 등을 통해 '지금-여기'로 돌아오면 된다. 생각이 감각으로 변환되기 위해서 알아차림이 필요하고, 알아차린 후 몸의 감각을 느끼며 생각에서 해방되고, 그 감각에 집중해서 걷는 것이 마음챙김 걷기다. 몸의 감각을 느끼는 순간 몸과 마음은 하나가 된다.

억지로 어떤 것을 느끼려 할 필요도 없다. 무언가를 느끼려 한다는 것은 이미 생각이 개입된 것이다. 그냥 순수하게 '지금-여기'에서 느껴지는 감각을 느끼면 된다. 생각이 떠오를 때 빨리 알아차리고 감각으로 변환시키면 생각은 저절로 사라진다. 마음챙김 걷기를 통해 몸과 마음이 한 곳에 머물 수 있게 되고, 생각과 잡념을 몸의 감각으로 변환시키면 망상으로부터 해방될 수 있다.

마음챙김 걷기의 또 다른 방법은 호흡에 집중하며 걷는 것이다. 이 방법은 단지 걸을 때만 해당되는 것이 아니라 일상에서 어떤 일을 하든 적용할 수 있는 방법이다. 호흡이 사라진다면 우리는 죽은 목숨이다. 호흡은 태어나는 순간부터 숨이 끊어지는 순간까지 단한순간도 쉬지 않고 이어진다. 단지 우리가 인식하지 못할 뿐이다. 들숨과 날숨의 순간에 코끝이나 코 주변에서 느껴지는 바람의 감각이 있다. 처음에는 바람의 감각을 잘 느끼지 못할 수도 있다. 하지만 꾸준히 연습하다 보면 때로는 무겁고 거칠게 느껴질 때도 있고, 매우 가볍고 부드럽게 느껴질 때도 있으며, 약간 따뜻하거나 시원하게 느껴질 때도 있다. 호흡하며 느껴지는 코 주변의 감각에 집중하며 걸으면 된다. 걷다가 다른 생각이 떠오를 때는 빨리 알아차리고 조용히 호흡으로 돌아오면 된다. 생각을 물리치려고 싸우는 것은 매우 우매한 짓이다. 싸움을 하면 할수록 생각의 힘은 더 커진다.

> "마음챙김 걷기의 목적은 일상의 소란함으로 가득한 마음을 비우는 것이며, 호흡에 집중하며 현재 이 순간에서 삶을 발견하는 것이며, 걸을 때 한 발자국 한 발자국 그저 그렇게 발걸음을 옮기는 것입니다. 지속적으로 깨어 있고, 지금, 여기, 이 순간을 의식하는 것을 목적으로 합니다."
>
> - 애덤 포드, 『걷다 보니 마음이 편해졌습니다』(2020)

길을 걸으며 일상의 생각에 빠져 걷는다면, 이것은 침묵한다면서 마음속으로 수많은 말을 하는 것과 같다. 걷는 시간에는 오로지 걷기에 집중하며 걸으면 된다. 이미 걷기 위해 집을 나섰으니, 아주 특별한 일이 없는 한 자신을 구속하거나 불편하게 만드는 장애물은 없다. 다만 머릿속 목소리가 자신을 괴롭히는 유일하고 귀찮은 존재다. 그 목소리로부터 벗어나는 방법이 바로 몸의 감각에 집중하며 걷거나, 애덤 포드(Adam Ford)의 말처럼 호흡에 집중하며 걷는 것이다.

이처럼 마음챙김 걷기의 방법은 매우 단순하다. 걸으며 어떤 생각이 떠오르거나 마음이 다른 곳에 가 있다면 빨리 알아차리고 지금 하는 걷기로 돌아오면 된다. 몸의 감각을 통해 돌아올 수도 있고, 호흡을 통해 돌아올 수도 있다. 알아차림의 힘이 필요하고, 알아차림은 집중을 통해 증장될 수 있다. 집중이 잘 되면 알아차림이 잘 되고, 알아차림이 잘 되면 집중이 잘 된다. 생각과 마음의 소란함을 몸의 감각과 호흡을 통해 고요하게 만들고 '지금-여기'에서 하고 있는 걷는 행위에 집중하는 것이 마음챙김 걷기다.

마음챙김 걷기 준비 사항

1. 우선 마음챙김 걷기를 하겠다는 마음을 확립하는 것이 중요하다. 아무 생각 없이 걷는 것과 마음챙김 걷기를 하겠다는 마음을 확립하고 걷는 것과는 걷기의 질에 있어서 큰 차이가 있다.

2. 자신의 건강 상태와 상황을 고려하여 걸을 수 있는 거리와 코스를 정한다. 어떤 날씨에도 편안하고 쉽게 걸을 수 있는 코스를 미리 정해 놓는 것도 좋은 방법이다.

3. 걷기 전, 자신의 심신 상태를 살펴본다. 지금 몸의 건강 상태는 어떠한지, 스트레스를 받고 있는지, 어떤 어려움에 처해 있는지 아니면 편안한지 등 자신의 심신 상태를 확인한다. 그리고 잠시 모든 것을 내려놓고 걷기에만 집중하겠다는 마음을 다진다.

4. 걷기 전에 스트레칭을 하며 몸의 감각을 깨우는 작업을 한다. 스트레칭을 통해 머리, 어깨, 등, 허리, 팔, 다리 등 신체 전 부위의 감각을 깨우고 동시에 부상을 예방할 수 있다. 스트레칭을 할 때는 정확한 자세도 중요하지만, 무엇보다 스트레칭 시 느껴지는 신체의 감각을 알아차리는 것이 중요하다. 마음챙김 걷기는 걸으며 신체의 감각기관을 통해 나타나는 감각을 알아차리고 그 감각에 집중하며 걷는 것이기에, 스트레칭을 통해 감각을 깨우고 알아차리는 연습을 하는 것이 중요하다.

5. 사전에 중요한 업무나 해야 할 일 등을 정리해서 걷는 동안 방해받지 않을 수 있는 환경을 조성해 놓는다.

6. 휴대전화는 무음으로 전환해서 잠시 휴대전화와 멀어지는 것도 걷기에 집중할 수 있는 좋은 방법이다.

7. 걸으며 할 수 있는 일은 걷는 것 외에는 없다는 사실을 인식한 후 걷기를 시작한다. 걷기 시작 전, 걷기에 집중하겠다고 다시 한 번 마음을 확립한다.

8. 걷기를 마친 후 스트레칭을 하며 걷기 전의 몸 상태와 걷기 후의 몸 상태를 점검하며 그 차이를 느껴 본다.

9. 걷기를 마친 후의 마음과 걷기 전의 마음 상태를 비교해 보며 변화된 점이 있는지 확인해 본다.

10. 걷기를 마친 후 그날의 소감을 글로 정리해서 '걷기 일지'를 작성하는 것도 좋은 방법이다. 걷기를 통해 느낀 점과 심신의 변화 상태를 확인하고 기록으로 남기면, 언젠가는 이 글이 자신의 역사가 되어 자신을 비추는 거울이 될 수 있다. 또한 걸으며 떠오른 생각, 감정, 느낌 등을 정리하며 마음의 정원을 가꿀 수 있다.

마음챙김 걷기 2

마음챙김 걷기를 할 때 고려할 사항 중의 하나는 코스 선정이다. 집 주변이나 직장 근처, 또는 자신이 오랜 시간 머무는 곳에서 가까운 코스를 선택하는 것이 중요하다. 언제든지 마음만 먹으면 쉽게 걸으러 나갈 수 있게 접근성이 좋아야 한다. 걷기 위해 멀리 가야 한다거나 이동하는 데 시간이 너무 많이 걸린다면, 마음이 변해서 걷기를 포기할 수도 있다.

요즘은 어디서든지 걸을 수 있는 길이 잘 조성되어 있다. 시내에는 걷기 편한 공원도 많이 있다. 만약 마땅한 코스가 없다면, 그냥 길을 걸으며 주변을 찬찬히 둘러보는 것도 재미있는 산책이 될 수 있다. 걸을 의지만 있다면 자신의 활동 지역에서 쉽게 길을 찾을 수 있고 자신만의 코스를 만들 수 있다. 30분, 1시간, 2시간, 2시간 이상 등 시간 별로 적절한 코스를 미리 정해 놓고, 자신의 상황에 맞춰 걸을 수 있는 만큼 걸으면 된다. 예를 들면, 한강변은 걷기에 아주 좋은 코스다. 진출입로만 확인하면 언제든지 원하는 시간만큼 걸을 수 있다. 편의점과 화장실이 잘 정비되어 있고, 가로등이 있어서 밤에도 안심하고 걸을 수 있다.

나의 경우에는 오랜 기간 집 주변을 걸으며 만든 코스가 있다. 1

시간에서 4시간까지 걸을 수 있는 코스가 여러 곳이 있다. 비가 올 때 걷기 좋은 코스가 있고, 바람이 많이 불 때, 또는 햇빛이 강할 때 걷기 좋은 코스도 있다. 어떤 날씨에도 걸을 수 있는 코스를 만들 필요가 있다. 지인 중 한 분은 비 오는 날 지하상가를 걷는다. 비를 피하고 안전한 길을 걸을 수 있다는 장점이 있다. 추운 날에도 이 지하상가를 걷는다고 한다. 매일 아침에 기상하면 10km를 걸은 후 하루를 시작한다는 지인은 어떤 날씨에도 걸을 수 있는 마음의 준비가 되어 있고, 자신만의 코스를 갖고 있다. 주로 활동하는 지역의 코스를 몇 군데 정한 후 서로 엮으면 다양한 코스를 만들 수 있다. 세 개의 코스로 다섯 개 이상의 코스를 만들어 낼 수도 있다. 같은 길도 반대로 걷거나 다른 길과 연결해서 걸으면 완전히 새로운 길이 된다. 각자 자신만의 길을 만드는 것이 필요하다.

걷기를 시작하기 전, 마음챙김 걷기를 하겠다는 마음을 확립하는 것이 매우 중요하다. 마음의 확립은 이미 마음챙김을 시작한 것이고, 이 마음으로 걷는다면 마음챙김 걷기가 된다. 아무 생각 없이 걷거나 습관적으로 걷는 것은 마음챙김 걷기가 아니다. 마음챙김 걷기를 통해 심신이 건강해지고 내면의 긍정적인 변화를 이루고 싶다면, 마음챙김 걷기를 하겠다는 다짐이 우선되어야 한다.

마음챙김 걷기를 하겠다는 마음이 확립된 후에는, 걷기 전 스트레칭을 통해 몸의 감각을 깨우는 작업이 필요하다. 스트레칭을 하면 부상을 예방할 수 있는 동시에 몸의 감각을 느끼고 깨우는 연습을 할 수 있다. 팔을 위로 뻗을 때 어깨의 감각이나 팔의 긴장감을 느껴 본다. 자세를 바르게 하는 것도 중요하지만, 그보다 더 중요한 것은 몸의 감각에 집중하는 것이다. 머리, 목, 어깨, 허리, 팔, 다리, 발 등 신체 각 부위의 감각을 느끼는 준비 운동은 마음챙김 걷기를 하는 데 도움이 된다.

'걷고의 걷기학교'에서는 마음챙김 걷기를 진행한다. 혼자서 묵묵히 또는 서로 즐겁게 대화하며 걷다가, 조용히 걸을 수 있는 장소가 나오면 침묵 속 마음챙김 걷기를 30분간 진행한다. 여러 명이 함께 걷고 있지만 서로의 침묵을 존중하며 조용히 걷는다. 처음 침묵 걷기를 할 때는 발의 감각에 집중하며 걷는다. 발의 감각을 느끼며 걷는 것은 일종의 집중 명상이다. 집중 명상은 명상의 대상 한 가지에 집중하는 명상법이다. 이때 마음챙김 걷기는 발의 감각이 명상의 대상이 된다. 어떤 생각이 떠오르면 알아차리고 부드럽게 다시 명상의 대상인 발의 감각으로 돌아오는 방법이다. 두 번째 30분간의 침묵 걷기는 개방형 마음챙김 걷기다. 새소리를 듣거나, 바람을 느끼거나, 호흡을 느끼거나, 낙엽 밟는 소리를 듣거나 등등 매 순간의 감각을 느끼며 걷는다. 때로는 잠시 멈춰 서서 아름다운 풍경을 감상하기도 한다.

마음챙김 걷기는 마음속으로 마음챙김 걷기를 하겠다는 마음을 확립하는 것과 스스로 마음챙김 걷기를 하고 있다는 사실을 인지하는 것이 무엇보다도 중요하다. 발의 감각에 집중하며 걷다가 다른 잡념이 떠오르면 자신이 마음챙김 걷기를 하고 있다는 사실을 인지하고, 잡념에 빠져 있다는 사실을 알아차리고, 다시 발의 감각으로 돌아오면 된다. 이런 상황과 과정이 매 순간 반복된다. 처음에는 단 1분도 집중이 안 될 수도 있다. 하지만 꾸준히 연습하면 집중하는 시간이 조금씩 늘어난다.

잡념이 집중을 방해하는 상황이 반복된다고 해서, 마음챙김 걷기가 제대로 되지 않는다고 자신을 탓할 필요가 전혀 없다. 반복되는 만큼 알아차림을 잘하고 있다는 의미다. 알아차린 다음 바로 마음챙김 걷기로 자연스럽게 이어진다는 중요한 사실을 기억하고 있으면 된다. 잡념이 많다는 것을 알아차린 만큼 잡념은 줄어든다. 반면 알아차리지 못하면, 못한 만큼 잡념이라는 놈의 손아귀에서 벗어나지 못하고 있다는 의미다.

몸의 감각에 집중하며 걷는다는 것은 쉬운 일이 아니다. 우리는 늘 바쁘게 살아가며 동시에 다양한 활동을 하는 데 익숙하다. 운전하며 음악을 듣고, 통화를 하고, 하루 할 일을 구상한다. 걸으며 회사 업무를 생각하고, 친구 만날 생각을 하고, 집에 가서 쉴 생각을 한다. 단 한 가지의 일에 몰입하거나 집중하는 것을 어려워한다. 동시다발적으로 생각하고 행동하면서 효율적이고 생산적인 사람이라고 착각하며 살아간다. 이런 방식에 익숙해져 있으므로, 오직 걸으면서 발의 감각이나 몸의 감각에만 집중하는 것이 쉽지 않은 것은 당연하다. 또한 우리는 몸의 소리에 귀를 기울이거나 몸의 감각을 느끼기보다는, 머릿속 목소리를 따르는 일에 훨씬 더 익숙하다. 익숙한 것을 덜 익숙하게 만드는 것이 변화의 첫걸음이다. 변화를 생각하니 빅터 프랭클(Viktor Frankl) 저서 『죽음의 수용소에서』의 글이 떠오른다.

"두 번째 인생을 사는 것처럼 살아라. 그리고 당신이 지금 막 하려고 하는 행동이 첫 번째 인생에서 그릇되게 행동했던 바로 그 행동이라고 생각하라."

맞는 말이다. 우리는 변화를 두려워하고 익숙한 대로 행동하려는 경향성을 지니고 있다. 하지만 그 결과는 과거를 답습하고 과거의 실수를 반복할 뿐이다. 걷기를 통해 신체적인 건강뿐만 아니라 정신적인 건강과 삶의 긍정적인 변화까지 원한다면, 마음챙김 걷기가 좋은 대안이 될 수 있다. 생각을 몸의 감각으로 변환시키고, 생각과 자신과의 거리 두기를 통해 과거의 패턴화된 모습에서 벗어나 자유로운 인간으로 다시 태어날 수 있다.

발의 감각 마음챙김 걷기

1. 걷기 전, 준비 과정을 마친 후 걷기 시작한다.

2. 발에서 느껴지는 감각에 집중하며 걷겠다는 마음을 확립한다.

3. 발에서 느껴지는 모든 감각을 느끼려 노력하며 걷는다. 발에는 다양한 감각이 있다. 신발 바닥과 지면의 접촉면에서 느껴지는 감각이 있다. 양말과 신발의 안쪽 부분에서 느껴지는 감각이 있다. 양말과 맨발에서 느껴지는 감각도 있다. 걸으며 바람의 감각도 발등에서 느낄 수 있다. 무엇을 느끼려 하지 말고, 느껴지는 감각을 느끼며 걷는다.

4. 걷다가 다른 생각이나 감정이 올라오면 알아차린 후 다시 발의 감각으로 돌아오면 된다. 생각이나 감정을 물리치려 하면 할수록 이들의 힘은 더욱 거세진다. 알아차린 후 감각으로 돌아오면 생각이나 감정은 저절로 사라진다.

5. 발의 감각에 집중하며 걸으면 오직 길과 걷고 있는 발만 있다는 생각이 들기도 한다. 마치 만화영화 장면처럼 걷는 사람은 없고 걷고 있는 신발만 있다는 것을 느낄 수도 있다.

6. 때로는 발의 온기와 습기를 느낄 수도 있다. 아니면 한기를 느낄 수도 있다. 느끼는 감각에 대해 좋거나 싫다는 생각을 하지 말고 그냥 감각만 느끼고 알아차리고 걸으면 된다.

7. 발등 부위나 바지 아랫단에서 바람을 느낄 수도 있다. 걷는 행위와 바람이 만나서 일어나는 현상이다. 가능하면 무릎 윗부분보다는 아랫부분까지 선을 정해 놓고 발과 다리에 느껴지는 모든 감각을 느끼면 된다.

8. 발의 감각에 집중하며 걷다가 너무 많은 생각이 올라와서 집중할 수 없다고 생각할 수도 있다. 하지만 집중이 잘 되어 많은 생각이 올라오고 있다고 생각하면 된다. 떠오르는 생각을 따라가거나 매몰되지 말고, 그 생각을 알아차리기만 하면 된다. 알아차리고 감각에 집중하면 생각은 저절로 사라진다.

9. 하루에 10분 정도 시간을 정해서 발의 감각 마음챙김 걷기에 집중하면서 서서히 시간을 늘려 나가는 것도 좋은 방법이다. 다른 대상에 집중하는 마음챙김 걷기와 혼용하지 말고 단 10분 만이라도 발의 감각에 집중하며 걷는 것이 중요하다.

마음챙김 걷기의 목적

애덤 포드의 저서 『걷다 보니 마음이 편해졌습니다』의 부제는 '나에게 힘이 되는 마음챙김 걷기'다. 이 책은 부처님의 가르침을 불교용어를 사용하지 않고 일상적인 용어로 표현하며, 일상에서 실천할 수 있는 마음챙김 걷기의 방법과 효과를 설명하고 있다. 부처님도 앉아서 수행하는 좌선과, 걸으며 수행하는 행선을 번갈아 가며 수행하라고 말씀하셨다. 우리나라 선방에서는 50분 수행에 10분 포행이라는 원칙을 지키고 있다. 포행은 승려들이 참선하다가 잠시 방선(放禪)을 하여 사찰 주변을 걷는 일을 일컫는다. 포행 시 가장 중요한 것은 화두, 또는 마음챙김을 늘 유지하고 있어야 한다는 것이다. 축서사에서 무여 큰스님을 친견할 때 들었던 말씀이 있다. 어떤 수좌가 아침 공양을 하러 가다가 화두가 없어진 것을 자각하고는 공양하지 않고 바로 선방에 들어가 화두를 다시 챙겨서 공부했다는 얘기다. 그만큼 수행하는 분들은 행주좌와 어묵동정(行住坐臥 語默動靜), 늘 깨어 있어야 한다.

예전에 미황사에서 진행하는 7박 8일 참선 프로그램인 '참사람의 향기'에 참가한 경험이 있다. 일주일 동안 조식은 죽으로 대신하고, 점심 공양 한 끼만 제대로 먹고, 오후 불식을 하며 수행한다. 저녁 시간에 따뜻한 차를 한 잔 마시는 것이 유일한 저녁 식사라면 식사라고 할 수 있다. 그 당시 주지 스님인 금강 스님이 직접 진행하는 화두 참선 프로그램이었다. 프로그램 내용은 대부분 참선 수행이고, 오전에 한 시간 정도 육조단경 강의를 듣는다. 아침 공양 이후에는 침묵하며 미황사에서 너덜 바위 있는 곳까지 왕복 한 시간 정도 포행을 한다. 너덜 바위에 앉아 잠시 화두를 들고 참선을 한 후에 돌아오는 이 침묵 걷기 시간이 무척 소중하게 느껴졌다. 지금도 그 당시 모습을 상상하면 마음이 차분해진다. 10여 년이 지났지만, 한여름에 가부좌를 틀고 앉았던 기억, 포행했던 기억, 배고팠던 기억 등이 고스란히 남아 있다.

호흡 명상은 크게 두 가지로 분류할 수 있다. 한 가지 주제에 집중하는 집중 명상(사마타), 매 순간 나타났다 사라지는 모든 현상을 알아차리는 통찰 명상(위빠사나)이 있다. 사마타는 오로지 코끝의 들숨과 날숨에만 집중하는 수행이므로 집중 명상에 해당한다. 호흡 중간에 어떤 생각이나 잡념이 떠오르면 바로 다시 호흡으로 돌아오면 된다. 반면, 위빠사나는 호흡을 알아차리는 수행을 한다. 네 가지 방법으로 호흡을 알아차리게 되는데, 긴 호흡, 짧은 호흡, 들숨이나 날숨의 시작부터 끝까지 호흡의 전 과정, 그리고 거친 호흡을 안정시키는 수행을 한다. 이때 알아차림의 주제는 호흡 자체가 된다. 일반적으로 사마타 수행을 하여 마음을 고요하게 한 후에 위빠사나 수행을 한다. 사마타 수행을 하든, 위빠사나 수행을 하든 마음챙김의 기초 위에서 수행하게 된다.

'마음챙김(mindfulness)'이라는 용어는 2500년 전 인도의 고어인

팔리어의 '사띠(sati)'를 번역한 것이다. 사띠는 세 가지 의미를 포함하고 있다. 알아차림과 주의, 그리고 기억이다. 알아차림은 어떤 감정이나 생각이 올라올 때, 또는 주어진 자극에 대해 무의식적으로 어떤 행동을 하려고 할 때 그 생각, 감정, 의도를 알아차리는 것을 의미한다. 일단 떠오른 감정이나 생각에 따라 즉각적으로 반응하는 것을 멈추고 알아차리면, 그다음에 어떻게 반응하고 행동할 것인가를 자신이 선택할 수 있다. 패턴화된 자동적인 사고에서 벗어날 수 있는 큰 힘이 된다. 주의는 제한된 범위에 집중하는 것으로, 알아차림보다 작은 범위에 해당한다. 걷기를 할 때는 걷는 행위에 주의를 기울이고, 호흡 명상을 할 때는 호흡에 주의를 기울이고, 일을 할 때는 일에 집중해서 주의를 기울이는 것을 의미한다. 기억은 수행을 통해서, 또는 일상에서 발견한 통찰을 기억하는 것을 의미한다. 이 통찰을 기억하고, 그 기억의 힘으로 자신을 성찰하고 변화시켜 나갈 수 있다.

사띠의 의미로 보면, 마음챙김 걷기는 걷는 행위에 집중해서 주의를 기울이는 것이다. 발의 감각에 집중해서 걸을 수도 있고, 새소리나 바람 소리를 들으면서 걸을 수도 있고, 다양한 나무를 관찰하거나 꽃의 향기를 맡으며 걸을 수도 있다. 또한 걷고 있는 자신의 행위를 객관적으로 관찰하며 걸을 수도 있고, 걷는 자세를 살피며 걸을 수도 있고, 걷다가 하늘을 보기 위해 잠시 멈춰 설 수도 있다. 걸으며 하는 모든 행위와 감각에 집중하는 것을 마음챙김 걷기라 할 수 있다.

그러나 걷다 보면 우리는 걷고 있는 '지금-여기'를 자꾸 벗어나게 된다. 생각은 과거에 가 있거나, 오지도 않은 미래로 이동한다. 일상에서도 마찬가지다. 몸이 있는 곳에 마음이 함께 머물지 못하고, 몸과 마음이 따로따로 분리되어 지낸다. 사람은 몸과 마음으로 이루어져 있다. 그런데 몸이 있는 곳에 마음이 없으니, 몸은 죽은 몸이고 마음은 허공을 떠돌아다니는 꼴이다. 마음챙김 걷기의 핵심은 '지금-여기'에서 몸과 마음이 하나가 되는 것이다. 생각이나 감정에서 벗어나, 매 순간 느끼는 모든 감각을 자각하며 걷는 것이다. 이 행위를 통해 '지금-여기'를 온전히 살아갈 수 있게 된다.

> "마음챙김 걷기의 목적은 일상의 소란함으로 가득한 마음을 비우는 것이며, 호흡에 집중하며 현재 이 순간에서 삶을 발견하는 것이며, 걸을 때 한 발자국 한 발자국 그저 그렇게 발걸음을 옮기는 것입니다. 지속적으로 깨어 있고, 지금, 여기, 이 순간을 의식하는 것을 목적으로 합니다. (중략) 우리가 깨달은 중요한 점은, 걷고 있는 지금 이 순간이, 마음챙김을 소중히 여기게 되는 현재 이 순간이 유일무이하다는 것입니다. 우리는 지금, 여기, 이 순간에 살아있습니다."
>
> - 애덤 포드, 『걷다 보니 마음이 편해졌습니다』(2020)

마음챙김 걷기의 목적은 현재 이 순간을 살아가는 것이다. 걷기라는 행위를 통해 마음의 번거로움과 소음을 감각으로 변환시키는 것이다. 생각과 감정은 과거와 미래에 머물지만, 걸으면서 느껴지는 감각은 오직 '지금-여기'에서만 존재한다. 그렇지만 이 감각도 늘 변한다. 지면의 상황이나 날씨, 몸의 컨디션에 따라, 감각의 정도와 감각의 위치 또한 변한다. 한 걸음 한 걸음 똑같은 걸음은 없으며, 느껴지는 감각 역시 같지 않다. 숨 한 번 들이마셨다 내쉬지 못하면 죽는다. 한순간에 우리의 목숨은 생사를 오갈 수 있다. 우리가 느끼고 살 수 있는 유일한 순간은 '지금-여기'밖에 없다. 1초 전(前)이 2초 전에는 미래였고, 지금은 과거가 되어 버렸다. 과거를 바꿀 수도 없고, 미래를 변화시킬 수도 없다. 다만 지금을 통해 원하는 미래를 만들어 나갈 수는 있다. 그 방법이 바로 '지금-여기'에서 몸과 마음이 하나가 되어 온전하게 살아가는 마음챙김 걷기다.

호흡 마음챙김 걷기

1. 걷기 전, 준비 과정을 마친 후 걷기 시작한다.

2. 호흡에 집중하며 걷겠다는 마음을 확립한다.

3. 걷기 전, 호흡을 느껴 본다. 들숨과 날숨 시에 코 주위의 바람을 느껴 본다. 다섯 번 정도 호흡을 느껴 본다.

4. 호흡의 길이에 맞춰 걸음을 세며 걷는다. 들숨에 네 걸음, 날숨에 네 걸음 등 자신의 호흡 길이에 맞춰 마음속으로 걸음 수를 세며 걷는다. 걸음 수에 호흡을 맞추면 안 된다. 처음에는 익숙하지 않지만 여러 번 하다 보면 자신의 호흡 길이에 맞는 걸음 수를 알 수 있게 된다.

5. 때로는 호흡이 거칠어지며 두 걸음에 들숨과 날숨을 할 수도 있다. 호흡이 거칠어지거나 빨라지는 것에 신경 쓰지 말고 호흡의 길이에 맞춰 걸음 수를 정하고 세면서 걸으면 된다.

6. 차분히 걷다 보면 호흡이 미세해지면서 길어질 수도 있다. 그러면 그 긴 호흡에 맞춰 여섯 걸음 또는 여덟 걸음으로 늘려 나갈 수 있다. 하지만 가능하면 자신이 발견한 호흡에 맞는 걸음 수를 일정 시간 동안 유지하며 걷는다.

7. 가장 중요한 것은 호흡의 길이에 맞춰 걸음 수를 세며 걷는 것이다. 호흡이 길어지면 걸음 수가 늘어나고, 거칠어지면 줄어든다. 걸음 수가 늘어나고 줄어드는 것에 신경 쓰지 말고, 호흡의 길이에 맞춰 걸음 수를 세며 걸으면 된다.

8. 걷다가 다른 생각이 올라오면 부드럽게 다시 호흡으로 돌아온다. 다른 생각을 물리치려 하지 말고, 그냥 호흡으로 돌아오면 생각은 저절로 떨어져 나간다.

9. 호흡이 어느 정도 안정이 되면 들숨보다 날숨에서 걸음 수를 두 걸음 정도 더 걸을 수 있도록 한다. 들숨 네 걸음에 날숨 여섯 걸음, 또는 들숨 두 걸음에 날숨 네 걸음 등. 자신의 호흡 길이에 맞춰 걸으면 된다. 다만 날숨에 두 걸음 정도 더 걸을 수 있으면 그렇게 하면 된다. 하지만 무리해서 날숨에 더 많은 걸음을 걷겠다고 의식적으로 노력할 필요는 없다.

10. 하루에 10분 정도 호흡 마음챙김 걷기를 하다가 서서히 시간을 늘려 나가는 것도 좋은 방법이다. 다른 대상에 집중하는 마음챙김 걷기와 혼용해서 하지 말고, 단 10분이라도 호흡에 맞춰 걸음 수를 세며 걷는 방법을 유지하는 것이 중요하다.

우리는 왜 걷는가?

금요일 밤 10시, 합정역에서 모여 승합차를 타고 지난번 걷기의 종료 지점인 울산 해양경찰서로 이동한다. 도착하니 토요일 새벽 2시 40분경. 늦은 밤 차 안에서 잠도 설쳐 가며 굳이 왜 이러는지 나조차도 스스로 이해되지 않는다. 참 이상한 사람들이다. 왜 이 힘든 일을 할까? 무릎이 아파 무릎 보호대를 차고 걷거나, 심지어 걷고 나서 병원 치료를 받으러 가는 사람도 있다. 발이 아파 등산화를 새로운 브랜드로 바꿔 신으며 걷는 사람도 있다. 한낮의 자외선을 피하려고 양산을 쓰거나 자외선 차단 마스크를 하고 걷는 사람도 있다. 졸음을 물리치며 걷거나 졸면서 걷기도 하고, 하품을 하며 걷는 사람도 있다. 군대도 아니고 의무적으로 꼭 해야만 하는 일이 아님에도 불구하고, 우리는 늦은 밤에 이동해서 새벽부터 걷기 시작한다.

울산 해양경찰서 앞에 도착한 후 각자 장비를 점검한다. 헤드 랜턴도 켜 보고, 등산 배낭도 점검하고, 신발 끈도 꽉 조이고, 걷기에 맞도록 복장도 재정비하고, 물도 확인한다. 배낭에는 각자 먹을 음식과 물, 걷기에 필요한 준비물이 들어 있다. 약을 챙겨 오는 사람도 있다. 아프면 쉬면 될 텐데 진통제를 복용하면서까지 나와서 걷는다. 아무리 생각해도 정상적이라 할 수 없는 사람들이다. 만나면 이산가족 상봉하듯 너무 반가워하며 서로를 살뜰하게 챙긴다. 그리고 웃으며 걷는다. 걷는 내내 웃음이 끊이지 않는다. 누가 무슨 말을 하면, 설사 그 말이 어떤 큰 의미가 있거나 아주 재미있는 말이 아님에도 불구하고, 아주 큰 소리로 웃는다. 리액션도 최정상급이다. 비정상적이다. 좀 더 솔직하게 표현하면 걷기에 미친 사람들이다.

비정상적인 언행을 하는 사람을 흔히 미친 사람이라고 한다. 하지만 미친 사람에는 다른 의미도 있다. 한 가지 일에 집중해서 일상적인 다른 일에는 관심 없이 오로지 그 일에만 몰두하고 몰입하는 사람을 '어떤 일에 미친 사람'이라고 표현한다. 이런 미친 사람들이 살기 좋은 세상을 만들기 위해 노력하고, 그 덕분에 원하는 세상이 만들어지기도 한다. 또한 자신의 미친 상황을 주변 사람들에게 전염시켜서 다른 사람도 미치게 만든다. 선한 영향력을 미치는, 미친 사람들이다. 몰입은 뭔가를 만들어 내는 중요한 역할도 하지만, 지금 이 순간 하는 일에 전념해서 다른 모든 일을 잊게 만들어 주기도 한다. 몰입하는 순간, 일상적인 세상의 모든 고락으로부터 벗어날 수 있다. 몰입은 지금, 여기, 이 순간에 존재할 수 있도록 해 준다.

해파랑길을 걸으며 무슨 생각을 할까? 집에 있는 가족 생각? 내일 만날 친구 생각? 지난 과거의 잘못된 언행에 대한 반성? 어제 배우자와 다툰 일? 내일 처리할 복잡한 업무? 모두 부질없는 일이다. 걷고 있는 이 순간에는 오직 걷는 자신만이 존재한다. 여럿이 함께 걷고 있지만 걷는 주체는 바로 자기 자신이다. 특히 어둠 속에서 랜턴을 밝히며 걷는 일은 자신에게 집중하기에 아주 좋은 환경이다. 몸이 덜 깬 상태에서 걸으면 넘어질 위험이 더 많다. 넘어지지 않기 위해, 또는 길을 잃지 않기 위해 랜턴 불빛에 의지하여 한 발 한 발 앞으로 내딛는 행위는 조심스러우면서도 엄숙하다. 자신이 비춘 불빛에 의지해서 어둠을 밝히며 걷는 순간 집중할 수밖에 없다.

이렇게 침묵 속에서 집중하며 자신의 발아래를 조심스럽게 살피며 걷는 행위는 조고각하(照顧脚下)를 떠올리게 한다. 조고각하(照顧脚下)는 자신의 발밑을 잘 살펴보라는 뜻이다. 남을 탓하기 전에 자신의 언행을 먼저 돌이켜보라는 의미, 끊임없이 자기 자신을 살펴 수행에 정진하라는 의미, 자신을 등불 삼아 공부하라는 의미를 담고 있다.

조고각하를 하는 가장 좋은 방법은 바로, 지금, 여기서, 하고 있는 일을 알아차리는 것이다. 하는 일을 알아차릴 수 있으면 그 일에 집중할 수 있다. 우리가 걷는 일은 매우 단순해서 쉽게 알아차릴 수 있다. 걸으며 할 수 있는 일은 걷는 거 외에는 없다. 지금 걷고 있다면, 걷기와 상관없는 생각이 떠오를 때 빨리 알아차리고 다시 걷기에 집중하면 된다. 산만한 행동이나 생각을 알아차리고 걷기에 집중하는 것이 바로 마음챙김 걷기다. 걸으며 자신의 발밑 감각을 느낄 수도 있고, 허벅지 근육의 긴장감을 느낄 수도 있다. 숨이 차오르는 것을 느낄 수도 있고, 들숨과 날숨이 고요해지는 것을 느낄 수도 있다. 스틱 소리를 들을 수도 있고, 바람의 촉감을 느낄 수도 있다. 걷고 있는 자신을 마음으로 바라볼 수도 있다. 몸과 마음이 분리되지 않고 한곳에 머물러 있으면 된다.

걸으면서 몸이 있는 곳에 마음을 두려면, 마음을 열고 일어나는 모든 감각을 느끼거나 걷고 있는 자신을 지켜보면 된다. 여기에는 생각이 붙을 공간이 없다. 오직 걷는 몸과 감각만이 존재한다. 생각이 존재하지 않기에 과거나 미래에 머물지 않고, '지금-여기'라는 현재의 순간에 머물 수 있다. 현재의 순간에 머문다기보다는 현재와 함께 존재하게 된다. 우리를 고통 속으로 몰아넣는 과거나 미래가 없기에 자유롭고 편안해진다. 몸이 힘들 수는 있다. 그러면 몸이 힘들다고 알아차리면 된다. 알아차림을 통해, 그 힘들다는 생각으로 인해 올라오는 다른 감정을 차단할 수 있다. 단지 몸이 힘들 뿐이다. 힘든 몸을 알아차리면서 어떤 생각, 감정, 판단, 비난, 평가 등을 하지 않고 그냥 걸으면 된다. 몸이 힘든 것이지 자신이 힘든 것이 아니다.

몸과 자신의 탈동일시 덕분에 우리는 편안해진다. 몸을 자신이라고 동일시하면 자신이 힘들어지지만, 몸과 자신의 탈동일시 또는 몸의 객관화를 통해 자신이 힘들지 않다는 것을 알 수 있게 된다. 그냥 몸만 힘들 뿐이다. 해파랑길을 걸으며 걷기와 몸에 대한 마음챙김을 통해 우리는 지금, 이 순간, 행복과 평안을 느낀다. 우리가 걷는 이유다.

왼발, 오른발 마음챙김 걷기

1. 걷기 전, 준비 과정을 마친 후 걷기 시작한다.

2. 걸을 때마다 왼발, 오른발을 마음속으로 부르며 걷겠다는 마음을 확립한다.

3. 왼발, 오른발을 내디딜 때 마음속으로 왼발, 오른발을 부르며 걷는다. 마음은 자신의 움직임, 특히 다리의 움직임에 두어야 한다. 발의 감각도 느낄 수 있고, 다리에서 느껴지는 감각도 느낄 수 있다. 감각을 알아차리며 그 발이 오른발이면 '오른발'을 마음속으로 부르고, 왼발이면 '왼발'을 부르며 걸으면 된다. 이동하는 발과 그 발을 알아차리며 마음속으로 부르는 호칭을 일치시키면 된다.

4. 걷다가 다른 생각이 올라오면 알아차리고, 다시 발과 다리의 감각으로 돌아와서 왼발, 오른발을 부르면 된다.

5. 가끔 왼발을 디디면서 오른발을 마음속으로 부를 때도 있다. 알아차리고 다시 원래대로 걸음과 호칭을 일치시키면 된다. 호칭과 걸음을 일치시키면서 걸으면, 걸음에 대한 알아차림에 조금 더 집중할 수 있다.

6. 이 방법은 오랫동안 걸을 때, 또는 빨리 걸을 때 유용하게 활용할 수 있다. 매 걸음마다 오른발, 왼발을 마음속으로 부르면서 걸으면, 내딛는 걸음과 마음을 일치시킬 수 있다. 이 방법으로 걸으면 잡념을 물리치고 걷기에 집중하는 데 도움이 된다.

7. 하루에 10분 정도 왼발, 오른발 마음챙김 걷기에 집중하면서 걷다가, 서서히 시간을 늘려 나가는 것도 좋은 방법이다. 다른 대상에 집중하는 마음챙김 걷기와 혼용해서 하지 말고 단 10분 만이라도 이 방법으로 걷는 것이 중요하다.

마음챙김 하며 걷자

약 13년 전, 양쪽 무릎 연골 파열로 인해 수술을 한 후 뛰거나 등산하는 것이 불편해져서 걷기 동호회에 가입하며 걷기를 시작했다. 그 이후 많은 길을 걸었다. 서울 둘레길, 제주 올레길, 한라산 둘레길, 지리산 둘레길, 해파랑길, 남파랑길, 경기 둘레길, 산티아고 순례길 등 많은 길을 완보하거나 일부 구간을 걸었다. 하루에 두세 시간 정도 걷기도 했고, 때로는 며칠 동안 숙박하면서 이어 걷기도 했다. 밥 먹듯 일상이 된 걷기가 지금은 심신 건강을 지켜주는 주치의가 되었다. 또한 걷기를 통해 몸과 마음이 연결되어 있다는 중요한 사실도 알게 되었다. 몸이 지친 상태에서 걸으면 신체의 활력을 되찾게 되고, 마음이 지친 상태에서 걸으면 마음의 활기를 되찾게 된다. 함께 얘기를 나누며 걸을 때도 있지만 홀로 걷는 것도 좋아한다. 길을 걸으며 망상과 잡념에 빠져 있거나 일상 속 고민을 안고 걷는 나 자신을 발견하며 '마음챙김 걷기'에 관심을 갖게 되었다. 그러던 중에 틱낫한 스님의 저서인 『How to Walk 걷기 명상』을 읽으며 나만의 걷는 방법을 터득하기 시작했다.

"생각을 멈추고, 말하기를 멈추고, 발로 땅을 접해 보세요. (……) 걸을 때는 걸음을 호흡에 맞추십시오. 호흡을 걸음에 맞추어서는 안 됩니다. 우선 들숨에 두 걸음, 날숨에 세 걸음을 걸어 보십시오. (……) 걸으면서 몸의 소리에 귀를 기울이면 걸음마다 더욱 즐거워질 것입니다. (……) 발바닥에 주의를 집중하며 걷습니다. 발이 땅에 닿는 느낌에 집중하세요."

- 틱낫한, 『How to Walk 걷기 명상』(2018)

발의 감각에 집중하거나 몸의 감각 전체를 느끼며 걸으려 노력하고 있지만 생각처럼 잘 되지는 않는다. 몸과 마음은 분리된 채 각각 다른 길을 걷고 있는 자신을 쉽게 발견할 수 있다. 몸은 길을 걷고 마음은 망상을 걷고 있다. 몸과 발의 감각에 집중하며 걸으며 가끔 '지금-여기'에 존재한다는 것을 아주 짧은 찰나에 느끼기도 한다. 꾸준히 '마음챙김 걷기'를 하면 이 찰나가 조금씩 늘어나서 '지금-여기'에 머무는 시간이 점점 더 늘어날 것이다. '지금-여기'에 머무는 시간이 늘면 늘수록 마음속 평온함도 늘어난다. 생각에 빠지지 않고 걷는 행위, 즉 걸으며 느끼는 감각에 집중하는 것이 '마음챙김 걷기'다.

마음챙김이란 무엇일까? "몸이 있는 곳에 마음을 두어라." 이 말이 마음챙김을 가장 명쾌하게 정의한 것이라 생각한다. 이 말의 의미는 몸이 머물러 있는 '지금-여기'에 집중하라는 것이다. 밥 먹고 있을 때는 먹는 것에 집중하고, 일할 때는 하는 일에 집중하는 것을 의미한다. 따라서 '마음챙김 걷기'란 걸으며 걷는 행위에 집중하는 것이다. 걷는 행동과 감각에 집중하지 않으면, 몸은 걷고 있지만 마음은 다른 곳을 헤매게 된다. 걸으며 떠오르는 생각과 느끼는 감정을 빨리 알아차리고 지금 느껴지는 몸의 감각으로 돌아오는 것이 '마음챙김 걷기'다.

미국 정신과의사협회장이었던 아서 H 러글스(Arthur H. Ruggles)는 정신 건강을 위한 치료적 걷기를 자연계에 대한 의식적 사고와 결합한 연구를 했다. 주변 환경에 대해 마음챙김하기, 자연 풍경을 시각화하기, 소리를 인식하기, 자연의 아름다움을 탐색하기 등의 행위가 정신 건강에 도움이 된다는 사실을 연구를 통해 확인했다. 그가 연구한 치료적 걷기가 바로 '마음챙김 걷기'다. 그의 연구 결과에 따르면, '마음챙김 걷기'를 한 집단의 긍정적인 심리 변화가 통제 집단에 비해 의미 있게 높았고, 야외 활동을 전혀 하지 않은 통제 집단보다는 매우 높았다고 한다. '마음챙김 걷기'가 걷는 행위를 통해 신체 건강뿐만 아니라 마음 건강까지 챙길 수 있는 좋은 방법이라는 사실이 이 연구를 통해 확인된 것이다.

걸으며 누구나 쉽게 따라 할 수 있는 '마음챙김 걷기' 방법을 소개한다. 걷기 전 자신의 체력과 상황에 맞는 걸을 수 있는 시간과 코스를 결정한다. 그리고 '마음챙김 걷기'를 하겠다는 마음을 확립한다. 하고자 하는 마음을 내는 것과 그렇지 않은 것과는 실행력에 큰 차이가 있다. 발의 감각에 집중하며 걷는다. 발에서 느껴지는 모든 감각에 집중하며 걷는다. 발과 땅의 접점에서 느껴지는 감각도 있고, 발의 열감과 습기도 느낄 수 있다. 10분에서 20분 정도 발의 감각에 집중해서 걸으며 몸과 마음을 안정시킨다. 그 이후 '소리 명상'으로 전환한다. '소리 명상'은 들리는 모든 소리에 집중하는 방법이다. 소리에 집중하면 할수록 더 많은 소리를 들을 수 있다. 때로는 잠시 걸음을 멈추고 주변의 아름다운 경치를 감상한다. '시각 명상'이다.

'마음챙김 걷기'에서 가장 중요한 것은 어떤 것을 느끼려 하지 말고 걸으며 느껴지는 몸의 감각, 청각, 시각, 후각에 집중하며 걷는 것이다. 걷는 도중에 어떤 생각이나 감정이 올라오면 빨리 알아차리고 감각으로 돌아오면 된다. 감각에 집중하면 생각이나 감정은 저절로 사라진다. 감각과 생각은 동시에 존재할 수 없기 때문이다. 처음에는 잘 안 될 수도 있지만 꾸준히 하다 보면 익숙해진다. 익숙해진 만큼 편안해진다. 틱낫한 스님은 '한 호흡에 미소, 한 호흡에 평화'를 말씀하셨다. '마음챙김 걷기'를 하면서 '한 걸음에 미소, 한 걸음에 평화'를 이루길 바란다.

월간 「불교문화」 2024년 3월 호에 게재된 글

긴장된 신체 부위 마음챙김 걷기

1. 걷기 전, 준비 과정을 마친 후 걷기 시작한다.

2. 몸에서 느껴지는 긴장된 부위를 느끼며 걷겠다는 마음을 확립한다.

3. 걷다가 다른 생각이나 감정이 올라오면 알아차리고 다시 긴장된 부위에 집중하며 걸으면 된다.

4. 신체 부위에서 긴장감이나 통증을 느낄 수 있다. 이런 경우에 그 부위에 집중하며 걸으면 된다. 처음에는 긴장이나 통증이 더 심해질 수도 있지만, 신경 쓰지 말고 집중하며 걸으면 서서히 통증이 줄어들게 된다.

5. 긴장된 부위나 통증에 대해 어떤 감정이나 생각을 불러일으키지 말고, 그냥 단순히 느껴지는 긴장감과 통증을 알아차리고 걸으면 된다. 통증이 일어난 원인, 통증에 대한 감정, 통증을 빨리 없애고자 하는 조급함을 내려놓고 단지 통증을 알아차리고 그 감각에 집중하면 된다.

6. 마음챙김 걷기의 대상은 긴장감과 통증이 느껴지는 부위다. 만약 여러 곳에서 느껴진다면 그중 가장 강한 통증이 느껴지는 곳에 집중하고, 그 통증이 사라지면 다른 곳으로 이동하면 된다. 한 번에 여러 곳을 알아차리려 하지 말고, 한 곳씩 집중해서 알아차리며 걸으면 된다.

7. 통증이나 긴장감을 빨리 사라지게 만들려는 생각조차 내지 말고 그냥 그 부위에 집중하며 걸으면 된다.

8. 하루에 10분 정도 시간을 정해서 신체 부위에 집중해서 걸으며 서서히 시간을 늘려 나가는 것도 좋은 방법이다. 다른 대상에 집중하는 마음챙김 걷기와 혼용해서 하지 말고 단 10분 만이라도 이 방법으로 걷는 것이 중요하다.

How to Walk 걷기 명상

2022년도에 열반에 드신 틱낫한 스님은 프랑스의 명상 센터 '플럼 빌리지'에서 명상을 수행하고 지도하며 많은 시간을 보냈다. 플럼 빌리지에서는 모든 사람이 종이 울리면 하던 일을 멈추고 종소리에 집중한다. 걸을 때는 걷는 일에 집중하고, 식사할 때는 먹는 일에 집중한다. 바로 마음챙김이다.

특히 스님은 걷기 명상의 중요성을 강조하며 일상에서 걷기 명상을 수행했다. 수천 명과 함께 걸으며 단체 걷기 명상을 지도하기도 했고, 우리나라에서도 법문과 걷기 명상을 지도한 적이 있다. 틱낫한 스님의 저서 『How to Walk 걷기 명상』을 최근에 읽었다. 이 책은 어느 부분을 먼저 읽어도 상관없다. 각 내용은 결국 한 가지, 마음챙김 걷기를 다양한 각도에서 안내한다. 특히 짧고 쉬운 글로 걷기 명상하는 방법을 친절하게 제시하고 있다.

"우선 들숨에 두 걸음, 날 숨에 세 걸음을 걸어 보십시오. 계속 걷는 중에 만약 폐가 들숨에 세 걸음, 날숨에 다섯 걸음을 걸으면 더 행복하겠다고 말한다면 그렇게 걸으십시오. (……) 걸으면서 몸의 소리에 귀를 기울이면 걸음마다 더욱 즐거워질 것입니다. (……) 발바닥에 주의를 집중하면 좋습니다. 발이 땅에 닿는 느낌에 집중하세요. 위에 있는 머리가 아니라 저 아래 있는 발바닥에 내가 존재합니다. 아름다운 지구별 어머니에 닿는 그 느낌을 느껴 보세요."

- 틱낫한, 『How to Walk 걷기 명상』(2018)

몸과 마음이 함께 한 적이 얼마나 되는가? 자문해 본다. 하루에 어느 정도 마음챙김을 하고 지내는지 돌이켜보니 채 5%도 되지 않는 것 같다. 심지어 정좌(正坐) 호흡 명상을 하면서도 생각은 다른 데를 헤매고 있고, 걸으면서도 마음은 몸과 많이 분리되어 걷는다. 마음챙김을 놓치는 순간, 환경이 나의 주인이 되어 버리면서 정작 주인인 자신은 사라져 버린다. 주인이 없는 집안에는 도둑놈들이 제 세상 만난 듯 집안을 난장판으로 만들어 놓는다. 가끔은 '화'라는 놈이 설치기도 하고, '게으름'이라는 놈도 들어와서 함께 놀기도 하고, '욕심'이라는 놈까지 가세해서 주인의 접근 자체를 아예 차단해 버리기도 한다. 집안은 어둠으로 가득하다. 심지어 어둠 속에 있다는 사실도 잊어버리고, 어둠이 일상적인 우리네 삶이라고 착각하며 마치 정신 나간 사람처럼 살아간다.

『How to Walk 걷기 명상』은 시기적절하게 나에게 다가왔다. 특히 최근에는 친구들과 술을 마실 자리가 잦았다. 이 책을 읽으며 제일 먼저 떠오른 생각이 술을 마실 때 마음챙김을 제대로 하지 못했다는 후회와 자책이었다. 다행스럽게도 시절 인연이 되어 이 책을 만나게 되었다. 짧은 글로 되어 있고 분량도 적어서 한 시간 이내에 읽을 수 있지만, 이 책은 그렇게 읽을 책은 아니다. 한 페이지, 한 페이지, 마음을 다해 읽으면서 글에 담긴 의미를 파악하고 일상에서 실천하며 걷기 명상의 지침서로 활용하기에 아주 적합한 책이다.

길벗들과 함께 걷는 재미도 있지만 혼자 걷는 것도 좋아한다. 침묵 속에서 혼자 여유롭게 걸을 때는 주변의 자연을 느끼거나, 발이나 몸의 감각에 더 집중할 수 있다. 이 시간이 점점 좋아져서 최근에는 혼자 걷는 시간을 늘려 나가고 있다. 하지만 이런 시도와 노력에도 여전히 몸과 마음은 대부분 분리된 채로 각각 다른 길을 걷고 있다. 몸은 길을 걷고, 마음은 망상을 헤매며 걷는다. 하지만 가끔은 정겨운 새소리를 듣기도 하고, 하늘과 구름의 평온한 세상을 보기도 한다. 몸과 발의 감각에 집중하고 걸으면서 '지금-여기'에 존재함을 짧은 찰나에 느끼기도 한다. 언젠가는 이 찰나가 1분이 되고, 2분이 되며, '지금-여기'에 머무는 시간이 점점 더 늘어나길 기대해 본다.

산티아고 길을 걸을 때 며칠간 어떤 생각도 떠오르지 않았던 적이 있었다. 생각하려고 억지로 생각을 불러와도 금방 사라지는 경험을 했다. 그 순간 '걷는 나'와 '걷는 나를 바라보는 나', 그리고 그 둘을 바라보는 '누군가'만 존재했다. 그 경험을 지금도 잊지 못한다. 모든 생각이 떨어져 나간 상태, 오직 '걷는 무엇'만 존재하는 상태가 나의 주인이 되는 순간이다.

"발걸음마다 도착하십시오. 그것이 걷기 명상입니다. 그 밖에 다른 것은
아무것도 없습니다."

- 틱낫한, 『How to Walk 걷기 명상』(2018)

　몸이 있는 곳에 마음을 두어라. 마음챙김 걷기의 방법이다. 오직
자신과 자신이 하는 행동, 말, 생각이 마음과 분리되지 않고 하나가
되는 것, 이것이 바로 명상이고, 마음챙김이고, 마음공부이고, 수행
이다. 지금 나의 몸이 있는 곳에 마음이 있는가? 걸으며 나의 몸과
마음, 생각은 하나인가? 이 질문을 화두처럼 들고 걸어야 한다.

청각 마음챙김 걷기

1. 걷기 전, 준비 과정을 마친 후 걷기 시작한다.

2. 들리는 모든 소리를 알아차리며 걷겠다는 마음을 확립한다.

3. 걷다가 다른 생각이나 감정이 올라오면 알아차리고 다시 소리에 집중하며 걸으면 된다.

4. 길을 걸으며 다양한 소리를 들을 수 있다. 걷는 곳에 따라 들리는 소리가 다르다. 산길에는 새소리, 바람 소리, 낙엽 밟는 소리 등을 들을 수 있다. 큰길에서는 차 소리, 사람 목소리를 들을 수 있다. 계절이나 날씨에 따라 들리는 소리도 있다. 특히 우산 쓰고 걸으며 듣는 빗소리는 아주 좋은 청각 마음챙김 걷기가 될 수 있다. 무엇을 들으려 애쓸 필요가 없다. 그냥 들리는 소리를 들으면 된다.

5. 청각 마음챙김 걷기를 하다 어느 정도 집중이 잘 되면 가까운 곳에서 들리는 소리보다 멀리서 들리는 소리에 집중하는 것도 좋은 방법이다. 가까운 소리에서부터 점점 멀리서 들리는 소리를 알아차리려 노력하면 할수록 집중력이 높아질 것이다.

6. 어떤 소리에도 감정이 없다. 우리가 소리에 자신의 감정을 붙이는 것에 불과하다. 따라서 기분 나쁜 소리가 들리더라도 또는 듣기 좋은 소리가 들리더라도 소리를 단지 소리로만 알아차리고 감정을 개입시키지 않도록 한다.

7. 하루에 10분 정도 시간을 정해서 청각에 집중해서 걸으며 서서히 시간을 늘려 나가는 것도 좋은 방법이다. 다른 대상에 집중하는 마음챙김 걷기와 혼용해서 하지 말고 단 10분 만이라도 이 방법으로 걷는 것이 중요하다.

의식적 걷기

걷기 전문가이자 등산 가이드인 다닐로 자닌(Danilo Zanin)의 저서 『나는 걷는다 고로 존재한다』를 읽었다. 이 책에서 저자는 30여 년의 오랜 경험을 '의식적 걷기'라는 이름으로 설명하고 있다. 의식적 걷기는 무심코 걷지 말고 '자신'과 '주변'을 의식하며 걷는 방식이다. 자신의 호흡을 의식하고, 감각을 의식하고, 몸의 상태를 의식하며 걷는 것이다. 나아가 지금 이 순간의 주변 환경과 자연을 의식하며 걷는 것이다. 이렇듯이 의식적 걷기는 자기 자신과 세상을 탐험하는 행위이며, 이런 탐험을 즐기려면 열린 마음으로 외부 세계와 소통해야 한다고 말한다. 그러기 위해서 의식적 걷기를 하는 동안은 침묵하며 걷기를 권한다. 말은 지금의 순간을 의식하지 못하게 방해하므로 침묵하며 걸어야, 걷는 모든 순간을 놓치지 않을 수 있다는 것이다.

저자는 의식적 걷기의 방법으로 호흡에 집중하기, 발의 느낌에 집중하기, 내면에 집중하기, 주변 환경에 집중하기, 대상 없는 것에 집중하기의 5단계를 제시하고 있다. 이 중에서 한 가지를 선택해서 걸어도 좋고, 이 단계대로 연습해 보는 것도 좋다.

호흡에 집중하며 걷는 것은 들떠 있는 마음을 가라앉히는 중요한 작업이다. 모든 생각을 내려놓고 들숨과 날숨 시에 코 밑이나 코 주변 바람의 감촉에 집중하며 걸으면 된다. 처음에는 잘 느끼지 못할 수도 있다. 하지만 꾸준히 하다 보면 때로는 강하게, 때로는 매우 미약하게 느낄 수도 있고, 코 주변의 바람이 시원하거나 따뜻하다고 느낄 수도 있다.

일단 마음이 차분해지면 다음 단계인 발의 감각에 집중하며 걷는다. 발바닥과 양말이 닿는 감촉을 느끼거나 신발과 지면의 접촉점에서 나타나는 감각을 감지할 수도 있다. 발의 온기나 냉기를 느낄 수도 있다. 때로는 발이 앞으로 나아가며 일으키는 바람과의 마찰을 느낄 수도 있다. 만약 다른 생각이 떠오르면 빨리 알아차리고 다시 발의 감각으로 돌아오면 된다. 상념과 씨름하거나 걱정거리를 없애려 하면 할수록 이들의 힘은 점점 더 강해진다.

발의 감각 집중이 어느 정도 된 후에는 내면에 떠오르는 생각을 알아차리며 걷는다. 평상시에 느끼는 수많은 생각과 감정이 있다. 그런 감정과 생각이 떠오를 때는 판단하지 않고 가만히 지켜보면서 걸으면 된다. 이 생각과 감정을 따라가면 갈수록 점점 더 커지므로, 단순히 알아차리고 관찰하듯이 바라보면 된다. 그러면 사라지고, 다시 다른 생각과 감정이 떠오른다. 또다시 흘려보내면 된다. 걷기 명상은 걸으며 떠오르는 모든 생각과 감정의 흐름을 지켜보며 흘려보내는 것이다. 떠오르는 생각이나 감정은 모두 과거의 결과물이다. 이들에게 휩쓸려 다니면 현재에 살면서도 과거에 머무는 꼴이 된다. 현재가 과거에 의해 사라져 버린다. '지금-여기'에 머무는 유일한 방법은 과거의 기억, 감정, 경험 등이 떠오를 때 바로 알아차리는 것이다. 알아차리면 사라진다. 지환즉리 이환즉각(知幻卽離 離幻卽覺), 즉 그것이 환영인 줄 알면 떠나면 되고 떠나면 바로 깨달음이다. 걸으며 떠오르는 것들은 대부분 이미 지난 과거의 환영일 뿐이다. 환영은 환영임을 알아차리면 저절로 사라진다. 환영과 싸우는 것은 홀로그램 영상과 싸우는 것처럼 어리석은 짓이다.

다음 단계는 주변 환경이나 자연으로 의식을 집중한다. 있는 그대로를 보고 느끼는 여실지견(如實知見)을 하면 된다. 보고 느끼는 것이 모두 명상의 대상이 되고 집중의 대상이 된다. 자연 속을 걸으며 새소리나 나뭇잎 흔들리는 소리, 낙엽 밟는 소리 등 자연의 소리를 들으며 걷는다. 청각 걷기 명상이다. 바람을 느끼며 걷거나 비를 맞으며 걷는다. 때로는 나무를 어루만지며 잠시 쉬기도 한다. 촉각 걷기 명상이다. 꽃의 향기를 맡으며 걷기도 하고, 비 온 뒤 흙냄새를 맡으며 걷는다. 후각 걷기 명상이다. 눈앞에 펼쳐진 자연의 풍경, 작은 곤충의 움직임, 개미들의 행렬, 계절별로 변하는 자연의 색채 등을 보며 걷는다. 시각 걷기 명상이다. 잠시 휴식하며 준비해 온 간식을 먹는다. 맛을 음미하며 먹고 마신다. 미각 걷기 명상이다. 마음속에서 떠오르는 모든 것을 알아차리며 걷는다. 의식 걷기 명상이다. 주변 환경을 느끼며 온 감각을 활짝 열고 걷는다. 어떤 생각이나 감정이 떠오르면 다시 감각으로 돌아오면 된다. 이 여섯 개의 감각 기관, 즉 안이비설신의(眼耳鼻舌身意)에서 느끼는 모든 것을 의식하고 알아차리며 걷는 것이 의식적 걷기다.

호흡, 발의 감각, 내면의 소리, 주변 환경을 모두 느끼고 집중하며 걸을 수 있게 되면 굳이 어떤 특별한 것을 의식의 대상으로 선택할 필요가 없어진다. 우리의 의식은 모든 것을 받아들이는 공간이며, 모든 것을 담는 그 의식이 우리의 진정한 본질이다. 그것이 무엇이든 단순히 느끼고 바라보고 알아차리며 걸으면 된다. 어떤 경계에도 흔들리지 않고 유유자적하게 걸을 수 있다. 모든 걸림과 구속에서 벗어나 자유롭게 살아갈 수 있는 참 자유인이 된다.

또한 이 책은 각자에게 맞는 걷기 방식을 찾을 수 있도록 도움을 주기 위해서 '아프간 워킹(Afghan Walking)'도 소개하고 있다. 아프간식 걷기는 지형에 따라 걸음 수와 호흡 수를 일정한 리듬에 맞추는 방법으로, 각자 호흡의 길이에 따라 걷기에 맞는 걸음 수를 정하는 것이다. 이 방법은 틱낫한 스님께서 대중을 상대로 걷기 명상을 지도할 때 사용하는 방법이기도 하다.

저자는 자신의 생각과 판단을 내려놓고 지금 이 순간에 주의를 기울이라고 한다. 암벽 등반처럼 위험하고 힘든 활동을 할 때는 고도의 집중이 필요하므로 다른 잡념이 들어올 틈이 없다는 예를 들면서 의식 집중의 중요성을 설명하고 있다. 아주 적절한 표현이다. 암벽 등반처럼 난이도가 높은 활동을 할 때 집중하듯이, 걷기를 할 때도 집중할 필요가 있다. 무슨 일을 하든 무의식적으로 하는 것보다 의식을 집중해서 하면, 그 일 자체에 몰입하는 동시에 희열을 느낄수도 있다.

우리는 일상에서 늘 걷기를 한다. 아침에 기상하여 화장실에 가고, 식탁으로 가고, 외출복을 챙겨 입으러 가고, 주차장으로 가거나 대중교통을 이용하기 위해 일정한 거리를 걷는다. 점심시간에는 음식점에 가기 위해 걷고, 고객이나 친구를 만나기 위해 걷기도 한다. 걷기는 우리의 일상과 결코 분리될 수 없는 아주 중요한 행위지만, 대부분 의식하지 않고 그냥 습관적으로 걸을 뿐이다. 같은 행위도 의식을 집중하고 걸으면, 자신의 내면에 긍정적인 변화를 만들어 낼 수 있다.

"아무 할 일 없이 앉아 있는 것보다는 어디로 가는지 모르고 걷는 게 낫다." 투아레그족의 속담이다. 몸은 움직이면 움직일수록 자신에게 보답한다. 신체적, 정신적으로 긍정적인 변화를 가져다준다. 일단 나가서 걸어 보자. 의식적 걷기를 연습하자. 언젠가는 자연스럽게 의식적 걷기를 하는 자신을 발견하게 될 것이다.

몸 전체 느끼며 마음챙김 걷기

1. 걷기 전, 준비 과정을 마친 후 걷기 시작한다.

2. 몸 전체를 느끼고 알아차리며 걷겠다는 마음을 확립한다.

3. 걷다가 다른 생각이나 감정이 올라오면 알아차리고 다시 몸의 전반적인 감각에 집중하며 걸으면 된다.

4. 길을 걸으며 몸 전체를 스캔하듯이 걸으면 된다. 머리부터 어깨, 몸통, 허리, 허벅지, 무릎, 다리, 발을 천천히 스캔하듯이 각 부위의 감각을 느끼고 알아차리며 걷는다. 걷다가 어딘가에 긴장된 부분이 있으면 그 부위에 조금 더 집중하며 걷는다. 그리고 긴장된 부위가 이완되면 다른 부위로 이동하며 몸의 감각을 알아차리며 걷는다.

5. 몸의 자세를 스스로 의식하며 걷는 것도 좋은 방법이다. 사람마다 걷는 특징이 있다. 스스로 자신의 걷는 자세를 거울에 비추어 보면, 등이 앞으로 굽어 있거나 팔자걸음으로 걷는다거나 체중이 발에 불균형하게 실린다거나 하는 것을 발견할 수 있다. 걸으며 자신의 자세가 바른지, 아니면 어딘가가 기울어져 있는지 마음속으로 알아차리며 걸으면 된다. 바르지 않은 자세를 교정할 수 있다.

6. 자세와 몸의 감각을 알아차리고 집중이 잘 되면 온몸을 한 번에 스캔하듯이 살피며 걷는다. 걷다가 자세가 바르지 않거나 어느 한 곳에 긴장감이 느껴진다면, 자세를 바르게 교정하고 긴장된 부위에 의식을 집중해서 긴장을 이완시키면 된다.

7. 하루에 10분 정도 시간을 정해서 이 방식으로 걸으며 서서히 시간을 늘려 나가는 것도 좋은 방법이다. 다른 대상에 집중하는 마음챙김 걷기와 혼용해서 하지 말고 단 10분 만이라도 이 방법으로 걷는 것이 중요하다.

자애 명상 마음챙김 걷기

우리는 늘 편안한 몸과 마음으로 살아가길 원한다. 몸과 마음의 건강은 서로 긴밀하게 연결되어 있다. 몸이 건강하고 활기차면 마음도 따라서 활기차다. 마음이 편안하면 몸도 가볍다. 몸과 마음의 평온함이나 편안함을 위해 종교를 찾기도 하고, 운동을 하기도 하고, 자신만의 루틴을 만들어 지내기도 한다. 역으로 생각해 보면, 몸과 마음이 편안하지 않은 경우를 많이 경험했기 때문에 편안함을 유지하기 위해 노력한다고 할 수 있다. 그렇다면 우리를 불편하게 만드는 것은 무엇일까? 우리는 살아가면서 마주치는 사람과 상황으로 인해, 행복을 느끼기도 하고 불행하다고 생각하기도 한다.

모임에 늘 늦는 친구가 있다. 한두 번은 그러려니 하고 이해하고 넘어간다. 하지만 자주 늦게 되면 은근히 짜증이 난다. 처음엔 어쩔 수 없는 상황으로 인해 늦을 수도 있고, 실수할 수도 있다고 이해한다. 하지만 이런 행동이 반복적으로 발생하면 이는 실수가 아니라 습관이다. 시간 맞춰 도착한 사람에 대한 배려나 존중하는 마음이 없다는 생각이 들어 은근히 화가 올라온다. 또 한 사람 때문에 모임 진행이 늦어지는 것도 영 못마땅하다. 시간은 누구에게나 똑같이 소중하다. 늦게 오는 것은 그의 행동이다. 그런데 그의 행동 때문에 그를 미워하게 된다. 그가 한 행동은 맞지만, 그의 행동이 그 사람 전체는 아니다. 반복되는 지각으로 인해 그에 대한 부정적인 이미지는 이미 내 안에 각인되어 있다. 같은 실수를 하더라도 다른 사람이 실수할 때는 웃어넘길 수도 있지만, 그가 실수할 때는 웃음이 잘 나오지 않는다. 그의 과거 행동 때문에 지금의 그를 있는 그대로 보지 못하고, 이미 왜곡된 생각으로 대하며 그에 따른 감정을 일으키는 것이다. 그의 행동이 바르지 않지만, 그 행동으로 인해 그를 싫어하는 나의 태도 역시 옳다고 할 수 없다. 단체 행동에서 서로 지켜야 할 묵언의 약속은 있지만, 그 약속을 지키지 않는다고 부정적인 감정으로 대하는 나의 태도에도 문제가 있다.

원인을 제공했다는 이유로 상대방을 탓하지만, 어떤 이유에서건 결국 나의 마음만 불편해진다. 시비를 따지고 싶은가? 아니면 편안한 마음으로 살아가고 싶은가? 답은 매우 명확하다. 편안하게 살고 싶다. 그런 면에서 본다면 누가 어떤 실수를 했는지, 얼마나 잘못했는지를 따지는 것은 매우 우습고 어리석은 태도다. 그로 인해 나의 마음만 더욱 불편해지니 이래저래 손해 보는 장사다. 다른 사람 역시 나에 대한 부정적인 생각과 불편한 마음을 갖고 있을 것이다. 다만, 그들은 그것을 표현하거나 마음에 두지 않고 그냥 흘려보낼 뿐이고, 나는 표현하지도 못하고 마음 한구석에 쌓아 두고 있다. 그래서 명상이나 마음공부를 하면서 사소한 일을 가지고 일희일비(一喜一悲)하지 않으려 노력하고 있지만 마음처럼 잘 안 된다.

사람에 대해 불편한 감정이 많이 떠오를 때는 자애 명상을 한다. 자애 명상은 부족한 자애심을 증장하는 명상법이다. 처음에는 과연

이 명상법이 효과가 있을까? 의구심도 들었지만, 공부하면서 효과를 느끼게 되었고 그 이후에는 이 명상법을 상황에 따라 활용하고 있다. 마음이 한가로울 때 하기도 하고, 누군가를 만나러 가는 길에는 만날 사람을 생각하며 할 때도 있다.

그럼에도 아직은 마음 한구석에 상대방의 태도나 언행을 보고 그 사람을 비판적으로 판단하는 경향이 있다. 가끔 친구들과 얘기를 나누다 보면 같은 사람이나 상황에 대한 시각이 서로 많이 다르다는 것을 느낄 때가 있다. 상대방을 바라보는 시각이나 상황을 판단하는 관점은 이미 자신의 내부에 저장된 이미지로 인해 객관적으로 바라보지 못하는 경우가 발생하기도 한다. 이는 상대방이 아니라, 전적으로 나 자신의 문제다. 사람과 상황을 바라보는 마음이 만들어 낸 허상에 속아 자신을 힘들게 만들 뿐이다.

예전에 8주 동안 여덟 명이 선생님을 모시고 자애 명상 공부를 한 적이 있다. 그때 참가했던 자애 명상 프로그램의 단계는 다음과 같다. 자애 명상은 '자신 → 모든 생명 있는 존재 → 사랑하는 사람과 가까운 사람 → 중립적인 사람 → 미워하는 사람'의 순서로 진행한다. (이미 고인이 된 사람을 향해서 자애 명상을 하지는 않는다.) 가장 먼저 마음을 차분하게 가라앉힌 후, 호흡을 안정시킨다. 그리고 자신부터 시작한다. "나 자신이 평화롭고 행복하기를 기원합니다. 나 자신이 고통에서 벗어나기를 기원합니다."라는 문구를 반복한다. 이어서 한정되지 않은 대상, 즉 모든 생명 있는 존재들을 위한 자애 명상을 한다. 그 이후에는 한정된 대상을 향해 자애 명상을 한다. 한정된 대상은 가까운 가족이나 고마운 사람, 중립적인 사람, 미워하는 사람으로 대상을 넓혀 나간다. 50분 정도 자애 명상을 한 후에 자애 명상 문구를 외우고 공덕을 회향하며 마친다. 자애 명상을 마친 후, 서로의 느낌을 나누며 두 시간의 자애 명상 모임을 마친다.

6주 차 지난 후, 길을 가는데 갑자기 어떤 한 사람의 얼굴이 영화 화면보다 더 크게 눈앞에 나타났다가 사라졌다. 그 사람을 생각하기만 하면 금방 큰 얼굴이 앞에 나타났다. 나타나고 잠시 머물다 사라지는 이런 현상이 며칠간 계속되었다. 버스를 타고 이동하면서 버스 안에 있는 사람들을 향해 자애 명상을 할 때는 버스 승객이 내 안으로 쑥 들어오는 것 같은 느낌이 들면서, 그들과 나 자신과의 경계가 사라지는 경험을 했다. 이 두 가지 경험을 통해 자애 명상에 대한 확신을 갖게 되었다.

자애 명상을 하다가 다른 생각이 떠오르거나 불편한 감정이 올라오면 빨리 알아채고 다시 자애 명상으로 돌아오면 된다. 자애 명상이 기둥이 되어 나의 의식과 마음을 고정한다. 길을 걸을 때 자애 명상을 하며 마음챙김 걷기를 할 수도 있다. 특히 누군가를 만나러 갈 때 그 사람에 대한 자애 명상을 하며 걷는다면 만남이 훨씬 더 편안하고 즐거울 수 있다. 만약 여러 명이 함께 길을 걷는다면 함께 걷는 모든 사람에게 자애의 마음을 보내며 걸을 수도 있다. 한 사람 한 사람 떠올리며 자애 명상을 하면서 걸으면 된다. 함께 걷는 사람 중에 불편한 사람이 있다면 그 사람을 향해 자애 명상을 꾸준히 반복한다. 그러다 보면 어느 순간 불편한 마음이 눈 녹듯이 사라지고 마치 아무 일도 없었던 것처럼 자연스럽게 대할 수 있게 된다.

기본적으로 나는 자애심이 많이 부족한 사람이다. 나 자신에게도 그다지 따뜻하게 대하는 사람이 아니다. 자애 명상이 마음에 든 이유 중의 하나는 자신을 우선으로 한다는 점이다. 자신을 따뜻하게 돌보는 자애 명상을 하며 자신에게 친절과 부드러움을 보내는 연습은 우리 모두에게 필요한 작업이다.

자신의 마음 샘이 메말라 자애의 물이 고여 있지 않은 상태에서 누군가에게 자애심을 나눠 준다는 것은 어불성설이다. 자신의 마음 샘에 사랑이 가득 차고 넘쳐서 저절로 다른 존재들에게 자연스럽게 흘러가는 것이 사랑이고 자비심이다. 자신의 마음이 자애로움으로 넘쳐야 그 자애심을 주변 사람들에게 나눠 줄 수 있다. 자신을 먼저 사랑할 줄 아는 사람이 다른 사람에게 자연스럽게 사랑을 줄 수 있는 것이다. 자애 명상을 하면서 걷는 것은 마음의 샘에 사랑과 자비의 물이 고이게 만드는 좋은 방법이 될 것이다.

자애 명상 마음챙김 걷기

1. 걷기 전, 준비 과정을 마친 후 걷기 시작한다.

2. 자애 명상을 하며 걷겠다는 마음을 확립한다.

3. 걷다가 다른 생각이나 감정이 올라오면 알아차리고 다시 자애 명상으로 돌아오면 된다. 이때 수행의 대상은 걷기가 아니고 자애 명상이다.

4. 걷기 시작하며 "나 자신이 행복하고 건강하기를, 나 자신이 모든 고통에서 벗어나기를" 이 문구를 마음속으로 열 번 정도 외운다.

5 "모든 살아 있는 존재들이 행복하고 건강하기를, 모든 살아 있는 존재들이 고통에서 벗어나기를" 이 문구를 마음속으로 열 번 정도 외운다.

6. 가족이나 가깝고 편안한 사람들을 대상으로 "○○○이 행복하고 건강하기를, ○○○이 고통에서 벗어나기를" 이 문구를 한 명씩 얼굴을 떠올리며 마음속으로 다섯 번 정도 외운다.

7. 불편한 사람들을 대상으로 "○○○이 행복하고 건강하기를, ○○○이 고통에서 벗어나기를" 이 문구를 한 명씩 얼굴을 떠올리며 마음속으로 다섯 번 정도 외운다.

8. 마지막으로 "이 기도의 공덕을 모든 살아 있는 존재들에게 회향합니다." 마음속으로 세 번 외우며 마친다.

9. 하루에 10분 정도 시간을 정해서 이 방식으로 걸으며 서서히 시간을 늘려 나가는 것도 좋은 방법이다. 다른 대상에 집중하는 마음챙김 걷기와 혼용해서 하지 말고 단 10분 만이라도 이 방법으로 걷는 것이 중요하다.

몸의 감각 느끼며 걷기

손자를 클리닉에 데려다주고 한 시간 정도 근처에 머물며 홀로 시간을 보낸다. 냉방이 잘 된 빌딩은 무더운 여름에 걷기 좋은 환경이다. 다행스럽게도 클리닉이 위치한 빌딩은 면적이 제법 넓어서 걷기에 편하다. 아침 일찍 도착해서 그런지 사람들이 별로 없다. 요 며칠간 업무를 보느라 조금 피곤했고, 어젯밤에는 오후에 마신 커피 탓인지 잠이 쉽게 오질 않았다. 그런 이유 때문인지 뒷목과 양쪽 어깨 윗부분이 무겁고 불편하게 느껴진다. 손을 위로 들어 스트레칭을 하니 통증도 느껴진다.

통증이 있는 목과 어깨의 감각에 집중하며 걷는다. 처음에는 통증과 불편함이 조금 더 강하게 느껴진다. 계속해서 의식을 목과 어깨에 집중하며 걷는다. 걷다가 다른 생각이 떠오르면 알아차리고 다시 감각에 집중한다. 20분 정도 감각에 집중하며 걸으니 뭉친 근육이 풀린 듯 통증도 어느 정도 사라지고 어깨가 한결 가벼운 느낌이다. 조금 더 감각에 집중하며 걷는다. 그리고 마치 스캔하듯이 목에서 어깨, 몸통까지 확장해서 감각을 느끼며 걷는다. 많이 편안해진다. 이제는 몸의 움직임을 전반적으로 관찰하며 걷는다. 머리를 바로 세우고, 어깨의 힘을 빼고, 온몸의 긴장된 곳을 이완시키고, 다리 근육의 감각을 느끼고, 발의 움직임과 발바닥에서 느껴지는 감각에 집중하며 걷는다. 몸을 외부에서 관찰하듯이 몸 움직임 전체를 바라보고 느끼며 걷는다. 어떤 생각이 떠오르면 빨리 알아차리고 다시 몸의 관찰로 돌아온다.

인적이 거의 없는 한 구석에 긴 복도가 있다. 복도의 거리는 약 10m 정도 된다. 몸 관찰을 마친 후 이 복도를 천천히 왔다 갔다 걷는다. 발의 감각, 몸의 움직임을 조금 더 면밀하고 세밀하게 관찰하며 걷는다. 몸의 긴장이 이완되고 차분해진다. 어느새 50분이 지나간다. 곧 클리닉이 끝날 시간이다. 클리닉 앞에서 손자를 기다린다. 손자가 나오면 신발을 신긴 후 손을 잡고 지하 주차장으로 내려간다. 손자는 아무것도 모른 채 그냥 엄마가 시키는 대로 클리닉에 다니고, 엄마는 클리닉 안에서 한 시간 동안 쉬거나 할 일을 하며 아이를 기다린다. 나는 이 시간을 이용해서 마음챙김 걷기를 한다. 각자 할 일을 하고 있다.

운전하며 다시 마음챙김을 한다. 핸들을 잡은 손의 감각을 느끼며 운전한다. 다른 생각이 올라오면 다시 운전에 집중한다. 최근에 구매한 차는 비록 소형이지만 최신 기술의 발달로 인해 예전 차에는 없던 기능이 있다. 정지 상태에서 앞차가 이동하면 바로 알람이 울린다. 그리고 화면에 앞차가 떠났다는 문구가 나온다. 그 소리를 듣고 다시 정신 차리며 이동한다. 옆 차선 사각지대에서 차가 지나가면 사이드미러에 불이 들어오고 알람 소리가 들린다. 정신 차리며 운전하라고 차가 알려 주는 것이다. 운전할 때 차의 알람이 마음챙김에 도움이 된다. 잠시 딴생각을 하다가도 알람이 울리면 운전하고 있는 나 자신을 알아차리며 다시 운전에 집중한다.

이처럼 누군가를 기다리거나 운전할 때, 신호등에서 대기하거나 혼자 걸을 때 등 일상에서 마음챙김 수행과 명상을 하는 것에 점점 더 익숙해지고 있다. 하면 할수록 몸과 마음이 편안해지고 있음을 느낀다. 혼자서, 아무런 도구 없이, 어떤 상황에서나 실천할 수 있는 것이 생활 명상이고 마음챙김이다. 명상이나 수행이 일상과 괴리가 있다면 이런 수행은 의미가 없고, 할 필요도 없다.

최근 일상에서의 다양한 경험들은 마음챙김 걷기와 명상이 나와 주위 사람들에게 도움이 될 수 있다는 믿음을 갖게 해 주었다. 마음챙김 걷기를 통해 심신의 건강을 회복하고 유지하는 방법을 주변 사람들에게 알리고 싶어서, 매주 서울 둘레길 마음챙김 걷기를 진행하고 있다. 처음에는 이런 진행 방식이 나 스스로에게도 어색했고, 참가자들에게 안내하기는 더욱 쑥스러웠다. 시간이 지나면서, 나에게 익숙해진 만큼 참가자들에게도 좀 더 자신 있게 안내하고 진행할 수 있게 되었다. 서너 시간 함께 걸으며 30분 동안 침묵 걷기를 두 번 진행한다. 상황에 따라 한 번만 진행하기도 한다. 걷기를 마친 후 마음챙김 침묵 걷기에 대한 느낌을 들은 적이 있다. 대부분 긍정적이고 좋다는 반응이다. 그 이후 용기를 얻어서 마음챙김 걷기를 시작하기 전에 발의 감각이나 몸의 감각, 또는 새소리나 바람 소리에 집중하라는 안내를 하기도 한다.

내가 알고 있는 것을 누군가에게 가르쳐 주는 것이 무척 어색한 사람이다. 그것이 정답이라는 확신이 없기 때문이다. 마음챙김 걷기나 명상법은 오랜 기간 이런저런 방법으로 공부해서 찾은 것이라 스스로 실천하고 있지만, 모든 사람에게 적용해도 좋을지에 대한 확신이 없어 늘 고민하고 있다. 그래서 각자 자신만의 방법을 찾아 공부하기를 바라는 마음에서 마음챙김이나 명상 관련 책을 소개하거나 내 생각을 정리한 글을 올리기도 한다. 처음 시작하는 사람들을 위해 기본적인 안내 정도만 하는 것이 내가 할 수 있는 일이다. 안내자는 방향을 알려 주면 된다. 길을 가는 사람들은 그 방향으로 가면서 자신만의 길을 찾아가야 한다.

떠오르는 생각 마음챙김 걷기

1. 걷기 전, 준비 과정을 마친 후 걷기 시작한다.

2. 떠오르는 생각과 감정을 가능하면 모두 알아차리며 걷겠다는 마음을 확립한다.

3. 걷다가 어떤 생각이나 감정이 올라오면 알아차리면 된다. 알아차리면 생각이나 감정은 저절로 물러난다. 그 생각이나 감정에 매몰되지 않고 알아차리기만 하면 된다.

4. 한 생각이나 감정이 떠오른 후 사라지면 바로 다른 생각이나 감정이 떠오른다. 이때 또다시 생각이나 감정을 알아차리면 된다. 중요한 것은 생각이나 감정을 따라가거나 매몰되지 않는 것이다. 매몰되지 않거나 따라가지 않으면 한 생각이나 감정은 사라지고 다른 것이 떠오른다. 다시 새로운 감정이나 생각을 알아차리면 된다. 이 작업을 반복하며 걸으면 된다. 걷는 걸음이나 감각에 집중하는 것이 아니고 생각이나 감정을 알아차리는 것이 명상의 대상이다.

5. 생각이나 감정이 일어나고 사라지는 과정을 지속적으로 알아차리면 된다.

6. 하루에 10분 정도 시간을 정해서 이 방식으로 걸으며 서서히 시간을 늘려 나가는 것도 좋다. 다른 대상에 집중하는 마음챙김 걷기와 혼용해서 하지 말고 단 10분 만이라도 이 방법으로 걷는 것이 중요하다.

7. 걷기를 마친 후, 생각이나 감정이 일어나고 사라지는 것을 통해 삶의 모든 것이 무상하다는 것을 스스로 마음에 새기는 명상 시간을 잠시 갖는다.

무위(無爲)의 행위, 마음챙김 걷기

금요일 밤, 서울에서 출발한 승합차는 토요일 새벽 3시 30분경 해파랑길 이어 걷기의 시작점인 진하 해변에 도착한다. 간단히 몸을 풀고 장비를 점검한 후 이른 새벽부터 거침없이 앞으로 나아간다. 가로등이 길을 밝혀 주어 랜턴은 필요하지 않지만, 마음의 랜턴을 밝히고 당당하게 걷고 또 걷는다. 랜턴이나 가로등이 바깥세상만 밝히지 말고 내면을 밝힐 수 있으면 좋겠다. 우리는 굳이, 왜, 이른 새벽녘부터 걷고 있는가? 매월 2회 무박 2일, 또는 며칠씩 연이어 걷는다면, 코리아 둘레길을 모두 완보하는 데 최소한 7, 8년이 걸릴 것이고, 어쩌면 10년이 더 걸릴지도 모른다. 걷는 기간은 상관없다. 안전하고 즐겁게 걸을 수만 있다면, 걷는 과정을 통해 조금씩 변화를 맞이할 수만 있다면 기간은 아무런 문제가 되지 않는다. 길을 통해 배우고, 길벗을 통해 배우면서 자신의 내면을 직시하여 긍정적으로 변하길 기대한다.

길은 끝없이 이어진다. 마찬가지로 우리 인생도 끊임없이 이어진다. 어딘가에 도착하기 위해 걷는 것이 아니라 과정을 통해 자신을 절차탁마하기 위해 걷는다. 그리고 도착 지점은 다음의 출발 지점이 된다. 끊임없는 출발과 도착, 시작과 끝, 태어남과 사라짐의 과정을 반복한다. 윤회다. 끊임없는 윤회는 자신의 업이 만든 것이지만, 그 과정을 통해 조금씩 더 사람 냄새를 풍길 수 있는 사람이 되라는 자연의 선물이다. 따라서 삶의 고락과 걷기의 고락은 일맥상통한다. 고락을 통해 자신을 변화시킬 수 있다. 고락의 곡선이 없는 삶은 무의미하고 무기력하다.

출발 지점은 지난번 걷기의 도착 지점이다. 이미 조성해 놓은 해파랑길을 걷고 있지만 주최 측에서 정한 코스별 시작과 종료 지점을 우리의 상황에 맞게 다시 정한다. 자유로움이다. 누군가가 만들어 놓은 틀에 맞추어 살아가는 것이 아니라, 우리가 삶의 주인으로 선택할 수 있고 결정할 수 있는 자유를 갖고 있다. 틀이 주는 안정감도 있지만, 틀을 벗어나는 스릴감도 있다. 안정과 불안의 중간 지점에서 자신을 길에 던지며 틀을 부수는 작업을 할 수 있는 것은 매우 중요한 경험이다. 우리의 길을 가기 위해 우리만의 방법을 찾고 실천하며 삶의 주인이 되어 간다. 걷기 위해 신경 쓸 일을 줄일수록 오직 걷기에 집중해서 걸을 수 있으니 편안하고 좋다. 그리고 그 안에서 자유를 느끼며 자신의 주인이 되어 간다.

길에도 여러 가지 길이 있다. 평탄하고 호젓한 오솔길, 차가 소음을 내며 달리는 아스팔트길, 풀과 나무들이 가득한 아름다운 숲길, 끊임없이 계단이 이어지는 꽤 높은 산길도 있다. 산의 정상에서 느끼는 맛도 있지만, 가끔 산에서 만나는 주인 없는 묘소를 지나며 삶과 죽음을 생각해 보기도 한다. 우리는 살아 있고, 묘지 안의 누군가는 죽었다. 언젠가는 저 자리가 우리의 미래 모습이 될 것이다. 그 누구도 죽음을 피해 갈 수는 없다. 죽음을 만나기 위해 삶을 살아간다. 죽음과 삶의 경계는 어떤 분명한 선이 있는 것이 아니다. 물이 흐르는 것처럼 그 연속선상에 있다. 지금도 누군가는 죽음을 맞이한다. 그의 죽음과 상관없이 나의 삶은 이어진다. 마찬가지로 내가 죽는 순간에 누군가는 태어난다. 나의 삶과 죽음은 나에게만 의미가 있다. 세상은 나의 생사와 관계없이 진행된다. 내가 살아있기에 세상은 나에게 큰 의미가 있다.

우리는 살면서 많은 사람을 만난다. 마지막 죽는 순간까지 옆에 있는 사람은 아마도 배우자일 것이다. 물론 자식들이 있더라도, 내가 죽음을 맞이하는 순간에 반드시 함께 있을 필요는 없다. 이미 나의 유전자는 그들의 안에 있기에 함께 있거나 아니거나 별 차이가 없다. 걷기를 마치고 상경하는데 제법 많은 비가 내린다. 세 사람은 남편에게 전화해서 데리러 오라는 부탁을 하고, 남편들은 기꺼이 충주와 죽전 휴게소로 차를 몰고 와서 픽업한다. 보기 좋은 모습이다. 짧게는 20년 이상 또는 30년 이상 함께 살며 삶의 굴곡을 모두 함께 견뎌 온 부부가 사이좋게 살아가는 모습은 참 보기 좋다. 뉴스에서 이혼율과 비혼주의자가 급증한다는 소식을 자주 듣는다. 사실의 전달이 매체의 소명이라면 부정적인 모습만 실을 것이 아니라, 아름답고 멋진 모습도 전해야 하지 않을까? 아내는 걸으러 가고, 남편은 아내를 위해 기꺼이 마중 나오는 모습은 사소하지만 훈훈하고 아름답다. 내 아내도 길벗들과 함께 먹으라며 유부초밥과 쌈밥을 준비해 주었다. 고맙다. 우리 부부 역시 굴곡을 잘 견뎌내고 지금은 평온하게 지내고 있다. 배우자에게 존경과 감사를 느끼며 서로 의지하고 살아간다면 죽는 순간에도 무척 행복할 것이다. 그리고 이런 삶은 저절로 대물림된다. 아이들은 어른들이 하는 모습을 보고 자라며 자연스럽게 내면화 작업을 하기 때문이다.

배우자 얘기를 쓰다 보니 재미있는 얘기가 한 가지 떠오른다. 위의 글과 맥이 통하는 글은 아니지만, 그럼에도 그냥 얘기하고 싶다. 네 명의 부인을 둔 한 남자가 먼 길을 떠나게 되었다. 첫째 부인에게 함께 가자고 했더니 냉정하게 거절했다. 둘째 부인은 더 단호하게 따라가기 싫다고 했고, 셋째 부인은 문밖까지만 배웅해 주겠다고 했다. 넷째 부인은 당신이 가는 곳이라면 어디든지 따라가겠다고 했다. 이 네 명의 아내는 각각 육체, 재산, 친인척, 업보를 의미하고, 먼 길은 '저승길'을 의미한다. 마지막에 함께 지니고 떠날 수 있는 것은 내 몸도 아니고, 재산도 아니고, 친인척도 아니다. 오직 내 업(業)밖에 없다. 업보는 과거로부터 축적된 삶의 결과물이다. 나의 언행, 생각, 의지, 태도, 느낌, 감정 등 모든 게 쌓여 업이 된다. 아뢰야식이 바로 업의 저장고다. 이미 지은 업은 반드시 업보를 받게 되어 있다. 누구도 업에서 자유로울 수 없다. 심지어 부처님께서도 정각을 이룬 후에 두통을 앓으셨다고 한다. 어릴 적 장난삼아 나뭇가지로 물고기 머리를 세 번 친 것에 대한 업보를 받으신 것이다.

우리가 걸으며 침묵 걷기를 하고 오감에 집중하는 이유도 업을 짓지 않기 위한 방편이다. 선업도 업보가 있고, 악업도 업보가 있다. 모든 생각과 행동은 업을 짓는다. 그리고 그 업은 다시 다른 생각과 행동을 재생산하며 또 다른 업을 만들어 낸다. 끊임없는 업보는 윤회를 만들어 낸다. 아무리 좋은 생각도 업보를 피할 길이 없다. 모든 생각과 의도, 감정에서 벗어나면 업보에 끌려다니지 않고 자유로울 수 있다. 그 유일한 무위(無爲)의 행동이 바로 오감에 집중하는 것이다. 오감은 지금 이 순간의 모든 것이며, 불성이고 본성이다. 어떤 의도나 생각, 감정이나 마음을 지니고 있지 않다. 감각에 집중하면 생각과 마음은 저절로 떨어져 나간다. 이미 지은 업은 받을 수밖에 없지만, 새로운 업을 만들지 않는다면 업의 무게는 저절로 가벼워질 것이다. 가벼워진 만큼 자유로워진다. 마음챙김 걷기는 걸으며하는 수행이다. 걸으며 모든 생각과 감정에서 벗어나 오직 지금 이 순간 느끼는 감각에 집중하는 것, 이것이 바로 마음챙김 걷기다.

열린 마음챙김 걷기

1. 걷기 전, 준비 과정을 마친 후 걷기 시작한다.

2. 모든 감각을 열고, 보고, 듣고, 느끼는 모든 감각과 떠오르는 생각을 알아 차리며 걷겠다는 마음을 확립한다.

3. 걸으며 '지금-여기'에서 느껴지는 모든 감각, 떠오르는 생각이나 감정 등 모든 것을 알아차리며 걷는다.

4. 생각, 감정에 빠지거나 따라가지 않는다. 단지 알아차리기만 하면 된다.

5. 생각, 감정 등은 붙잡거나 매몰되지 않고 알아차리기만 하면 매 순간 떠 올랐다 사라진다. 떠올랐다 사라지는 과정을 편안하게 지켜보며 걷는다. 잠시 멈춰 서서 이 과정을 음미해 보는 것도 좋은 방법이다.

6. 이 과정을 통해서 무상의 의미를 깨닫게 되고, 무상을 체득하게 된다. 단 지 떠오르고 사라지는 과정을 관찰만 하면 된다.

7. 걷기를 마친 후, 떠오르고 사라지는 과정을 글로 정리해서 일상에 적용하 기 위한 노력을 하는 것도 좋은 방법이다.

8. 일상에서도 이 방법을 반복 연습하여 익숙하게 하면 바쁜 일상에서도 평 온을 유지하며 살아갈 수 있다.

9. 하루에 10분 정도 시간을 정해서 이 방식으로 걸으며 서서히 시간을 늘 려 나가는 것도 좋은 방법이다. 다른 대상에 집중하는 마음챙김 걷기와 혼용해서 하지 말고 단 10분 만이라도 이 방법으로 걷는 것이 중요하다.

해파랑길은 두더지 잡기 놀이고,
보물찾기 여행이다

환갑 기념으로 산티아고를 다녀왔다. 산티아고 순례길을 걸으며 지난 삶을 한 번쯤 중간 정산을 하고 싶었고, 앞으로의 삶에 대한 계획도 구상하고 싶었다. 그러다 보니 자연스럽게 사람들을 만나 얘기하거나 어울리는 것을 자제하고 홀로 걷는 데 집중했다. 길을 걷다가 피곤함이 몰려오면 생각하는 것 자체도 피곤해서 생각조차 하기 싫었다. 배고프면 빨리 카페가 나타나기를 바랐고, 어느 정도 걸은 후에는 빨리 알베르게에 도착하기를 원했고, 알베르게에 도착해서는 빨리 침대를 배정받아 씻고 나서 쉬고 싶다는 생각밖에 없었다. 이 순간에 삶의 중간 정산이나 미래에 대한 구상은 사치에 불과했다. 현실의 갈증을 채우는 것 외에는 다른 것을 생각할 여유나 기운이 전혀 없었다.

그러던 어느 날, 반나절 동안 희한한 경험을 했다. 지금도 그 기억은 선명하게 남아 있다. 전체 일정 중 절반 정도 지났을 때였다.

갑자기 모든 생각이 멈춘다. 생각을 떠올리려 해도 떠올랐다가 바로 사라진다. 어떤 생각이나 감정조차 머물지 않고 사라진다. 머물 자리가 없어 보인다. 일부러 떠올려도 금방 사라진다. 심지어 화두를 들어도 금방 사라진다. 이상해서 다시 들어보려 해도 화두나 감정이나 생각 등, 그 어떤 것도 단 한 순간 머무는 것조차 허용되지 않는다. 그리고 걷고 있는 몸과 그 몸을 바라보는 무언가가 느껴진다. 그 이후에는 걷고 있는 몸과 그것을 바라보는 무엇과, 허공에서 이 둘을 함께 바라보는 무엇이 느껴진다. 세 개의 물건(?)이 한 공간에 오롯이 존재할 뿐이다. 그 외의 다른 것은 아무것도 느낄 수 없다.

이런 경험은 반나절 동안 지속되었다. 아무것도 떠올릴 수 없었고, 생각이나 감정을 느낄 수도 없었고, 마치 허공 속에 세 개의 존재 또는 물건만 남아 있는 느낌이었다. '나'라는 존재는 사라졌고, '내 것'이라는 것도 사라졌다. '나'라는 존재는 과연 실재하는 걸까? '나'라는 관념만 존재하는 걸까? 아니면 몸을 '나'라고 의식하는 걸까? 몸이 하는 행동을 '나'가 한다고 하는 걸까? 몸은 그냥 몸이 할 일을 할 뿐이다. 피곤하면 쉬고 싶고, 배고프면 먹고 싶고, 목마르면 마시고 싶을 뿐이다. 하지만 몸의 활동을 알아차리고 바라보는 그 '무엇'이 있다.

귀는 소리를 듣고, 입은 맛을 보고, 눈은 사물을 본다. 마음은 생각과 느낌을 받아들이는 감각의 문이다. 하지만 죽은 사람의 마음과 귀와 입과 눈은 이런 감각을 느끼지 못한다. 같은 감각 기관이지만 살아 있는 사람은 느끼고, 죽은 사람은 느끼지 못한다. 따라서 감각 기관은 '나'가 아니다. 그냥 감각 기관일 뿐이다. 나의 눈, 귀, 입, 코라고 생각하는 것은 결코 '나의 것'이 아니다. 감각 기관을 통해 감각을 느끼고 알아차리는 그 '무엇'이 있다. 관찰자라고 부를 수도 있고, 불성 또는 본래면목이라고 부를 수도 있는 그 '무엇'!

그 '무엇'을 찾는 것이 우리가 한평생 해야 할 일, 즉 마음공부고 수행이다. '무엇'의 속성은 존재의 실체가 없고 매 순간 나타났다 사라진다. 실체가 없으므로 잡을 수도 없고 볼 수도 없지만, 늘 우리 안에 존재하고 있다. 우리가 경험하는 모든 느낌과 생각과 감정의 주인인 '무엇'은 오직 '지금-여기'에서 알아차림을 통해서만 드러난다.

요즘 해파랑길을 격주 단위로 걷고 있다. 무박 2일로 약 8시간 정도 걷는다. 이 길을 걸으며 '무엇'을 찾는 공부를 할 수 있다. 어쩌면 그 '무엇'을 찾기 위해 걷는지도 모르겠다. 산만한 마음을 알아차리고 마음챙김을 하며 걷는 것은 마치 예전에 있었던 두더지 잡기 놀이와 비슷하다. 8개 내외의 구멍에서 무작위로 갑자기 튀어나오는 두더지 머리를 망치로 때리면, 맞은 두더지는 사라지고 다른 두더지가 튀어나온다. 이 행위를 반복하는 게임이다. 이때 두더지는 생각, 감정, 느낌 등이고, 그것을 때려잡는 주인공은 바로 그 '무엇'이다. 두더지 덕분에 우리는 알아차림을 할 수 있고, 그 순간 '무엇'을 만날 수 있다.

두더지 잡기 놀이를 하다 보면 '나' 또는 '나의 것'이라는 의미가 사라진다. 느낌, 생각, 감정, 행동은 실체가 없다. 실체가 있다면 행동, 느낌, 생각, 감정은 공존해야 한다. 하지만 실체가 없기에 금방 나타났다 사라진다. 무아(無我)다. 무아를 '나'가 있다고 생각하고 붙잡으려 하고 애착하니 괴로움이 생긴다. 고(苦)다. 상존하는 것이 없으니 늘 변한다. 무상(無常)이다. 산만한 생각, 잡고 싶거나 물리치고 싶은 감정, 하고 싶거나 하기 싫은 행동에서 벗어날 수 있는 유일한 방법은 빨리 알아차리고 머물지 않는 것이다. 머물면 머물수록 괴로움은 커지고, 알아차리면 알아차릴수록 편안해진다. 알아차리면 자신으로부터 느낌, 생각, 감정을 분리할 수 있다. 탈동일시를 통해 벗어날 수 있고, 괴로움으로부터 해방될 수 있다. 우리는 해파랑길을 걸으며 두더지 잡기 놀이를 한다. 감정, 느낌, 생각이라는 두더지가 나타나면 알아차리면 된다. 그것 외에 달리 할 일도 없다.

감각을 통해 좋아하거나 싫어하는 마음이 생길 수 있는데, 이것이 바로 괴로움의 시작이다. 감각이 감정이나 생각으로 변하기 전에 알아차리면, 감정이나 생각이 머물 자리가 없어지고 더 이상 이들에게 끌려다니지 않는다. 과거의 후회나 미래의 불안으로 괴로울 일이 저절로 사라진다. 알아차림을 통한 마음챙김의 빛이 이들이 설 자리를 사라지게 만들기 때문이다. 해파랑길을 걷는 일은 즐거운 두더지 잡기 놀이다. 더불어 우리는 해파랑길을 걸으며 '무엇'이라는 보물을 찾는 여행을 한다. 해파랑길은 보물찾기 여행이다.

WMC 8

틱낫한 스님에 의하면, 설거지를 귀찮게 생각하지 않고 감각과 소리에 집중하며 그릇을 씻는 행위는 매우 훌륭한 '설거지 명상'이다. 즉 하는 일에 집중하면 그것이 곧 명상이 되는 것이다. 따라서 명상은 언제, 어디서, 무엇이든지 하면서 할 수 있다. 일상의 모든 행동이 명상이 된다. 명상법은 수행의 주제나 방법에 따라 다양하다. 걸으며 감각에 집중하면 '걷기 명상'이고, 식사하면서 식감이나 미각에 집중하면 '먹기 명상'이다. 바닥을 쓸면서 '청소 명상'을 할 수도 있고, 누워서도 명상을 할 수 있다. 일반적으로 명상은 반가부좌, 또는 가부좌 자세로 앉아서 고요히 눈을 감고 호흡에 집중하는 것으로 생각한다. 하지만 최근에 다양한 명상법이 소개되면서 이러한 편견은 많이 희미해져 가고 있다. 다행스러운 일이다.

어떤 형태의 명상이든지 '지금-여기'를 벗어나면 이미 명상이 아니다. 몸이 있는 곳에 마음이 함께 머물면 그것이 바로 명상이다. 하는 일에 집중하다가 다른 생각이나 감정이 올라오면 빨리 알아차리고 다시 하는 일에 집중하면 된다. 결국 명상은 '알아차림'과 '집중', 이 두 가지가 이루어져야 한다. 집중이 잘 되면 알아차림도 잘 되고, 알아차림이 잘 되면 집중도 잘 된다. 이 둘은 동전의 양면과 같다. 하나이면서 동시에 둘이다.

요즘은 '걷기 명상'을 자주 하는 편이다. 특히 비 오는 날에 걷는 걸 좋아해서 비가 오면 일부러 걸으러 나가기도 한다. 우산 위에 떨어지는 빗방울 소리를 들으며 '소리 명상'을 즐긴다. 빗방울 소리가 다양하게 들린다. 비가 내리다 멈추다 반복하거나 비의 강도가 변하면 그 소리는 더욱 다양해진다. 마치 북을 두드리는 소리처럼 들리기도 하고, 때로는 속삭이는 것처럼 들리기도 한다. 사람마다 느끼는 감각이 다르겠지만, 내 경우에는 청각에 민감한 편이다. 그래서 평소에 소리 명상을 자주 한다. 걸으면서 소리에 집중하는 것은 '걷기 명상'인 동시에 '소리 명상'이 된다.

'걷기 명상'은 우선 걷기 명상을 하겠다는 마음을 확립해야 한다. 마음을 확립하는 것이 사소하다고 생각할 수도 있지만 실은 매우 중요하다. 하고자 하는 마음을 내는 것과 그렇지 않은 것과는 실행력에 있어서 큰 차이가 있다. 다음 단계는 몸을 가볍게 스캔하며 긴장된 부분이 있는지, 불편한 곳이 있는지, 또는 몸 상태가 가벼운지 무거운지 확인한다. 그리고 지금의 마음 상태도 확인한다. 마음이 편한지 불편한지, 걱정거리가 있는지 없는지, 들떠 있는지 차분한지, 화가 나 있는지 아닌지 등을 확인한다. 몸과 마음의 상태를 확인한 후에는 가능하면 불필요한 생각과 감정을 잠시 멈추고 걷기 명상을 하겠다는 마음을 다시 한 번 다진다.

그 후에는 발의 감각에 집중하며 걷는다. 발바닥과 땅의 접점에서의 감각, 신발 바닥 안쪽과 발바닥이 닿는 부분의 감각, 양말과 발바닥이 접촉하는 감각을 느낄 수 있다. 발을 바꾸며 걸을 때 바람을 느낄 수도 있고, 잠시 균형이 불안정한 것을 느낄 수도 있다. 발의 열기나 습기를 느낄 수도 있다. 발에서 느껴지는 모든 감각에 집중하며 걸으면 된다. 다른 생각이나 감정이 올라오면 빨리 알아차리고 다시 발의 감각으로 돌아온다. 빨리 알아차리는 만큼 생각이나 감정에서 빨리 벗어날 수 있다. 보통 10분에서 20분 정도 발의 감각을 느끼는 명상을 한다. 몸과 마음이 어느 정도 안정되는 중요한 시간이다. 걷기 명상을 하기 위해서 일정 시간이나 거리를 정하는 것은 좋은 방법이 될 수 있다.

걷기를 마친 후 몸과 마음의 상태를 점검한다. 걷기 전과 후를 비교하는 작업이다. 이런 작업을 통해서 스스로 만든 고통에서 벗어날 수 있게 된다. 처음에는 집중이 어려울 수도 있지만 꾸준히 하다 보면 익숙해진다. 익숙해진 만큼 편안해진다. 잘 되면 계속 걷기 명상을 하면 된다. 만약 집중하기 어렵거나 약간의 지루함을 느낀다면 소리 명상으로 전환한다.

'소리 명상'은 들리는 소리에 집중하는 명상법이다. 굳이 조용한 곳을 찾을 필요가 없다. 모든 주변 환경이 명상의 대상이 된다. 집 뒷산인 봉산은 아주 좋은 명상 센터다. 굳이 다른 명상 센터를 찾아다닐 필요도 없다. 봉산을 걸으며 다양한 소리를 듣는다. 지저귀는 새소리가 가깝게 들린다. 가끔은 멀리서 자동차 소리도 들리고, 사이렌 소리도 들린다. 자동차 소리가 새소리를 방해한다거나, 사이렌 소리가 소리 명상을 방해한다고 생각하지 않아야 한다. 모든 소리가 명상의 대상이 되는 것이 소리 명상이기 때문이다. 자동차 소리 때문에 명상이 되지 않는다는 것은 소리 명상에서 벗어나 소리로 인한 불편한 감정에 빠졌다는 것을 의미한다. 감각은 감정과 동시에 존재할 수 없다. 감정을 느낀다면 이미 청각에서 벗어난 것이고, 이는 명상을 제대로 하고 있지 않다는 뜻이다.

때로는 나뭇가지가 부러지는 소리, 작은 동물들이 움직이는 소리, 다람쥐처럼 도토리를 줍고 있는 사람들의 소리가 들린다. 다람쥐 양식을 가져가는 사람들이 야속하다는 생각이 들 때도 있다. 명상에서 벗어난 것이다. 다시 소리 명상에 집중해야 한다. 굳이 야속하다는 마음을 없애려 하지 않는다. 감각으로 돌아오면 감정은 저절로 사라지기 때문이다. 물론 쉽게 전환되기 어려울 수 있지만, 감정을 붙잡지 않고 감각에 집중하면 서서히 사라진다. 반복적인 연습이 필요하다. 수행은 꾸준한 반복이다.

우리를 괴롭히는 건 감정, 생각, 느낌, 과거의 기억, 미래의 불안이나 무의미한 망상 등이다. 감각에 집중하는 명상은 이런 고통에서 벗어날 수 있는 아주 좋은 방법이다. 떠오르는 감정과 느낌, 생각을 없애려고 굳이 애쓸 필요가 없다. 그럴수록 더욱 강한 반작용이 발생하여 없애기가 힘들어진다. 이들이 떠오르는 순간 감각에 집중하면 저절로 사라진다. 우리는 일반적으로 감정이나 생각을 머리로 해석해서 해결하려고 한다. 아무리 이성적으로 판단한다고 해도 이는 자신만의 이성과 객관에 불과한 이기적이고 주관적인 판단일 뿐이다. 이는 자신의 생존을 위해 필요한 방편이지만, 자신을 고통으로 몰아넣는 원인이 되기도 한다.

혼자 하는 걷기 명상의 좋은 점이 있는가 하면, 함께 하는 걷기 명상의 좋은 점도 있다. 시작 전에 각자 몸과 마음 상태에 대해서 돌아가며 이야기한다. 그리고 걷기를 마친 후의 느낌을 나눈다. 이 나눔은 우열을 가리며 서로를 비교하는 자리가 아니다. 아무런 변화를 느끼지 못했다고 말할 수도 있고 들을 수도 있다. 다양한 사람들이 다양한 고민거리를 안고 걸으며 다양한 반응을 보인다. 하지만 이 다양성 안의 구체적인 고민은 대부분 비슷비슷하다. 인간의 보편성을 알아차리고 자신만 괴로운 게 아니라는 사실을 느끼며 서로에게 위로가 되기도 한다. 그리고 진정 어린 공감을 해주며 서로의 상처를 감싸준다. 함께 나눌 때 경험할 수 있는 긍정적인 시너지 효과다.

'WMC 8'은 Walking, Meditation, Counseling, 이 세 가지를 접목한 8주 심신 건강 프로그램이다. 함께 걸으며 걷기 명상을 하고 마친 후 서로의 느낌을 나누는 프로그램이다. 'WMC 8' 프로그램을 체계적으로 운영하기 위해 준비하고 있다. 'WMC 8' 프로그램을 조금 더 정교하게 다듬어 심신 건강에 도움이 되는 프로그램으로 운영할 수 있는 날이 오기를 기대한다.

4장
보사수(步思修)

보사수(步思修)

　'문사수(聞思修)'라는 말이 있다. 부처님의 가르침을 받아들이는 세 가지 지혜(三慧)로 문혜(聞慧), 사혜(思慧), 수혜(修慧)가 있다. 문혜는 경전을 읽고 배우거나 법문을 들음으로써 얻는 지혜를 뜻하고, 사혜는 일상 속 경험을 부처님 말씀에 비추어 깊이 사유함으로써 얻는 지혜를 의미한다. 수혜는 문과 사를 바탕으로 삶 속에서 실천하며 삶의 변화를 이루어 내는 지혜를 말한다. 부처님의 가르침이 기준이 되어 지혜로운 삶을 살아가며 나아가 부처가 되자는 의미를 담은 매우 뜻깊은 단어다.

　불교의 수행 방법은 염불, 진언(만트라), 독경, 간경, 사경, 절(拜), 참선 수행 등 다양하다. 하지만 가장 중요한 것은 부처님 말씀이 기준이 되어야 한다는 것이다. 불교는 부처님의 가르침이니 부처님 말씀이 경전이 되고, 그 경전에 따라 수행하는 것이 가장 올바른 수행법이다. 초기 경전인 '니까야'를 공부하는 사람도 많다. 니까야를 읽는 것은 부처님 말씀을 생생하게 듣는 것과 다름이 없다. 돌이켜보니 경전 공부를 체계적으로 하지 못한 것 같다. 사놓은 지 10년이 넘은 니까야 전집이 집에 있는데, 아직 제대로 읽지 못했다. 언젠가는 니까야를 집중해서 읽을 날이 오리라 믿고 그 시절 인연을 기다리고 있다.

사혜는 일상에서 부딪히는 상황과 만나는 사람을 통해 공부하는 방법이다. 상황과 사람으로 인해 만들어진 자극에 대응하는 반응은 에고의 작용일 뿐이다. 우리는 자신에게 편안하고 유리하면 좋아하고, 그렇지 않으면 싫어한다. 좋아하는 것은 오랫동안 갖고 싶어 하고, 싫어하는 것은 빨리 떨쳐 버리고 싶어 한다. 이것이 마음대로 되지 않아 화가 나고 스트레스를 받는다. 붙잡거나 떨쳐내려는 마음과 행동, 그리고 그에 따른 분노, 애증, 애착 등은 또 다른 업을 만든다. 업이 만들어진다는 것은 결국 에고를 강화하는 꼴이다. 자극에 반응하는 자신만의 습관적인 태도가 있다. 이 습관의 고리를 끊어내는 것이 수행이다. 무의식적인 '자극-반응'의 고리를 끊어내고 새롭고 긍정적인 대응 방식을 선택하며 삶의 주도권을 되찾을 수 있다. 자신을 잘 바라보고 마음챙김을 해야 하는 이유다. 자극에 즉각적이고 패턴화된 반응을 하지 않고, 자극을 받을 때 발생하는 몸의 감각을 조용히 관찰하는 것도 좋은 방법이다. 몸의 감각은 시간이 지나면 변한다. 몸의 감각이 변하면서 발생한 자극은 그 의미를 잃어버리게 된다.

수행을 통해 삶의 변화를 맞이할 수 있다면 이는 중생에서 부처가 되는 길이다. 수행 방법은 다양하지만, 일반적으로 불교에서는 수행이라고 하면 참선 수행을 의미한다. 경전이나 법문을 통해 알게 된 진리, 그리고 삶 속에서 체득한 진리가 참선 수행을 통해 열매를 맺는다. 들었던 부처님 말씀도 버리고, 삶 속의 경험도 모두 버리고 불성 또는 진면목을 만나는 수행을 통해 비로소 부처가 될 수 있다. 삶 속에서 만나는 모든 상황이 에고의 작용이라는 것을 일깨우는 작업이 바로 참선 수행이다. 말이 끊긴 자리, 알음알이가 사라진 자리, 에고가 모두 없어진 자리, 아뢰야식이 모두 비어 버린 자리에 진면목은 저절로 그 모습을 드러낸다. 마치 어둠 속에서 불이 들어오면 어둠이 사라지듯이. 수혜는 다시 문혜, 사혜와 연결된다. 그리고 이 세 가지의 지혜가 톱니바퀴처럼 서로 맞물려 깊은 지혜의 샘을 만들어 감로수를 맛볼 수 있게 된다.

나 자신을 돌아본다. 문혜의 초입에도 아직 들어가지 못한 상태다. 60년 이상 살아왔고 지금은 나름 편안한 삶을 살고 있으니, 사혜에는 입문 정도 한 거 같다. 수혜는 수박 겉핥기 하듯 꽤 오랜 기간 수박만 만지작거리고 있으니 문 앞에 서 있는 정도다. 그런데 다행스러운 일은 '걷기'가 이 모두를 한꺼번에 공부할 기회를 만들어 주고 있다.

부처님 말씀은 진리의 말씀이다. 자연의 섭리가 바로 진리다. 길을 걸으며 사계의 변화를 통해, 또 신체의 변화를 통해 무상을 체험한다. 걸으며 느끼는 몸의 고통을 통해 몸이 '나'가 아님을 확인하며 무아를 체득한다. 걸으며 떠오르는 생각과 감정이 '나'가 아님을 확인하며 무아를 공부한다. 몸을 지녔기에 몸이 지치거나 다치면 고통스럽다. 또 몸이 요구하는 다양한 욕구를 충족시키지 못해 '고'를 체득한다. 길을 걸으며 체득하는 진리다. 길을 걷는 것이 바로 문혜다.

길을 걸으며 길벗과 이런저런 얘기를 할 때도 있고 혼자 조용히 침묵 속에서 걸을 때도 있다. 침묵 속에서는 자신과 만나게 된다.

그동안 살아온 모습을 반성하기도 하고, 때로는 분노에 휩싸여 화가 나기도 하고, 때로는 억울함에 눈물이 나기도 한다. 길은 자신이 살아온 업을 비추는 업경(業鏡)이다. 또한 길에서 만나 함께 걷는 길벗은 모두 도반이다. 도반 역시 나의 업경이다. 도반에게서 느끼는 모든 모습이 바로 나의 모습이다. 길벗으로 인해 발생하는 모든 생각과 감정은 바로 나의 것이고 나의 에고일 뿐이다. 이 에고는 마음공부의 대상이 되고, 알아차리고 흘려보내는 순간 사라진다. 붙잡으면 번뇌고, 흘려보내면 깨달음이다. 번뇌가 깨달음으로 변하는 중요한 순간이다. 길 위에서 마주친 상황이나 길벗을 통해 부처님 말씀을 확인하며 따르게 된다. 사혜다.

수행은 자발적이어야 한다. 마찬가지로 걷는 것도 자발적이어야 한다. 이유야 어떻든 걷기 위해 나오는 용기와 의지가 필요하다. 그리고 길 위에 서게 되면 이미 수행의 반은 이룬 것과 다름없다. 불교에서는 깨달음에 이르는 수행의 단계를 예류과, 일래과, 불래과, 아라한과로 나눈다. 그중 첫 단계인 예류과는 '도의 흐름에 든 자'를 의미한다. 도의 흐름에 든 자는 도의 흐름에서 더 이상 벗어나지 않는다고 한다. 걷기 위해 길 위에 서는 순간 우리는 모두 예류과에 든 것과 같다. 추운 겨울에도, 무더위에도, 비바람이 몰아쳐도, 폭설이 와도, 우리는 길을 걷는다. 따뜻하고 시원한 집안의 유혹, 안락한 환경과 맛있는 음식에 대한 유혹, 자신의 야망에 대한 유혹 등 모든 유혹을 내팽개치고 길을 걷는다. 이제는 그만 걷고 안락한 곳에 들어가 편히 쉬고 맛있는 것 먹고 마시며 즐기라는 달콤한 유혹의 속삭임을 들으며, 그들과 한판 큰 싸움을 벌이기도 한다. 수행은 유혹과의 싸움이다. 우리가 길을 걷는 것 자체가 바로 수혜다.

문사수(聞思修)를 보사수(步思修)로 바꾸어 부르고 싶다. 길을 걸으며 길 위에서 부처님의 가르침을 깨닫는 지혜를 얻을 수 있다. 길을 걸으며 자연의 섭리를 알게 되는 것은 부처님 법문을 듣는 것과 같다. 보혜(步慧)다. 길을 걸으며 마주치는 사람과 상황을 통해 에고에 집착하는 현재의 모습을 알아차릴 수 있다. 사혜(思慧)다. 자신의 본성을 찾기 위한 실천적 행위로써 자발적으로 길을 걷는 것 자체가 수행이다. 수혜(修慧)다. 보사수가 곧 문사수고, 문사수가 곧 보사수다.

경험과 나 사이

무더운 날씨다. 조금만 걸어도 땀이 줄줄 흘러내린다. 서울 둘레
길 북한산 구간을 걷는다. 산속에는 바람 한 점 없다. 평소 주말의
북한산은 사람들이 많이 몰려 서로 길을 비켜 가며 걸을 때도 있는
데, 오늘은 날씨 때문인지 아니면 휴가 때문인지 사람들이 별로 없
다. 간혹 들리는 새소리 외에는 어떤 움직임과 소리도 들을 수 없
다. 오직 우리들의 웃음소리와 즐거운 대화 소리만 들릴 뿐이다. 오
히려 한적하고 조용해서 걷기에 매우 편안하고 좋은 날이다.

화계사 일주문에서 합장 반 배를 올린다. 늘 사람으로 북적이던
화계사도 조용하다. 마치 모든 세상이 정지된 느낌이다. 무더위 속
에서 걷는 게 쉬운 일은 아니다. 조금만 걸어도 땀이 난다. 닦아도
계속해서 흐른다. 우리 몸이 마치 땀의 우물 같다. 땀을 퍼내고 퍼
내도 땀의 샘은 마르지 않는다. 물을 마시며 땀의 샘을 채우고, 다
시 걸으며 땀을 배출한다. 이 과정을 반복하며 길을 걷는다.

사람들은 이런 날씨에 산을 오르거나 힘든 일을 하지 않으려고
할 것이다. 하지만 우리는 오늘도 걷는다. 걷기는 날씨와 무관하다.
날씨를 가려서 걷는다면 일 년 중에 걸을 수 있는 날이 며칠 안 된
다. 추워서, 더워서, 비가 와서, 바람이 강해서, 햇빛이 너무 강해서

등등, 이런저런 날씨 핑계를 대기 시작한다면 실제로 걷기에 적합한 날은 많지 않다. 더위는 그냥 더위일 뿐이다. 더위를 느끼면서 그냥 걸으면 된다. 매일 식사하듯이 그렇게 걸으면 된다.

몸을 지닌 사람이기에 날씨나 외부 자극을 통해 감각을 느끼는 것은 지극히 당연한 일이다. 추위도 느끼고, 더위도 느끼고, 습기도 느끼고, 바람도 느낀다. 우리 몸은 외부 환경을 있는 그대로 느낄 뿐이다. 하지만 외부 자극과 몸의 감각 사이에 생각이 끼어들면서 고통이 시작된다. 더워서 걷기 싫다, 귀찮다, 힘들다, 왜 이런 날에 걸어야 하나? 원래 계획했던 목적지까지 꼭 가야만 하나? 이런 생각이 들기 시작한다. 바로 이런 생각들이 불편하고 부정적인 감정을 불러일으킨다. 화가 나기도 하고, 짜증이 올라오기도 하고, 불만이 올라오기도 한다. 경험과 나 사이에 생각이 끼어들면서 걷기 싫어하는 마음은 더욱 강해지고, 이 마음은 자신과 주위 사람들에게 고통을 안겨 준다. 이 마음이 계속해서 발전하면 길에 대한 부정적인 감정으로까지 번질 수 있고, 다음에는 이 길을 다시 오지 않겠다는 각오도 다지게 된다. 물론, 망각의 힘 덕분에 다시 찾을 확률이 훨씬 더 많긴 하겠지만 말이다.

우리가 통제할 수 있는 것이라면 통제하며 살아야 한다. 하지만 통제할 수 없는 것을 통제하려는 시도는 쓸데없이 에너지와 시간만 낭비하는 꼴이다. 날씨는 우리의 통제 밖에 있는 상황이기에 그대로 받아들이면 된다. 통제할 수 없는 날씨에 할 수 있는 일은 걷거나 아니면 집에서 쉬는 것이다. 우리는 선택할 수 있다. 하지만 선택과 통제는 다르다.

과연 나는 내가 원하는 대로 나 자신을 잘 통제할 수 있을까? 내 몸이면 내가 통제할 수 있어야 한다. 배가 고픈데 배고픔을 통제할 수 있을까? 화장실에 가고 싶은 것을 통제할 수 있을까? 틀림없이 내 몸인데 나의 통제를 벗어난다.

생각도 마찬가지다. 내 생각이라면 이 역시 통제할 수 있어야 한다. 그런데 수많은 생각이 떠오르고 사라진 것을 시간이 지난 후에야 알아차린다. 생각은 다른 생각을 끊임없이 불러온다. 침묵 속에 걸으며 발의 감각에 집중하려는 시도는 늘 무너진다. 그나마 늦게라도 알아차릴 수 있다는 것은 무척 다행스러운 일이다. 생각이 떠오르는 것을 통제할 수 있을까? 쉽지 않은 일이다. 틀림없이 내 생각인데 내 통제를 벗어나서 제멋대로다. 좋은 생각이면 그 생각을 계속 붙잡으려 하고, 그 시도가 제대로 이루어지지 않으면 불편한 감정이 올라온다. 반면, 나쁜 생각이면 물리치려고 시도해 보지만 쉽게 사라지지 않아서 내 마음을 더욱 불편하게 한다. 이도 저도 아닌 생각은 쓸데없는 망상만 만들어 낸다. 나 자신과 경험 사이에 끼어든 생각이 고통을 안겨준다.

경험과 나 사이에 끼어든 생각을 없애는 방법이 바로 마음챙김이다. 마음챙김은 매 순간을 자각하는 것이다. 오로지 지금 이 순간의 경험을 느끼고 알아차리는 것이다. 더우면 덥다고 느끼는 것이다. 더위로 인해 이런저런 생각이 올라오면 생각을 물리치려고 노력할 필요 없이, 그냥 몸에서 느껴지는 더위의 감각을 느끼면 된다. 이 방법이 어렵다면 발의 감각 또는 소리에 집중하며 걸으면 된다. 생각이 올라오는 것을 알아차리자마자 바로 그때 몸에서 느껴지는 감각에 집중하거나 지금 하는 일에 집중하면 생각은 사라진다. 때로는 생각이 쉽게 사라지지 않을 수도 있다. 이미 생각이 많이 진전되었기 때문이다. 그때는 감각에 집중하려는 노력을 조금 더 강하게 하면 된다.

몸의 감각을 느끼며 걸으면 자기(ego)라고 생각하는 존재는 없어지고 오직 걷고 있는 몸만 있을 뿐이다. 그리고 그 몸에서 느껴지는 감각만 남게 된다. 더위를 느끼고 땀이 흐르는 것을 느낄 뿐이다. 몸의 감각 자체는 감정이 없다. 생각이 끼어들면서 감정을 만들어 낸다. 걷고 있지만 걷는 자기는 사라지고, 오직 더위 속에서 걷고 있는 몸이 있고 몸의 감각만 느낄 뿐이다. 생각과 감정이 자신이 아니라는 사실을 확인하게 되면서 자기는 사라진다. 생각과 감정이 자신이 아니라는 탈동일시가 이루어지는 중요한 순간이다. 걷고 있는 것은 자기가 아니고 그냥 걷고 있는 몸 자체일 뿐이다.

길을 걸으며 우리는 자신이라고 알고 있던 자기(ego)로부터 해방될 수 있다. 그 자기는 자신을 위한다는 명분으로 수많은 요구를 하고, 우리는 그 요구에 부응하기 위해 평생 안간힘을 쓰며 살아간다. 하지만 그 자기(ego)는 '참 자기'가 아니다. 인식과 욕구와 감정이 만들어 낸 홀로그램에 불과하다. 허상이다. 자기라고 생각하는 것으로부터 해방되면 저절로 모든 고통에서 벗어나게 된다. 고통은 몸을

지닌 인간이 가진 욕구와 감정과 생각이 자기라는 허상을 만들면서
발생한다. 길을 걸으며, 특히 고통스러운 더위 속에서 길을 걸으며
자신이라고 알고 있던 자기에게서 벗어나 자유인이 될 수 있다. 길
을 걸으며 생각과 감정에 매몰되지 않고 매 순간 느끼는 감각에 집
중하며 걸으면 된다.

걷기는 상처를 봉하는 바느질이다

> "걸어가는 사람이 바늘이고 걸어가는 길이 실이라면, 걷는 일은 찢어진 곳을 꿰매는 바느질입니다. 보행은 찢어짐에 맞서는 저항입니다."
>
> - 레베카 솔닛, 『걷기의 인문학』(2017)

이 글을 읽으며 걷기에 대한 내 생각과 많이 일치한다는 생각이 들어 매우 기뻤다. 그동안 나 혼자만 '걷기'와 '치유'를 연결하고 있는 것이 아닌가? 이런 고민을 하고 있었다. 사람들이 걷는 이유에 대해 진심으로 말하는 것을 별로 들어보지 못했기 때문이다. 어쩌면 자신의 얘기를 꺼내는 것을 주저하기 때문에 듣지 못했을 수도 있다.

나는 걷기를 통해 심신의 건강을 회복한 경험이 있기에, '걷기'와 '치유'의 관계에 대해 긍정적인 의미를 부여하며 걷는다. 몸과 마음이 지친 상태에서 할 수 있는 일이 아무것도 없었을 때 유일하게 한 일이 걷기였다. 걸으면서 몸이 회복되었고, 몸이 회복되면서 마음이 회복되었다. 몸과 마음의 회복은 새로운 삶을 살아갈 수 있는 동력을 만들어 주었다. 그 동력 덕분에 걷고 글 쓰고 사람들과 교류하며 지내고 있다. 점차 시간이 지나면서, 걷기를 통해 심신이 지친 사람들에게 도움을 줄 수도 있겠다는 생각이 들었다. 지금 운영 중인 '걷고의 걷기 학교'가 바로 그 결과물이다.

코로나 팬데믹이 유행하여 힘들었던 시기에, 걷기 동호회 회원 중에서 몇몇 사람을 만나 '우리는 왜 걷는가?'라는 주제로 인터뷰를 한 적이 있다. 레베카 솔닛의 글을 읽으며 인터뷰에 참여했던 사람들의 얼굴과 내용이 떠올랐다. 이들이야말로 걸으면서 자신의 몸을 바늘로 만들고 길을 실처럼 엮어서, 자신과 가족의 찢어진 상처를 온몸으로 직접 꿰매는 작업을 한 사람들이다. 인터뷰 내용을 묶어 한 권의 책으로 발간하고 싶었다. 걷는 이유가 궁금했고, 걸으며 긍정적으로 변화된 내용을 주변 사람들에게 알리고 싶었다. 절망에 빠진 사람들에게 걸으며 힘든 상황을 극복하라는 메시지를 전달하고 싶었다. 비록 책으로 발간되지는 않았지만, 그 내용의 일부는 이 책에 실려 있다.

인터뷰 참여자 중 A가 떠오른다. A는 나와 비슷한 연배로 마음이 여유롭고 주변 사람들에게 늘 편안함을 주는 사람이다. 언젠가 해파랑길을 같이 걷고 있을 때였다. 평소와는 달리, 걷고 있는 그의 모습이 마치 '속 빈 강정' 같다는 느낌이 들었다. 영혼이 사라져 버리고 빈껍데기가 된 몸만 걷고 있었다. 툭 건드리면 바로 부서져 내릴 것만 같았다. 속으로 무언가를 억지로 삼키는 듯 힘든 발걸음을 옮기고 있었다. 말도 거의 없었다. 무겁고 무서운 침묵에 감히 말을 걸기가 두려웠다. 어느 정도 시간이 흐른 후, 용기 내어 다가가서 말을 걸었다.

"아들이 교통사고로 생사의 갈림길에 있습니다. 내가 할 수 있는 일이 아무것도 없습니다. 차라리 몸이 부서질 정도로 나 자신을 괴롭히고 싶어서 걷고 있습니다."

그에게서 심한 절망감이 느껴졌다. 평상시에 많이 걷지 않는 그에게 2박 3일간 해파랑길을 걷는 일은 결코 쉬운 일이 아니었다. 발에는 온통 물집이 잡혔고 무릎의 통증도 심했으나 자신을 혹사하며 걷고 있었다. 그는 걸으며 자신이 바늘이 되어 아들의 상처를 봉하고 있었다. 다행스럽게도 지금 그 아들은 완쾌되어 직장에 출근하며 잘 지내고 있다.

살아가면서 누구나 힘든 상황을 마주치게 된다. 대부분은 그 상황에서 벗어나려고 애쓰다가 결국에는 소진으로 이어진다. 이유를 따지고, 억울함을 호소하고, 상대방이나 상황에 대해 비난하고, 자신과 주변 사람을 괴롭힌다. 시비를 따져 봐도, 진실을 가려 봐도, 이미 벌어진 상황은 변하지 않는다. 이미 일어난 일은 일어난 일일 뿐이다. 결국 자신만 힘들게 된다.

더구나 원인을 찾는 과정에서 자신에게는 아무런 잘못도 없고, 다른 사람들의 잘못으로 인해 자신이 고통받는다는 생각이 들면 더더욱 힘든 고통의 늪에 빠지게 된다. 일어난 일을 되돌릴 수는 없지만, 설령 제대로 돌려놓았다고 해도 이미 받은 상처는 치유되지 않는다. 사람들 대부분은 일어난 일을 일어나지 않은 상태로 되돌리려는 불가능한 시도를 하면서, 지칠 대로 지친 상태에서 더욱 지쳐 간다. 샘물이 말라 물이 없는데도 바닥을 계속해서 긁어내며 물을 퍼내려고 한다. 이런 노력은 샘을 망가뜨리고 샘물을 뜨는 바가지조차 못 쓰게 만든다. 이때는 그냥 아무 일도 하지 않고 시간을 기다리면 된다. 시간이 지나면 저절로 샘에 물이 고이게 된다. 고인 물은 다시 삶을 살아갈 수 있는 마중물이 된다.

샘에 물이 고이는 시간을 기다리는 순간은 무척 고통스럽다. 결코 쉬운 일은 아니지만, 이런 시간을 인내하는 것이 삶이다. 이때 할 수 있는 건강한 방법이 바로 '걷기'다. 다른 준비물은 아무것도 필요 없다. 일단 신발을 신고 집 밖으로 나가면 된다. 집 주변부터 걷기 시작하면 된다. 가까운 공원이나 뒷산을 가볍게 산책하면 된다. 괴로움으로 인해 불면증이 찾아오면 밤에 나가 걸으면 된다. 걸으면 몸이 회복되고, 몸이 회복되면 마음이 건강해진다. 샘물이 고이는 것과 같은 이치다. 자연 속을 걸으면 자연이 말을 걸어 온다. 때로는 상처를 어루만져 주고, 때로는 내면의 독소를 정화하여 준다. 걸으면서 내 안의 상처를 꿰맨다. 걷기는 상처를 봉하는 바느질이다.

걷기와 수행

길을 걷는 것은 자신을 들여다볼 수 있는 좋은 방법이다. 몸을 끊임없이 반복적으로 움직이며 마음을 바라본다. 마음도 몸처럼 잠시도 가만히 있지 못하고 이런저런 생각으로 산만하게 움직인다. 한참 걷다 보면 어느새 수많은 생각이 사라지고 빨리 걷기를 끝내고 쉬고 싶다는 마음만 가득할 때도 있다. 생각조차도 무겁고 힘든 순간이 온다. 이런 상황에서 만약 함께 걷는 사람이 있다면 그 친구의 일거수일투족이 나를 비춰 주는 거울이 된다. 자신만의 생각에 빠져 있을 때는 어떤 모습이나 소리도 보이거나 들리지 않는다. 하지만 그 순간이 지나고 나면 주변 풍경도 눈에 들어오고 함께 걷는 사람의 모습이 보이기도 한다. 자신의 세상에서 벗어나야만 주변과 주변 사람들을 볼 수 있다. 걷기 좋은 날씨에 건강이나 기분이 좋은 상태에서 걷는다면 주변의 모든 상황이 즐거움의 대상이 되지만, 반대의 경우에는 오히려 괴로움의 대상이 된다.

좋은 상황에서는 모두 편안하고 인자한 모습이지만, 힘든 상황을 맞이하면 갑자기 사람이 돌변하는 경우가 있어서 주변 사람들을 당황하게 만들기도 한다. 매우 힘든 상황에서 나타나는 모습이 어쩌면 그 사람의 참모습일 수 있다. 이와는 반대의 경우도 있다. 대단한 권력과 힘을 가지고 자신의 마음대로 할 수 있는 위치에 있을 때,

그 사람의 참모습을 볼 수도 있다. 따라서 어떤 사람인지 알기 위해서는 그 사람에게 모든 특권을 부여해 주면 된다고도 한다. 주어진 특권을 이용하여 자신 외의 모든 사람을 오직 자신의 도구로 이용하는 경우를 보기도 한다. 정치인들의 모습이 바로 이 상황에 해당한다. 그들은 자신의 지위를 지키기 위해 주어진 모든 특권을 악용한다. 국민을 위해 일하라고 주어진 특권을 오직 자신만을 위해 사용하는 사람들이다.

평상시의 모습은 사회적 가면을 쓴 모습이다. 그 가면 뒤의 모습은 쉽게 정체를 드러내지 않는다. 나약함을 가리기 위해 강한 체하는 사람도 있고, 괴로움을 감추기 위해 밝은 척하는 사람도 있다. 결점을 가리기 위해 애쓰는 사람도 있고, 결점을 인지하지 못한 채 무지한 당당함을 드러내는 사람도 있다. 힘든 과정을 통해 사회적인 성공을 이룬 사람 중에는 자신의 과거를 기억하고 싶지 않아서 과거의 인연을 피하려는 사람도 있다. 예전의 친구를 대하는 태도가 변하고 자신의 신분 상승만을 추구하기도 한다. 이런 모든 행동은 일종의 보상 행동일 수 있다. 이런 보상 행동으로 점점 더 자신의 진면목을 감추기 위해 애쓰다가, 결국 가면이 자신의 모습이 된다. 즉 어느 순간 자신을 잃어버리고 더 이상 찾지도 않으며 가면을 위해 평생 몸과 마음을 바친다.

사람마다 삶의 가치가 다르다. 어떤 사람이 어떤 가치를 추구하든 각 개인의 삶의 방식은 존중받아야 한다. 여기에는 한 가지 조건이 따른다. 자신의 가치를 스스로 존중하듯이 타인의 가치도 존중해 주어야 한다는 것이다. 하지만 자신의 가치만을 강조하며 타인의 가치를 인정하지 않는 경우를 흔히 접하게 된다. 이런 사람들의 특징은 자신의 판단이나 결정이 무조건 옳고 타인을 존중하지 않으며, 타인의 언행에 대해 비난과 불평을 쏟아낸다. 우리는 살아가면서 수많은 사람과 상황을 만난다. 이런 삶 속에서 자신의 중심을 잡고 사는 것이 결코 쉬운 일은 아니다. 가면의 유혹에 빠져서 어느 순간 중심 잡는 것을 포기하고 가면이 원하는 삶을 살아가기 위해 가면의 노예 노릇을 한다. 그러면서 황금빛 가면을 쓴 자신을 대단한 사람이라고 착각하며 점점 더 가면의 노예가 되어 간다. 주인은 사라지고 가면의 노예만 남는 매우 안타까운 상황이 발생한다.

요즘 길 안내자 역할을 하며 나의 참모습을 바라보게 된다. 1년 이상 거의 매주 토요일에 경기 둘레길을 진행하며 많은 사람과 상황을 만난다. 길벗과 길에 대한 좋은 추억이 대부분이다. 하지만 가끔은 불편한 사람과 상황을 만나기도 하는데, 이때 나의 민낯을 보게 된다. 나는 소심하고 이기적인 사람이다. 또한 사람들의 감정에 예민한 편이다. 이것은 사람들의 눈치를 보거나 나에 대한 평가에 신경 쓰는 것과는 다르다. 누가 나에 대해 어떤 평가를 하든지 별로 신경을 쓰지 않는 편이다. 다만, 함께 걷는 사람들이 서로 불편해하거나 반목이 있는 경우에는 그런 분위기가 그대로 나에게 전해져서 힘들다. 그 불편을 해소해 주기 위해 개입할 수 있는 상황이 아니기 때문이다. 상담 장면이라면 나름 노력해 볼 수도 있겠지만, 걷기 위해 모인 동호회에서 할 수 있는 일은 거의 없다. 또한 개입한다고 해서 풀릴 일도 아니다. 가끔 이런 상황에서 무신경하게 대처하거나 별일 아닌 듯 툭툭 털어내는 사람들을 보면 부럽기도 하다.

힘든 상황은 마음공부의 기회가 된다. 예전에 읽었던, 위빠사나 명상에 관한 책과 담마 코리아 수행법에 관한 책 세 권을 최근에 다시 읽었다. 이 책에서 불편함의 이유와 불편함에서 벗어나는 방법을 찾았다. 불편함의 이유는 바로 오랜 기간 쌓아 온 업이고, 이 업이 상황에 따라 발현되며 고통을 만들어 낸다. 이 고통은 다시 업으로 쌓여 더욱 강한 업이 만들어지며, 이 과정은 끊임없이 반복된다. 끌려다니면 더 강한 업이 되지만 흘려보내면 사라진다.

명상은 일어나는 생각을 흘려보내는 작업이다. 업이 원인이고 해결책은 명상이다. 일상생활을 하면서도 얼마든지 명상할 수 있다. 걷기 명상은 길을 걸으며 떠오르는 생각이나 감정에 끌려다니지 않고 몸의 감각에 집중하면서 생각을 감각으로 변환시키는 명상이다. 걷기를 좋아하는 나에게 걷기 명상은 아주 좋은 명상법이다.

삶 속에서 발생하는 모든 상황이 바로 수행의 대상이다. 삶에서 벌어지는 상황을 어떻게 바라보느냐에 따라 부처가 될 수도 있고 중생이 될 수도 있다. 있는 그대로 보면 부처가 되고, 자신이 만들어 낸 환상 속에서 바라보면 중생이 된다. 길을 걸으며 마주치는 모든 사람과 상황 역시 수행의 대상이다. 환상에서 벗어나기 위해서, 있는 그대로를 바라보기 위한 방편으로 걷는다. 걷기는 자신의 주인을 찾고 싶다는 강한 의지의 표명이다. 걷기가 바로 수행이다. 나는 나의 주인을 찾기 위해 걷는다. 내가 걷는 이유다.

위대한 걷기

허준은 『동의보감』에서 '약보(藥補)보다는 식보(食補)가 낫고, 식보 (食補)보다는 행보(行補)가 낫다.'라고 건강법을 말하고 있다. 약보다는 음식이 중요하고, 음식보다는 걷기가 중요하다는 뜻이다. 많은 사람이 건강을 유지하기 위해, 또는 건강을 회복하기 위해 걷는다. 하루에 30분 이상 매일 걸으면 성인병 예방이나 면역력 강화에 효과가 있다고 한다. 얼마 전 TV에서 맨발 걷기의 효과에 관한 프로그램을 방영한 이후로, 전국에 맨발 걷기 열풍이 불고 있다고 할 정도로 뒷산이나 공원에서 맨발로 걷는 사람들이 갑자기 늘어났다. 맨발로 걷든 신발을 신고 걷든, 걸으면 몸이 건강해지고 마음의 건강과도 연결된다.

걸으면서 나누는 대화는 마음의 건강을 회복하는 데 도움이 된다. 걷기 동호회에 처음 나온 사람도 동호회라는 소속감이 주는 편안함이 있어서 그런지 쉽게 마음을 열고 대화를 나눈다. 굳이 특정 주제가 필요한 것도 아니다. 일상생활이나 재미있는 에피소드를 공유하며 함께 웃고 이야기한다. 또한 길을 걸으면서 생기는 에피소드는 뒤풀이에서 아주 즐거운 화젯거리가 된다. 나중에 그 길을 다시 걸으면, 그 당시의 에피소드 덕분에 함께 걸었던 사람들의 모습이 자연스럽게 떠오른다. 걸으면서 대화하고 웃고, 걷고 나서 대화하며 또 웃는다. 길 위에서 즐겁고 행복하다.

걷기는 저항이고 자기표현이다. 마하트마 간디는 비폭력 저항 운동으로 소금 행진을 이끌었다. 영국이 인도에서 채취한 소금을 영국으로 운송하여 가공을 마친 후 엄청난 소금세를 부과해 인도에 되팔았다. 간디는 이를 간파하고 소금을 인도인의 손으로 만들기 위해 바다로 향했다.

"간디는 1930년 1월 30일에 아쉬람에 있던 79명과 함께 행진을 시작해서 24일간 390km를 걸었다. 간디는 이때 61세의 적지 않은 나이였다. 남쪽 단디(Dandi) 해안가에 도착해서 한 줌의 소금을 집어 들었다."

- 네이버 블로그 인용

우리나라에서도 환경단체 회원들이 '삼보일배'를 하며 환경을 지키려는 의지를 표명한 적이 있다. 근로자들은 자신들의 권리를 찾기 위해 함께 모여 걷는다. 이렇게 사람들은 정부의 정책에 반대 의사를 표현하기 위해, 또는 부당한 권력이나 불의에 맞서기 위해 걷는다. 걷기는 저항과 자기표현의 수단이며 사회를 움직이는 힘이다.

걷기는 자기 성찰의 기회를 제공한다. 산티아고와 같은 순례길 걷기는 특히 그렇다. 성인의 유해가 묻힌 산티아고 대성당을 향해 걸으며 자신을 참회하고, 타인을 용서하며, 모든 생명의 행복과 건강을 기원한다. 산티아고 프랑스 루트 500km 지점에 철탑이 있다. 이 길을 걷는 순례자들은 그 철탑 아래에 쌓여 있는 돌무덤 위에 자신의 소망을 담은 편지나 물건을 올려놓으며 기도한다. 참회, 용서, 화해의 기도를 하며 500km를 걸어온 순례자들의 소망을 하느님께서 당연히 이루어 주실 것이다. 일본에는 '오헨로'라는 불교 순례길이 있다. 시코쿠 섬의 해안선을 따라 88개 사찰을 잇는 1,400km의 순례길로, 약 1,200년 전에 고보 다이시(弘法大師)가 만들었다. 오헨로 순례길을 걸었던 사람들은 그들의 삶을 바꾸는 경험을 했다고 말한다. 고(故) 최인호 작가의 저서『길 없는 길』은 경허선사의 발자취를 따라 쓴 책이다. 이 큰스님 덕분에 한국은 선불교의 명맥을 이어갈 수 있게 되었다. 경허선사의 일대기를 읽으며 언젠가는 경허선사가 머물렀던 사찰을 순례하고 싶다는 생각을 한 적도 있다.

또한 걷기는 힘든 상황을 극복하도록 도와준다. 살다 보면 수많은 인생의 굴곡 속에서 밑바닥으로 떨어져 아무것도 할 수 없는 상황을 만나기도 한다. 가만히 있자니 무기력에 빠질 것 같고, 주변의 시선도 신경 쓰이고, 자신이 마치 잉여 인간처럼 느껴질 경우도 있다. 이럴 때 할 수 있는 일이 바로 걷기다.『나는 걷는다』의 저자 베르나르 올리비에(Bernard Olivier)는 정년퇴직 무렵에 아내도 죽고, 어머니마저 돌아가신다. 정부에서 날아온 연금 통지서를, 이제는 아무것도 하지 말고 연금 받아 연명하며 소파에서 TV나 시청하다 죽으라는 정부의 명령으로 받아들인다. 삶의 무의미를 느낀 순간, 조카의 방문으로 집을 비워 준 채 바로 집을 나선다. 집에서 산티아고 대성당까지 약 3,500km를 걸은 후 자신의 상황을 받아들이며 할 일을 찾는다. 아직 건강하고 경제력도 있고, 저널리스트로서의 전문성도 있고 배운 학식도 있으니, 자신이 갖고 있는 것으로 무언가를 할 수 있다는 자신감을 얻게 된다.

　걷기를 통해 자신의 무기력을 승화시킨 후, 그가 만든 것이 '쇠이유'라는 단체다. '쇠이유(seuil)'는 '문턱'이라는 의미로, 낮은 문턱만 넘으면 자신이 원하는 삶의 길로 들어설 수 있다는 뜻을 담고 있다. 그런데 낮은 문턱조차 넘기 어려운 젊은이들이 있다. 바로 청소년 범법자들이다. 베르나르 올리비에는 이들이 참가해서 멘토와 함께 약 3,000km를 걸으면 수형을 면제해 주는 쇠이유 프로그램을 만들어서, 청소년 범법자의 갱생을 위한 사회운동을 성공으로 이끌었다. 나는 2017년 산티아고 순례를 마친 후 그를 프랑스에서 만났다. 89세인 그의 손아귀 힘이 나보다 강해서 놀랐고, 은퇴자를 위한 아카데미를 구상하고 있어서 또 한 번 놀랐다.

　홀로 걷기는 자아 성찰과 사유를 가능하게 한다. 홀로 걸으면 수많은 생각들이 떠오른다. 때로는 얼굴이 화끈거리는 일화도 떠오르고, 때로는 분노가 치밀어 오르기도 한다. 그리고 걸으며 부정적인 감정과 생각은 정화되어 자신의 참회로 이어지고, 반복되는 실수를 하지 않기 위한 자아 성찰로 이어진다. 자연의 변화를 보며 무상을 체험하고, 자연 앞에 초라한 자신을 바라보며 겸손을 배운다. 자연은 자연의 모습대로 살아가고, 우리는 우리의 모습대로 살아간다는 사실을 인식하며 좀 더 자신답게 살아갈 수 있는 용기를 얻는다. 나의 경험상, 화가 많이 났을 때는 두 시간 이상 걸으면 화는 저절로 사라진다. 심지어 왜 화가 났는지 이유를 찾기 어려운 때도 있다. 화를 낸 자신이 머쓱해지고 상대방에게 미안함을 느끼며 반성하게 된다. 니체는 8시간 이상 걸으며 책 한 권을 쓸 내용을 정리했다고 한다. 루소도 대단한 걷기 마니아였다. 특히 수많은 비난 속에서 홀로 걸으며 스스로 사회와 격리하고 자신의 사상을 굳혀 나갔다. 많은 철학자와 사상가들이 걷기 마니아인 이유는 걷기와 사유, 그리고 통찰이 연결되어 있기 때문일 것이다.

톨스토이의 소설 「이반 일리치의 죽음」에 잘 표현되어 있듯이, 현실의 우리는 자신의 존재와 사회적 성공을 동일시하며 이를 이루기 위해 온갖 노력을 다한다. 그러다가 자신도 모르게 점점 성취의 수단으로 전락하며 일의 노예가 되어 살아간다. 이때 '거리 두기'는 자신과 일을 분리하는 좋은 방법이 된다. 자신의 활동 반경에서 멀리 이동하여 물리적으로 거리가 먼 곳에서 걷는 것은 현실을 벗어나 자유와 해방감을 느끼게 해 준다. 물리적 거리감은 심리적 거리감을 만들며 현실과 자신을 격리한다. 이러한 걷기는 자유롭게 숨 쉬며 삶의 새로운 공간과 활력을 만들어 낸다. 나아가 목적 중심의 삶에서 존재 중심의 삶으로 회복하게 만든다.

어떤 일이든 일 자체에 즐거움이 없다면 푹 빠져서 오랫동안 할 수가 없다. 그런 면에서 걷기의 즐거움은 매우 중요하다. 나는 걸으면 행복하다. 마음이 편안해진다. 마음속 깊은 곳에서 환희심이 생긴다. 무슨 특별한 상황이 아니어도 그냥 즐겁다. 마치 미친 사람처럼 혼자 웃기도 하고 노래를 부를 때도 있다. 아주 가끔은 스틱을 위로 들어 올리며 춤을 추기도 한다. 틱낫한 스님은 "무언가로 인해 마음이 소란스러울 때, 걷기를 통해 고요를 되찾을 수 있다."라고 말쓸하셨다. 마음이 불편한 이유는 원하는 대로 되지 않기 때문이다. 걸으면 마음의 소란스러움이 저절로 가라앉게 되고, 소란스러움이 가라앉으면 저절로 평화가 찾아온다. 평화는 미소와 고요한 즐거움 으로 나타난다. 걷기는 위대하다.

건강 나이

평소보다 한 시간 늦은, 밤 11시에 해파랑길을 걷기 위해 출발한다. 그 늦은 시간에도 날씨는 전혀 누그러들지 않고 습기가 많아 후덥지근하다. 무더운 날씨지만 시원하게 냉방이 되는 승합차를 타고 이동한다. 차 밖은 더위 지옥이고, 차 안은 냉방 천국이다. 무더위로 고생하시는 분들에게는 죄송스러운 얘기지만 차 안은 약간 추워서 오히려 옷을 입어야 할 정도다.

오늘 모인 다섯 명의 길벗은 날씨와 상관없이 걷는 사람들이다. 나이도 비슷하고 자주 함께 걷는 길벗이다 보니 어떤 말을 해도 서로 걸림이 없다. 길벗 한 명이 우리가 건강하게 살아갈 수 있는 건강 나이가 81세 정도 된다고 하며 오래오래 함께 걷자고 한다. 몸 관리를 잘하면 그 나이까지는 혼자 움직이고 활동할 수 있을 것이다. 그 이후 세상 소풍을 마치게 된다. 소풍 얘기를 하니 천상병 시인의 시 「귀천」이 떠오른다. "나 하늘로 돌아가리라 / 아름다운 이 세상 소풍 끝내는 날 / 가서, 아름다웠다고 말하리라" 시의 일부 내용이다. 그는 세상살이를 소풍에 비유했다. 그의 동심이 잘 드러난다. 다들 세상살이가 힘들다고 하는데, 그는 세상살이를 마음 설레는 소풍으로 표현했다. 실제 그의 삶이 그랬다고 한다. 모든 욕심을 내려놓고 하루하루 매 순간을 소풍 가는 마음으로 살아가는 그의 천진난만한 텅 빈 마음이 그립고 부럽다.

　노후 자금의 80%를 노환 관리를 위해 쓴다는 기사를 읽은 적이 있다. 행복하고 편안한 삶을 위해 평생 열심히 근무해서 번 돈의 대부분이 노환 관리로 사용된다는 기사를 읽으며 삶이 허무하다는 생각이 들었다. 삶의 마지막 모습은 그다지 아름답지 못하다. 대부분의 삶이 그렇다는 얘기다. 물론, 아름다운 마무리를 하는 분들도 있지만 대부분은 질병 속에 신음하며 고통스럽게 죽음을 맞이한다. 모든 생명은 어차피 죽음을 맞이할 수밖에 없다. 실존적 고통이다. 하지만 가능하면 고통 속에 인상을 찡그리며 죽어가기보다는 행복한 미소를 지으며 삶을 마감하고 싶다. 그리고 타인에게 의탁하지 않고 내 몸을 스스로 움직이며 살다가 죽음을 맞이하고 싶다. 어차피 노환은 찾아오는 손님이다. 손님의 방문을 거부하지 않고 기꺼이 맞이하며, 손님과 함께 조화롭게 살아가는 방법을 배워서 그렇게 살아가고 싶다.

　건강 나이 얘기를 들은 한 길벗은 걷는 이유를 "가능하면 오래오래 걷기 위해 걷는다."라고 밝힌다. 우리 모두 같은 생각을 하고 있다. 우리가 걷기 모임에 나와 새벽부터 걷는 이유는 우선 걷는 것을 좋아하기 때문일 것이다. 그리고 걷기를 통해 건강을 유지하고 관리하며, 죽는 순간까지 자신의 몸을 스스로 움직이며 살아가기 위해서일 것이다. 그 길벗은 손녀가 왜 걷느냐고 물었을 때 "걸으면 즐거워져서."라고 대답했다고 한다. 걸으면 행복하고 즐겁다.

다른 길벗은 길을 걸으면서 자유를 느낀다고 한다. 나 역시 그렇다. 걷는 동안에는 자신을 구속하고 있는 것에서 벗어날 수 있다. 일부러 외부의 일을 끌고 와서 그 일과 씨름하지 않는 한, 길을 걷는 그 시간만이라도 자유를 만끽할 수 있다.

길 위에서 모든 사람은 평등하다. 길을 가기 위해서는 내 발로 직접 걸어야 한다. 걷다가 문제가 발생하면 자신이 선택하고 결정하며, 그 책임을 스스로 져야 한다. 삶의 결정권을 자신이 갖고 있다. 삶의 책임을 거부하지 않고 기꺼이 수용하는 법을 길에서 배운다.

걸으면 즐겁고 자유를 누리며 건강까지 챙길 수 있다. 그렇다면 '왜 걷는가?'라는 질문보다는 '왜 걷지 않는가?'라는 질문을 하는 것이 합당하다. 나는 일주일 동안 업무를 보기 위해 경기도를 누비고 다녔다. 하루 종일 앉아서 업무를 보는 일이 쉬운 일은 아니었지만, 나이 든 티를 내지 않기 위해 정신을 바짝 차리고 자세도 흐트러지지 않도록 신경 쓰며 업무를 본다. 이 업무를 보는 사람들 가운데 내가 가장 나이가 많다. 함께 업무를 보는 사람들이 피곤하지 않은지 묻는다. 피곤한 것은 맞지만 업무를 보는 데 지장은 없다고 대답한다. 평상시 걷기를 통해 건강 관리를 잘하고 있어서 무리가 없다는 말을 보태기도 한다. 나는 걸으면서 지친 몸을 회복한다. 걷기로 지친 몸을 회복한다고 하면 주위 사람들은 이상하게 생각한다. 하지만 걸으면 심신의 피로감이 사라지고 에너지가 충만하게 차오르는 것을 느낀다. 몸은 피곤하나 마음 깊은 곳에는 활기찬 에너지가 모이고 쌓인다. 그 힘으로 스스로 살아가고, 그 힘으로 주변 사람과 나누며 살아간다.

건강 나이를 생각하며 해파랑길을 걸으니 이 길이 새롭게 다가온다. 자연 풍경, 파도 소리, 바다 냄새, 만났던 사람들, 함께 한 길벗의 지금 모습, 길벗과의 대화, 걸으면서 느낀 희열과 고통 등, 모두가아름답고 소중하고 고맙다. 글 쓰고, 사진 찍고, 동영상으로 기록을남기지만, 두 번 다시 경험하는 것이 불가능하다는 것을 알기에 매순간의 경험을 더욱 온전히, 매우 진하게 느끼고 싶다. 일기일회(一期一會)다. 이 순간을 놓치면 삶은 없다. 매 순간이 삶이고, 그 순간만이 진실이며, 그 순간만이 우리의 모든 것이다.

걷기의 즐거움

최근에 홀로 남파랑길을 5일간 걷고 왔다. 혼자 걸으니 오직 나 자신과 걷기에만 집중하며 걸을 수 있었다. 약 13년 전, 무릎 연골 파열로 등산과 달리기를 할 수 없게 되면서 찾은 취미가 걷기다. 심신의 건강을 회복하기 위해 걷기 동호회에 가입하고 걷기 시작했다. 지친 상태에서 걸으며 몸이 회복되었고, 몸의 회복은 마음의 건강을 되찾게 해 주었다.

걷기 동호회 '걷고의 걷기학교'를 2024년에 개설하고 길 안내자 역할을 하며 회원들과 함께 걷고 있다. 요즘은 '나는 왜 걷는가?'라는 질문을 나 자신에게 던지며 걷는다. 이 질문은 아직도 진행 중이다. 최근에 찾은 답은 '자유를 되찾기 위해서'다. 자유란 외부적인 구속이나 무엇에 얽매이지 아니하고 마음대로 할 수 있는 상태를 의미한다. 구속하고 있는 것이 무엇인지 알아야만 자유를 되찾을 수 있다. 가장 또는 사회인으로서의 책임, 하고 싶은데 할 수 없는 상황, 타인의 시선, 언젠가는 죽는다는 실존적 과제, 정말로 원하는 삶이 무엇인지 모른다는 사실 등이 구속하는 요소일 것이다. 이러한 구속에서 벗어나기 위해 찾은 방편이 바로 '걷기'다.

남파랑길을 걷고 돌아온 후, 수지 크립스가 엮은 『걷기의 즐거움』

이라는 책을 읽었다. 여기에 실린 글과 내 경험이 일치하는 부분이 많아 즐겁게 완독했다. 이 책은 17세기 중엽부터 20세기 초반까지 영미 작품 중 '걷기'라는 주제를 색다른 관점에서 다룬 글들을 선별하여 실은 책이다. 우리가 한 번쯤 들어본 적이 있는 유명한 철학가, 수필가, 시인, 소설가의 개인적인 걷기 경험을 기록한 글이다. 걷기에 관한 통찰을 정리한 글도 있고, 소설 속 등장인물을 통해 걷기를 표현한 글도 있고, 산책의 경험을 시로 표현한 내용도 있다. 작가마다 걷기에 관한 통찰이 각각 다르지만, 공통점도 발견할 수 있다. 바로 '홀로 걷기'의 중요성과 '자유'를 찾는 과정이 '걷기'라는 것이다.

> "혼자 걸어서 여행할 때처럼 그렇게 내가 완전히 살아 있다는 느낌을 받은 적도 없었고, 감히 표현하자면 그렇게 완전한 삶을 영위한 적도, 그렇게 철저하게 나 자신이 되어 본 적도 없었다. 걷기는 나에게 생기를 불어넣어 주었고 정신을 깨워 주었다."
>
> - 수지 크립스, 『걷기의 즐거움』(2023)

함께 걷는 것이 즐겁기는 하지만, 가끔은 상대방을 배려해야 하는 상황이 발생해서 걷기에 집중하기 어려울 때도 있다. 반면에, 혼자 걸으면 오직 길과 자신에게만 집중하며 걸을 수 있다. '길'과 '걷는 자'만이 존재한다. 그 외의 어떤 것도 들어올 틈이 없다. 때로는 생각이 다른 곳을 헤맬 수는 있지만, 금방 알아차리고 '지금-여기'로 돌아오면 된다. 또한 혼자 걸으면 삶의 주인으로 살아갈 수 있는 용기와 힘을 얻게 된다. 길 위에서 펼쳐지는 모든 상황을 스스로 해결하며 걸어야 하기 때문이다. 어쩌다 주변 사람의 도움을 받을 일이 생길 수도 있겠지만, 이 역시 스스로 판단하고 결정해야 한다. 우리는 삶 속에서 나의 주인이 누구인지 또는 무엇인지 모른 채 살아가는 경우가 대부분이다. 혼자 걷기는 삶의 주도권을 회복할 수 있는 매우 소중한 기회이다.

"이 순간부터 나는 제한과 상상의 경계선에서 해방되리라.

가고자 하는 곳으로 가리라. 스스로 완전하고 절대적인 주인으로서.

다른 사람들의 말을 경청하고, 그들의 말을 곰곰이 생각하고,

멈추어 서서, 찾아보고, 받아들이고, 사색하며,

부드럽게, 그러나 불굴의 의지로 나를 옥죄는 모든 구속에서 벗어나리라."

- 수지 크립스, 『걷기의 즐거움』(2023)

걷기를 통해 모든 구속에서 벗어나 자유를 느낄 수 있음을 표현한 이 시를 읽으며, 오래전에도 나와 같은 생각을 한 걷기 선배들이 있었다는 것에 동질감과 희열감을 느꼈다. 혼자 걸으면 별별 생각과 상상을 마음껏 한다. 때로는 스스로 헛웃음을 짓기도 한다. 일상에서 감히 상상할 수도 없는 발칙한 생각과 고상한 생각이 자유롭게 넘나들며 기존 생각의 틀에서 벗어난다. 우리를 구속하고 있는 것은 실제로 주어진 상황이 아니고, 상황을 받아들이고 해석하는 마음의 장난이다. 마음은 구름처럼 모양도 없고 걸릴 것도 없는데, 마음속에서 철창을 만들어 자신을 구속한다. 이 부자연스러움이 일상에서 그대로 드러나 결국 자신을 틀 속에 가두어 놓는다. 하지만 홀로 걸으면 마음속 철창을 부수고 통쾌한 자유를 만끽할 수 있다. 또한 일상에서는 잘 하지 않는 행동도 서슴지 않고 하게 된다. 산길을

걷다가 아무도 없는 곳에서 노상방뇨를 하며 약간은 어긋난 자유를 느낀다.

『걷기의 즐거움』은 걷기를 좋아하는 사람들, 걷고 싶은데 용기가 없는 사람들, 굳이 왜 걸어야 하는지 모르는 사람들에게 걷기의 철학과 중요성을 일깨워 주는 책이다. 이 책이 내 관심을 끌었던 이유 중의 하나는 총 34편의 걷기 관련 글을 소개하고 있기 때문이다. 지금까지 걷기 관련 서적을 여러 권 읽었다. 대부분 걷기와 건강과의 관계, 걷기 코스 소개, 걸었던 경험 등을 정리한 책이다. 이런 책들을 읽으며 허전했다. 걷기에는 이보다 훨씬 더 중요한 무언가가 있을 것이라는 생각이 늘 마음 한구석에 남아 있었다. 허기를 채워 줄 책을 찾고 있었는데, 때맞춰 『걷기의 즐거움』을 만나게 되어 무척 기쁘다. 찾고 있던 내용들이 많이 소개되어 있어서 마치 멋진 뷔페식당에 들어온 느낌이다. 무엇부터 먹을까? 다양한 뷔페 음식을 골라 먹는 즐거움이 있듯이, 어떤 책부터 읽을지 고민하고 선택하는 즐거움이 있다. 소개된 책 중 한 권을 도서관에서 빌려 왔다. 첫 페이지를 넘기기 전의 설렘과 기대감이 꽤 크다. 『걷기의 즐거움』이라는 책을 통해 걷기의 즐거움을 느낄 수 있기를 바란다. 그리고 이 책 속에 소개된 책을 읽으며 독서의 즐거움도 함께 느끼기를 바란다.

길을 찾는 방법

옛말에 '한 우물을 파라'는 말이 있다. 한 가지 일에 집중해서 한 눈팔지 않고 꾸준히 하면 그 분야의 최고 전문가가 될 수 있다는 말이다. 축구의 박지성이나 손흥민, 피겨스케이팅의 김연아, 골프의 박세리는 각각의 분야에서 최고의 자리에 올랐다. 그들은 그 자리에 오르기 위해 얼마나 많은 땀과 눈물을 흘렸을까? 자신과 일이 하나가 된 사람들이다.

가끔 자문해 본다. '과연 나는 어떤 사람인가?' 경력 관리도 잘하지 못했고, 한 분야의 전문가가 되지도 못했고, 한 가지 일에 오랫동안 집중하지도 못했다. 나이는 60대 후반이지만 아직도 나 자신을 어떻게 정의해야 할지 잘 모르겠다. 나는 제대 후 싱가포르 관광청(STPB) 서울홍보사무실에서 근무하며 야간에는 대학을 다녔다. 졸업 후 신라호텔 판매기획과에서 2년 반 정도 근무했다. American Express 카드 회사로 이직하여 5년 넘게 마케팅 업무를 담당했다. 그 후 약 20년 동안은 사무용 가구와 사무실 인테리어 사업을 운영했다. 사업을 정리한 후에는 헤드헌터로 활동하며 대학원에 입학해서 불교 상담을 전공했다. 상담심리사 자격증을 취득하고 나서 많은 상담센터에 이력서를 제출했지만, 나이 많은 남성이고 유료 상담센터에서 근무한 경력이 없는 나를 채용해 주는 상담센터는 없었다. 상담 봉사 활동을 2년 이상 한 후에, 근로복지공단 EAP 상담사로 3년 정도, 서울 심리지원센터에서 3년 정도 상담사로 활동했다. 지금은 헤드헌터 경력 덕분에 채용 면접위원으로 활동하고 있고, 상담 봉사 활동을 하고 있다. 또한 '걷고의 걷기 학교'를 운영하며 평일 마음챙김 걷기, 코리아둘레길, 인제천리길을 진행하고 있다.

지난 경력을 돌이켜보니 일관성이 없다. 외국 관광청, 호텔, 인테리어 회사, 헤드헌팅 회사 등 어떤 공통점도 없는 분야에서 근무했다. 한 분야에서 전문가로 성장하고 싶다는 비전과 꿈이 없었고, 하고 싶은 일이 아니라 돈벌이만 찾아 나섰기 때문이라고 생각한다. 어떤 분야에서도 전문가가 되지 못하는 떠돌이 생활을 해왔다.

다시 자문해 본다. 나는 누구인가? 어떤 사람인가? 무엇을 하는 사람인가? 어떤 일을 할 때 가장 행복한가? 어떤 일을 하고 싶은가? 좋아하는 것은 무엇인가? 잘할 수 있는 것은 무엇인가?

"나는 걷기와 글쓰기를 좋아하는 상담심리사다."

SNS 계정에 올린 나를 소개하는 글이다. 이 글이 가장 정확하게 나를 표현하고 있다. '걷기, 글쓰기, 상담심리사'라는 세 단어의 순서도 참 기가 막히다. 내가 좋아하는 순서다. 걷기를 가장 좋아하고, 그다음이 글쓰기이고, 그다음이 상담이다. 걷기는 나를 찾고 삶을 성찰하게 한다. 길을 걸으며 몸이 먼저 회복되었고 정신과 마음도 회복되었으며, 힘든 시간을 이겨낼 수 있었다. 그리고 걸으며 느낀

점을 글로 정리하고 SNS에 올려 사람들과 소통한다. 또한 상담을 공부하면서 나 자신을 돌아볼 수 있었고 내면의 힘을 조금씩 키울 수 있었다. 그 덕분에 상담심리사로서 상담을 진행하거나 일상에서 주변 사람들과 대화하며 심리적으로 힘든 사람들에게 도움을 주기도 한다. 결국 걷기, 글쓰기, 상담, 이 세 가지가 '나'이고 내가 할 일이다.

비록 늦었지만 알게 된 사실이 있다. 자신이 좋아하는 일을 꾸준히 할 수 있는 것이 행복이고, 그 길이 자신의 길이고 소명이며, 그일을 하기 위해 태어났다는 것이다. 나는 지금까지 많은 길을 걸었지만, 단 한 번도 발에 물집이 생기지 않았다. 빨리 걷지는 못하지만, 누구보다 오래 걸을 수 있다. 많이 걸으면 몸은 피곤하지만, 오히려 에너지가 충전된다. 마치 걷기 위해 태어난 사람 같다. 걷기를 통해 할 일을 하라는 소명이 주어진 것 같다.

"숲에서 길을 잃었을 때는 빙빙 돌며 헤매지 말아야 하고, 제자리에 머물러서는 더욱 안 되며, 이쪽이든 저쪽이든 언제나 같은 쪽으로 최대한 똑바로 걸어야 하고, 사소한 이유로 길을 바꾸지 말아야 한다. 처음에는 오직 우연히 그 길을 선택하게 됐을지라도. 이 방법으로는 자신이 가고자 하는 곳에 가지는 못하더라도 적어도 어딘가 끝에는 이를 것이기 때문이다. 그곳이 아마 숲속 한가운데보다는 나을 것이다."

- 로제 폴 드루아, 『걷기, 철학자의 생각법』(2010)

이 글을 좀 더 일찍 읽었더라면 나의 삶이 바뀌었을까? 어쩌면 이 글의 내용을 제대로 파악하지 못했을 수도 있고, 눈에 들어오지 않았을 수도 있다. 이 나이가 되고, 살아오면서 수많은 상황을 마주친 후여서 이 글이 깊이 마음에 와 닿는 것일 수도 있다. 길을 잃었을 때 머물지 말라는 말은 움직임을 멈추지 말라는 뜻이다. 할 일을 찾고 비록 그 일이 자신의 일이 아니라는 생각이 들더라도 몸을 움직여야 한다. 같은 쪽으로 똑바로 걸으라는 것은 편안한 길을 찾아 쉽게 타협하지 말고 주어진 또는 정한 길로 계속 가라는 의미고, 자신과 주변에 도움이 되는 길을 가라는 의미다. 길을 바꾸지 말라는 것은 길이 비록 힘들고 주변 상황이 바뀌어도 뜻을 굽히지 말라는 의미다. 이런 방식으로 가다 보면 자신이 의도한 길과는 다른 길에 도달할 수도 있다. 이는 자신의 의도나 목적을 내려놓고 길이 이끄는 대로 가라는 의미다. 자신의 길이 아니라고 생각하는 길이 바로 자신의 길이 될 수도 있다.

그동안 경력 관리도 제대로 하지 못했고, 일관성 없는 일을 하면서 돈벌이에만 급급하게 살아왔지만, 이 과정이 바로 나의 길을 가기 위해 만들어 놓은 신의 뜻일 수도 있다. 비록 힘든 시간이었지만, 그런 과정이 있었기에 지금의 길을 갈 수 있다는 생각이 든다. 그 길이 바로 걷기, 글쓰기, 상담이다. 참 별거 없다. 멀리 힘들게 돌아왔지만, 그래도 나의 길에 설 수 있게 된 것은 무척 다행스러운 일이다.

티베트의 고승 밀라레파는 스승으로부터 참기 힘든 학대와 시련을 겪는다. 흑마술로 많은 사람을 죽인 업보를 정화하기 위한 스승의 배려지만, 밀라레파는 힘든 과정을 버텨낸 후에야 그것이 배려라는 것을 이해하게 된다. 우리네 삶도 그와 다르지 않다. 힘든 시간을 보낸 후에야 사는 게 별일 아니라는 걸 깨닫게 되고, 미움과 원망도 사라지고, 욕심과 어리석음도 사라지고, 고마움과 연민과 평온한 마음만 남게 된다. 삶의 수많은 고통과 고난은 우리에게 주어진 신의 선물이다. 그 선물을 받아들이는 방법이 바로 위에 인용한 글이다.

판단하지 않기

정원에는 계절마다 각기 다른 꽃들이 피고 진다. 정원을 잘 관리하지 않으면 잡초가 무성하게 자란다. 사람들은 잡초가 가득하다고 정원을 포기하지 않는다. 오히려 잡초를 제거하며 정원을 아름답게 가꾸려고 한다. 아름다운 꽃으로 가득하든 잡초로 가득하든, 정원은 정원이다. 우리 마음도 이와 같다. 마음의 정원을 꽃으로 가득 채울지, 아니면 보기 싫은 잡초로 가득 채울지, 그 결정권은 자신에게 있다. 마음 정원을 아름답게 가꾸기 위해서 잡초를 제거해야 하는데, 그 방법이 바로 '판단하지 않기'다.

마음이 불편해지거나 불안해질 때, 또는 화로 인해 에너지가 소모되고 쉽게 피로를 느낄 때는 '판단하지 않기'를 연습해 보자. 돌이켜보면, 아주 사소한 것들이 자신을 힘들게 만든다. 대부분 '머릿속 목소리'가 만들어 낸 허상에 속아 불필요한 감정을 소모하고 있다. 그 '머릿속 목소리'는 '지금-여기'와는 관계가 없는 과거의 기억과 경험, 또는 오지도 않은 미래에 대한 불안이 만들어 낸 허상이다. 따라서 그 허상을 바탕으로 내린 판단과 결정은 대부분 옳지 않고 아무런 근거도 없는 망상에 불과할 뿐이다. '판단하지 않기'를 연습함으로써 어떤 상황에서든지 쉽게 흔들리지 않고 마음의 평온을 유지하며 행복하게 살 수 있다.

중국 선종(禪宗)의 3대 조사(祖師)인 승찬(僧璨) 대사는 『신심명(信心銘)』을 저술하였다. 선(禪)의 요체가 잘 나타나 있는 이 글은 아래 구절로 시작된다.

지도무난(至道無難)	지극한 도는 어렵지 않고
유혐간택(唯嫌揀擇)	오직 가리고 선택함을 꺼릴 뿐이니
단막증애(但莫憎愛)	다만 미워하고 사랑하지 않으면
통연명백(洞然明白)	확 트여 명백하리라

승찬 대사가 이 글을 첫 구절로 쓴 데는 반드시 그 이유가 있을 것이다. 불가(佛家)에서는 '분별심(分別心)'이라는 용어가 있다. 일반적으로 분별은 옳고 그름을 판단하는 기준으로 사용되는 용어지만, 불가에서는 시비를 따지고 흑백으로 구분하고 너와 나를 구별하는 의미로 사용되고 있다. 위에 나오는 '가리고 선택'하는 마음이 바로 분별심이다. 분별심으로 인해 '좋고 나쁨' 또는 '사랑과 미움'의 감정들이 생기고 여기서부터 모든 고통이 시작된다. 분별심은 실상(實相)에 대한 무지(無知)로 인해 나타나고, 그 무지로부터 해방되기 위해서는 실상을 바로 볼 수 있는 정견(正見)을 갖추어야 한다.

우리는 정견이 갖추어지지 않은 상태에서 잘못된 판단과 결정을 할 수 있다. 그로 인해 자신과 주변이 힘들어지는 상황에서 벗어나는 방법이 '판단하지 않기'다. 반복되는 연습을 통해 실상을 제대로 보는 안목이 생기고, 그런 작은 통찰들이 쌓여 정견을 이루게 되면 분별심으로부터 해방될 수 있다. 분별에서 벗어나 괴로움으로부터 해방되어 행복하기를 바라는 마음에서 '판단하지 않기'를 연습하고 있다. 얼마나 지속될 수 있을지는 모르겠지만, 생각나는 대로 연습해서 그 순간만이라도 행복하고 평온한 마음을 지니고 싶다.

"옳고 싶은가? 행복하고 싶은가?"라는 말이 있다. 어떤 면에서 시비는 별 의미가 없으며, 굳이 시비를 가릴 일도 없다. 행복하기 위해서는 판단과 결정을 보류하고 '지금-여기'에 충실하면 된다. '지금-여기'에 충실할 수 있는 유일한 방법은, '옳고 그름이 없는' 지금의 '감각과 느낌'에 집중하는 것이다. 감각과 느낌은 그저 감각과 느낌일 따름인데, 거기에 의미를 부여하면서 고통이 시작된다. 감각과 느낌은 그냥 자연스러운 흐름에 불과하다. 시간이 지나면서 저절로 사라진다. 마치 해변의 썰물과 밀물처럼, 또는 파도와 물거품이 나타났다 사라지는 것처럼 다른 것이 나타나면 사라진다. 이때 그냥 바라보기만 하면 시간이 지나며 저절로 사라지는데, 감정과 생각을 부여함으로써 스스로 고통을 만들고 있다.

『나는 내가 죽었다고 생각했습니다』는 서른일곱의 하버드대 뇌 과학 연구원이었던 질 볼트 테일러 박사가 뇌졸중을 회복하는 과정에서 겪었던 내용을 뇌 과학자의 시각으로 쓴 책이다. "평화는 생각하기 나름이야. 평화를 이루려면 지배적인 왼쪽 뇌의 목소리를 잠재우기만 하면 돼. 저자는 이 책에서 뇌졸중으로 좌뇌의 기능이 상실되자, 판단력과 언어를 사용할 수 있는 능력이 사라지면서 우뇌의 감정과 마음이 활성화되어 행복감을 느꼈다고 진술하고 있다. 그리고 행복의 조건으로 비판단의 중요성을 강조하고 있다. 또한 감정의 수

명은 90초이므로, 그 이후에도 감정을 지속시키기 위해서는 그 감정에 대해 계속 생각해야만 한다고 말한다. 결국 우리의 감정은 우리가 통제하고 선택할 수 있다는 뜻이다.

승찬 선사(禪師)는 '가리고 선택하지 않는 것'이 도(道)에 이르는 길이라 하고, 뇌과학자인 테일러 박사는 '비판단'의 중요성을 강조하고 있다. 종교와 과학은 우리의 행복과 편의를 위한 수단이다. 그런 면에서 동양 불교의 대표주자인 선종(禪宗)과 서양 최첨단 과학인 뇌과학에서 얘기하는 행복의 조건은 그 맥을 같이 한다. 선승은 마음의 평온을 위한 가장 중요한 방편이 분별심을 내려놓는 것이라 하고, 뇌과학자는 최첨단 기법과 기술을 사용하여 비판단이 행복의 중요한 요소라고 말한다.

이 '판단하지 않기'는 행복한 삶을 위한 연습이다. 아내와 함께 손주들을 돌보면서 가끔은 '하고 싶은 일'과 '해야만 하는 일'이 상충하며 마음속에 불편함이 올라오기도 하는데, 그 마음을 바라보며 '판단하지 않기'를 연습하고 있다. '지금-여기' 손주들에게 온전히 집중하고 돌보는 일이 이 연습을 위한 좋은 방편이 된다. 또한 사람들과의 교류를 통해서도 연습하고, 상담하면서도 연습한다. 특히 상담심리사로서 내담자에 대한 잘못된 선입견이나 섣부른 판단은 내담자에게 전혀 도움이 되지 않는다. 일상생활에서 이런 연습을 꾸준히 하면 어떤 상황 속에서도 마음의 평온을 잃지 않고 주변 사람들과 행복을 나누며 살아갈 수 있다.

나는 상수리나무다

도토리를 얻기 위해서 상수리나무가 따로 해야 할 일은 아무것도 없다. 그냥 상수리나무로 있으면 된다. 다만, 잘 자라고 열매를 얻기 위해서 햇빛, 비, 바람, 땅, 주변 나무들과의 간격 등 적절한 환경이 필요할 뿐이다. 상수리나무는 이런 환경을 스스로 만들어 낼 수도 없고 선택할 수도 없다. 그저 주어진 환경을 받아들이며 살아간다. 또한 상수리나무는 사과나무나 배나무가 되려고 하지도 않는다. 만약 상수리나무가 다른 나무가 되려고 한다면, 이는 이루어질 수 없는 헛된 망상일 뿐이다. 우리가 사는 세상에는 자신이 상수리나무인데 밤나무나 감나무가 되려고 애쓰며 시간과 에너지를 낭비하며 살아가는 사람들이 많다.

얼마 전, 사설 상담센터에 상담심리사로 지원해서 실패한 후 잠시 고민한 적이 있다. 굳이 전문가가 되고 싶지는 않았지만, 내담자에게 도움이 되는 상담사는 되고 싶었다. 레지던트 과정도 생각해 보았지만, 지금 그 과정을 견뎌낼 에너지도 없고 그렇게까지 모든 에너지를 쏟아 가며 전문가가 되기 위해 노력하고 싶지 않았다. 이런 상황에서 상담을 그만두어야 할지, 계속하는 것이 맞는지 생각이 복잡했다. 결국, 상담 봉사 활동을 하는 마음복지관에 가서 담당 국장님과 실장님, 선생님들한테 이런 고민을 털어놓고 의견을 구했다. 그리고 그분들 덕분에 어느 정도 생각을 정리할 수 있었다.

"선생님이 행복하게 살아가면 좋겠다."라는 국장님의 조언이 고마웠다. 내가 행복하기를 바라는 사람이 있다는 걸 알게 되어 좋았다. 하지만 더 고마웠던 이유는 '무엇을 하면 행복할까?'라는 근본적인 질문을 나 자신에게 던지는 계기가 되었기 때문이다. 약 3주가 지난 지금도 여전히 생각한다. 나에게 행복은 무엇일까? 나는 상담하면서 행복을 느끼는가? 굳이 이 나이에 뭔가를 성취하기 위해 애쓰며 살아야 할까?

카렌 호나이(Karen Horney)의 저서 『내가 나를 치유한다』를 시간이 날 때마다 조금씩 읽고 있다. 카렌 호나이는 현대 심리학과 임상 심리 분야에서 탁월한 업적을 남긴 여성 심리학자이자 정신 분석가이다. 이 책의 전반부에 상수리나무 얘기가 나온다. "상수리나무로 자라도록 도울 필요가 없고 도울 수도 없다. 인간은 잠재력의 범위 안에서 자기실현을 향해 나아가며 성장한다." 이미 상수리나무인데 어떻게 상수리나무로 자라도록 도울 수 있단 말인가? 자기실현의 방해 요인을 제거해 주기만 하면 저절로 정상적으로 자라게 된다.

카렌 호나이에 의하면, 우리는 내면의 결핍을 채우기 위해 이상을 만들고 추구하며 살아간다. "이상을 좇는 나는 바로 개인이 자신을 바라보는 관점이자 자신을 평가하고 판단하는 특정 단위가 된다." 우리는 자기 이상화라는 개념을 만들고 그것을 기준으로 자신을 평가하며 살아간다. 이상을 추구하려는 시도는 대부분 실패로 끝나고, 이런 실패를 보상받기 위해 또 다른 이상을 만들고 추구한다. 이런 반복된 행위와 사고로 인해 점점 더 참된 자신과의 괴리가 발생한다. 다행히 어떤 한 가지를 이루어도 이에 만족하지 못하고, 외면의 성공이라는 또 다른 신기루를 좇아 끊임없는 충동에 이끌린다. '욕망의 추구'와 '마음의 평화' 사이에서 갈등하며 살아간다.

국장님의 조언과 『내가 나를 치유한다』를 읽으며 나 자신을 되돌아본다. 나 역시 끊임없이 이상을 만들고 성취하기 위해 살아왔다. TV 프로그램이나 책, 신문에서 누군가의 성공담을 보며 나도 성공하고 싶다는 꿈을 꾸었다. 성공담 이면의 힘든 시간이나 고통스러운 경험담을 읽으며 나의 힘든 시간도 성공을 위한 발판이 되리라는 이상과 희망을 품었다. 그렇게 이상적인 자아상을 추구하며 살아오느라 정작 나의 행복을 추구하지 못했다. 욕망의 성취가 행복의 조건이라고 믿고 신기루를 좇느라 시간과 에너지를 낭비했다. 시간이 지나면서 나의 내면에는 실패와 좌절의 경험이 쌓이고, 불만이 가득하고, 삶의 만족도는 떨어지고, 심리적으로 위축되었다. 나 자신과 이상적인 자아상 간의 괴리는 점점 커지고, 괴리가 커진 만큼 삶의 질 또한 저하되었다. 그들은 사과나무이고 배나무인데, 상수리나무인 나는 나를 버리고 그들이 되길 바랐던 것이다.

다시 나에게 질문을 던진다. "나는 무엇을 하면 행복할까?" 길을 걸으며 질문한다. "나는 왜 걷는가? 행복하기 위해서 걷는가?" 예전에는 행복하기 위해서 걸었다. 하지만 요즘은 달라졌다. 걸으면 행복해서 걷는다. '행복하기 위해 걷는 것'과 '걸으면 행복하기에 걷는 것'은 큰 차이가 있다. 전자는 목적이 있는 Doing Mode의 행위고, 후자는 매 순간을 즐기는 Being Mode의 행위다. 전자는 행복을 위해 무언가를 희생해야 한다. 행복하기 위해 시간과 에너지를 사용하고 힘든 시간을 극복해야 한다. 하지만 후자는 걷는 순간, 걷는 자체가 행복이다.

그동안 상수리나무가 상수리나무임을 증명하기 위해 꽤 애쓰며 살았다. 참 어리석었다. 지금 나에게 중요한 것은 남은 시간과 에너지다. 쓴 만큼 시간과 에너지는 줄어들었고, 줄어든 만큼 사용할 시간과 에너지의 양이 많이 남아 있지 않다. 이제는 그냥 '나'라는 상수리나무로 살고 싶다. 나무 기둥에는 상처가 있고, 뿌리는 파여 있고, 가지는 곧 떨어질 것 같아도, 나의 나무로 살고 싶다. 나의 상처를 보듬고, 파인 땅을 흙으로 메우고, 떨어지는 가지를 미소로 바라보고, 남아 있는 가지를 사랑하며 살고 싶다. 상처를 치료하되, 흔적을 감추고 싶지는 않다. 이 모두가 '나'이기 때문이다. 못난 모습은 못난 모습 그대로, 잘난 모습은 잘난 모습 그대로 드러내며 살고 싶다.

나는 상수리나무다. 이 사실 한 가지만 알아도 충분히 행복할 수 있다. 상수리나무인 나는 '걷고의 걷기학교'에서 진행하는 걷기, 브런치와 SNS에 글쓰기, 명상, 상담이 행복하다. 매 순간 나의 모습으로 살아가려 하며, '지금-여기'에서 참된 자신을 만날 수 있어서 행복하다. 길을 걸으며 행복하고, 길벗을 만나 행복하고, 나 자신을 만나 행복하다.

득력(得力)은 행복이다

암 투병 중인 친구가 영상을 보내왔다. 집 주변을 맨발로 천천히 걷고 있는 영상이다. 항암 치료와 방사선 치료를 묵묵히 견뎌낸 그 친구는 어쩌면 지금이 가장 불안하고 두려운 시간일 수도 있다. 치료를 받을 때는 치료가 병을 물리칠 수 있는 최선이라고 생각하면서 힘든 치료를 견뎌냈을 것이다. 하지만 모든 치료를 마친 지금은 스스로 회복을 위한 노력을 하는 것 외에는 다른 방법이 없다. 이런 상황에서 그는 긍정적인 사고와 적극적인 활동, 그리고 순간을 열심히 살아가는 태도로 살고 있다. 그가 보내온 영상이 바로 그 증거인 셈이다. 그의 초연한 모습을 보며 많이 놀란다. 과연 나는 그런 상황에서 그처럼 사고하고 행동할 수 있을까? 그렇지 않을 것 같다. 외부 활동을 더 줄이고 혼자 조용히 지내며 죽음을 준비하고 있을 가능성이 높다. 그래서 그의 언행이 더욱 대단하게 느껴지고, 그가 보여준 의지와 노력에 감탄하고 있다. 그가 보내온 영상이 많은 것을 생각하게 만든다.

우울증에 걸린 사람들은 자신과 세상과 미래에 대해 습관적으로 부정적인 사고를 하는 경향이 있는데, 이를 '인지삼제(認知三題)'라고 한다. 이들의 치료는 이러한 왜곡된 인지 패턴을 수정하여 점진적으로 건강한 인지 패턴을 형성하게끔 도와주는 것이다. 자신이 처한 상황을 통제할 수 있다면 매우 희망적이겠지만, 그렇지 못하는 경우는 쉽게 지치기도 하고 때로는 무기력으로 인해 힘든 시간을 보내게 된다. 미래의 불안과 두려움에 매몰되면 마치 어두운 터널 속에 갇혀 있는 것처럼 느낄 수 있다. 미래는 아무도 모르기에, 우리 모두 미래에 대한 불안과 두려움을 어느 정도 안고 살아간다. 어쩌면 미래에 대한 불안과 두려움을 희망으로 만들어 살아가고 있는지도 모르겠다. 일종의 자기 암시이자 자기 최면이다. 따라서 불안과 두려움의 터널에서 빠져나오기 위해 끊임없이 움직이고, 무언가를 만들어 내며, 희망의 끈을 찾기 위해 안간힘을 쓴다. 이런 노력은 곧 삶의 동력이 되며, 어떤 불안이나 두려움도 극복할 수 있도록 심리적 근육을 튼튼하게 만들어 준다. 지금 그는 스스로 길고 깊은 어두운 터널을 빠져나오기 위한 노력의 일환으로 한 걸음 한 걸음 움직이고 있는지도 모른다. 아니면 이미 터널에서 빠져나와 자신의 일상을 하루하루 평온하게 보내고 있을 수도 있다.

며칠 전, 길을 걸으며 한 친구가 자신의 느낌을 얘기했다. 침묵 걷기를 할 때 어깨에 매달려 있는 물통이 흔들리며 작은 소음을 끊임없이 내고 있어서 신경이 쓰였는데, 넓은 도로를 달리는 자동차에서 나오는 더 큰 소음으로 인해 물통이 내는 소리를 잊게 되었다고 했다. 그러면서 그는 예전에 갑작스럽고 심한 어깨 통증으로 고생한 적이 있는데, 그때는 평상시에 느꼈던 허리 통증이 사라졌다가 어깨 통증이 다 나은 후에 다시 허리 통증을 느끼게 되었다면서 일상의 고통도 이와 같을 거라고 얘기했다. 길을 걸으며 삶의 고통에 대한 통찰을 한 것이다. 그의 얘기를 들으며 나의 삶을 돌아본다. 남에게는 아무것도 아닌 일이 자신에게는 무척 큰일로 다가올 때가 있다. 사소한 일로 며칠간 마음이 무거웠다. 지금은 물론 사라졌지만, 그 당시에는 제법 힘들었다. 다른 큰 어려움이 있었다면, 며칠간 힘들다고 느꼈던 사소한 일은 아무 일도 아닌 채 지나갔거나 금방 사라졌을 것이다. 그의 말을 들으며 내가 느낀 삶의 무게는 어쩌면 지금의 일상이 편안하기 때문이라는 생각이 들었다.

우리는 삶 속에서 각자 한두 가지 문제를 안고 살아간다. 어쩔 수 없는 중생의 삶이다. 그 문제를 어떻게 받아들이느냐에 따라 삶의 질이 결정된다. 나의 큰 문제가 다른 사람에게는 아무런 문젯거리가 되지 않는 경우가 허다하다. 때로는 그 당시에는 무척 힘들었던 일인데 시간이 지난 후 돌아보니 아무 일도 아니었다는 사실을 깨닫고 헛웃음을 지을 때도 있다. 심지어 무슨 문제였는지 기억조차 나지 않을 때도 있다. 일상의 상황은 전경과 배경으로 드러난다. 지금 힘들게 또는 즐겁게 느끼는 것이 전경에 떠오르고, 다른 일이 발생하면 지금의 상황은 배경으로 물러나고 새로 발생한 일이 전경에 떠오른다. 전경과 배경이 계속해서 바뀌는 것이 우리네 인생이라는 생각이 든다. 전경에 떠오른 어떤 상황도 평생 지속되지 않는다. 자신과 주변 상황과 주변 인물이 끊임없이 변하기 때문이다. 때로는 전경에 떠오른 상황이 계속해서 머물러 있기를 바라기도 하고, 때로는 빨리 사라지기를 간절하게 원하기도 한다. 모두 이기심 때문이다. 시간이 많은 것을 해결해 준다. 다만 시간을 견디는 인내가 필요할 뿐이다. 아무것도 하지 않고 그냥 인내하는 것이 아니라, 주어진 매 순간의 삶을 묵묵히 살아가며 시간을 인내하는 지혜가 필요하다.

늘 기억하면 좋지만, 자주 잊어버리는 것이 한 가지 있다. 삶은 내 뜻대로 되지 않는데 내 뜻대로 만들려는 어리석은 노력을 하며 스스로 시간과 에너지를 소모하고 있다는 것이다. '득력(得力)'이란 힘을 얻는 것이 아니고 쓸데없는 힘을 낭비하지 않음으로써 축적되는 힘을 의미한다. 그간 참 많은 시간과 에너지를 쓸데없이 낭비하며 살아왔는데 아직도 그 어리석은 삶을 반복하며 살고 있다. 끊임없는 윤회다. 일상 속 행복으로 자연스럽게 연결되는 득력의 유일한 방법은 즐거운 마음으로 기꺼이, 주어진 삶을 받아들이는 것이다. 삶은 저절로 평온한데 어리석음으로 인해 고통 속으로 자신을 끌고 간다. 득력은 행복이다.

로종 수행

티베트 불교를 공부한 스님의 법문을 동영상으로 십여 편 듣고 나니, 직접 찾아뵙고 법문을 듣고 싶어졌다. 오랜만에 사찰을 방문해서 그 스님의 법문을 듣고 왔다. 법문 주제는 로종 수행이다. 로종(Lojong)은 '시각의 변화를 통한 삶의 방식의 변화'를 의미한다. 겉으로 보이는 모든 세상은 물거품에 불과할 뿐이고 허상이다. 그런데 우리는 그 허상에 이야기를 엮어서 실상으로 만들고, 그 거짓 실상과 싸우고 괴로워하며 살아간다고 한다. 그러니 중생이다. 허상임을 알아차리면 허상은 사라지고 진면목이 드러난다. 실상을 알아차리면 괴로움은 저절로 사라진다. 허상이 허상임을 알아차리고 기존의 습관화된 행동 패턴에서 벗어나 삶의 양식을 변화시키는 것이 로종 수행이다. 같은 길도 누구와 함께 걷느냐에 따라 다른 길이 되는 경우가 있다. 길이 변한 것이 아니고, 길을 바라보는 시각의 변화로 다른 길처럼 느끼는 것이다.

불편한 사람과 걸으면 걷는 내내 마음이 불편하다. 길과 자연이 주는 아름다움을 잘 느끼지도 못한다. 이 불편함은 상대방의 잘못 때문이고 자신은 아무 잘못이 없다고 생각하며 상대방을 비난한다. 그런데 억울한 것은 그로 인해 자기 마음의 상처만 깊어진다는 것이다. 상대방 탓을 하면 자신은 편해져야 하는데 어찌 된 일인지 탓을 하면 할수록 자기 마음만 더욱 불편해진다. 상대방은 불편함과 무관하게 마치 아무 일도 없는 것처럼 행동한다. 그 모습을 보면 더욱더 짜증이 올라온다. 그리고 불편함은 더욱 커진다. 아무리 생각해도 손해 보는 장사다. 그러니 또 화가 난다.

반면, 편하고 좋은 사람과 함께 하면 힘든 길도 수월하게 걸을 수 있다. 어떤 얘기를 해도 웃게 되고, 길이 빨리 끝나는 것이 아쉬울 따름이다. 만남이 반갑고 그 즐거움은 쉽게 전파되어, 걷는 내내 행복하다. 걷는 속도에 따라 대화의 파트너가 자연스럽게 바뀌며 멋진 walking cocktail party가 된다. 힘든 오르막길도 파티장이 되고, 비가 와도 파티장이 된다. 어떤 길도, 또 누구도 우리의 행복을 앗아갈 수는 없다. 행복은 우리의 마음속에 있다. 누군가가 행복의 조건을 규제할 수는 있어도, 행복 자체를 빼앗을 수는 없다. 조건은 외부의 상황이고 행복 자체는 내면의 상황이다.

하지만 절대적으로 좋은 사람도 없고 나쁜 사람도 없다. 겉으로 드러난 모습과 태도를 보고 좋은 사람과 나쁜 사람으로 판단할 따름이다. 좋은 사람의 언행이 마음에 들지 않으면 나쁜 사람이 되고, 나쁜 사람이라 생각했더라도 나에게 잘 대해 주면 좋은 사람이 된다. 좋고 나쁨은 결국 자신의 이기심과 주관이 만들어 낸 허상이다. 즉 스토리를 만들어 각색한 것에 불과하다. 모든 현상은 변한다. 무상이다. 맛난 음식도 자주 먹으면 처음의 맛이 사라진다. 비싼 차도 시간이 지나면서 처음 탈 때의 만족감이 줄어든다. 멋진 옷도 시간이 지나면 덜 아끼게 된다. 우리는 변하는 것을 변하지 않는다고 착각하며 속아서 살아간다. 이 사실을 인식하면서도 어리석은 실수를 반복하며 살아간다.

"범소유상 개시허망 약견제상비상 즉견여래(凡所有相 皆是虛妄 若見諸相非相 卽見如來)"는『금강경』에 나오는 대표적인 구절이다. 모든 상은 원래 허망한 것이니, 만약 모든 상을 상이 아닌 것으로 본다면 바로 여래를 볼 수 있다는 뜻이다. 여래를 본다는 것은 깨달음을 얻게 된다는 의미다. 결국 삼라만상이 모두 허상이다. 겉으로 보이는 모든 것, 느끼고 생각하는 모든 것은 자신의 주관과 이기심이 만든 허상에 불과하다. 글로는 이해되고 생각으로는 알 것 같은데, 막상 실행에 옮기는 것은 쉽지 않다. 업보 때문이다. 업보는 관성이다. 관성은 반복을 만들고 반복은 업보를 강화한다. 따라서 자신의 행복을 위해서 업보를 소멸하려는 노력이 필요하다. 그 방법 중의 하나가 생각이나 감정에 끌려다니지 않고 아무런 판단 없이 신체의 감각을 지켜보는 것이다. 그런데 시간이 지나며 감각의 강도, 느낌, 위치가 변하고 사라지거나, 다른 감각이 느껴진다. 감각도 무상하다. 생각과 감정에 매몰되지 않고 감각의 무상을 알아차리는 것이 업장을 소멸하는 방법이다.

또 다른 방법은 로종 수행에서 말하는 긍정적인 시각으로의 변화이다. 로종 수행의 가르침에 따르면, 고통에서 벗어나는 유일한 길은 '고통의 근원이 외부가 아니라 나의 내면에 있음을 이해하고, 나에 대한 집착의 습성을 부수는 것'이다. 몸을 단련하듯이 일상에서 마음에 긍정적인 습관을 들임으로써, 자기 자신은 물론 남과 세상을 바라보고 생각하고 느끼고 인식하는 마음의 활동을 변화시키는 것이다. 고통의 원인에 대해 파악하고 고통을 소멸하는 방법을 알게 되면 고통에서 벗어날 수 있다. 고통은 깨달음의 바탕이 된다. 고통은 선물이다. 다만 선물로 인식할 때만, 또 선물로 받아들일 때만 선물이 될 수 있다. 로종 수행은 고통을 선물로 바라볼 수 있는 지혜를 키우는 수행이다.

우리는 마음챙김 걷기를 하며 일상에서 감각에 집중하는 연습을 한다. 길을 걸으며 다양한 사람을 만나고, 좋거나 불편한 상황을 만난다. 그때 그 상황에 빠지지 않고 감각에 집중하며 걷는다. 감각에 집중하는 순간 생각과 감정은 사라지니 마음도 편안해진다. 감각은 오직 '지금-여기'에서만 존재하므로, 마음챙김 걷기는 현재를 살 수 있는 유일한 방법이다. 이 방법을 알면서도 계속해서 생각과 감정에 빠지게 된다. 알아차림이 늘 함께 있어야 하는 이유다.

루틴의 힘

미국 메이저리그에서 뛰고 있는 김하성 선수가 최고 수비수에게 주는 '골든 글러브'를 받았다. 기분 좋은 소식이다. "실패할 때마다 사람은 스트레스를 받고 멘털이 깨진다. 이를 이겨야 하는데 방법은 그나마 루틴인 것 같다. 하루하루를 그렇게 이어가다 보면 버틸 힘이 된다." 그가 고교 후배들에게 한 조언이다. 루틴의 중요성을 강조한 이 말이 크게 와 닿는다. 지금 나의 상황과 많이 일치하기 때문이다.

우리는 대부분 어떤 목적을 갖고 행동한다. 목적이 결과물이 되기를 바라며 노력한다. 수능 점수를 잘 받기 위해 공부하고, 진급하기 위해 열심히 근무하고, 인기 연예인이 되기 위해 열심히 노력한다. 이들의 노력을 부인하거나 폄하하려는 것은 아니다. 노력과 의지는 당연히 존중받아야 한다. 그런데도 마음 한편에는 이들에 대해 답답함, 연민, 안타까움이 느껴진다. 이들이 원하는 대학에 합격하지 못하거나, 진급에서 탈락하거나, 유명 연예인이 되지 못한다면 이들의 노력은 모두 물거품이 될 수 있겠다는 생각 때문이다. 노력 자체만 사라지는 것이 아니고 그 사람마저도 사라진다는 느낌이 든다. 같은 상황이라도 공부가 좋아서, 하는 일이 좋아서, 노래나 연기가 좋아서 하다 보니 어느 순간 자신이 원하는 위치에 도달해 있다면 삶 자체가 행복할 수 있다. 목적이 결과물이 되는 것이 아니라, 과정의 부산물이 결과물이 되는 삶이 훨씬 더 아름답다.

김하성은 야구선수라는 확실한 정체성을 갖고 당당하게 살아간다. 그는 자신을 소개할 때 당당하게 메이저리그 야구선수라고 말한다. 그는 정체성을 만들고 유지하기 위해 엄청난 노력과 수많은 역경을 견뎌냈을 것이다. 하지만 사람들은 그의 노력보다 그가 누리고 있는 결과물에 더 관심이 많다. 과정 없이 결과물이 나올 수는 없다. 무엇보다 힘든 시간을 견뎌내기 위해서는 하는 일에 대해 열정과 사랑이 있어야 한다. 그 열정과 사랑이 어떤 역경에도 흔들리지 않는 뿌리가 된다. 그리고 튼튼하게 자라서 무성한 나무가 되기 위해서는 반복적인 연습, 즉 루틴이 필요하다.

현역의 경우에는 당연히 더 훌륭한 선수, 직장인, 연예인이 되기 위해 노력해야 한다. 하지만 일단 현역에서 물러나면 기존의 정체성을 부수고 다시 새로운 정체성을 만들어 나가야 한다. 자신이 현역이 아니라는 사실을 먼저 인정하고 인식해야 한다. 하지만 과거의 영광을 잊지 못해 지나간 무용담을 반복하는 사람들이 적지 않다. 또는 할 일을 찾지 못해 방황하거나 스스로 자신의 무능을 한탄하며 지내는 사람들도 있다. 약 50년 이상 살아온 삶의 방향을 바꾼다는 것이 결코 쉬운 일은 아니다. 그러나 남은 삶이 30년 이상 된다면 그 긴 기간을 잉여 인간으로 살아갈 수는 없다.

이런저런 생각을 하다 보니 현역에서 물러난 지난 13년간의 삶이

파노라마처럼 펼쳐진다. 딱히 무언가를 이룬 것은 없지만 그럼에도 늘 무언가를 하며 지냈다. 대학원에 진학하여 상담 심리사가 되었다. 공부하는 과정이 쉽지는 않았지만, 억지로 버티며 상담 심리사 자격증을 취득했다. 자격증 취득 후 편안한 삶이 이어질 줄 알았지만, 현실의 벽은 높고 두꺼웠다. 좌절감을 맛보며 힘든 시간을 보냈다. 인생 2막, 명상, 온전한 대화, 걷기 명상 등 내가 할 수 있는 강의 안을 만들어 여기저기 제출도 하고 강의도 했다. 걷기와 명상을 꾸준히 하며 심신 치유 프로그램을 기획했고, 여러 번 시험 운영을 해 보기도 했다. 다양한 SNS 활동을 하며 글과 사진으로 사람들과 소통도 하고, 책을 발간하며 나를 알리기 위한 노력도 했다.

13년이라는 세월은 쉽지 않은 좌충우돌 시기였다. 희망과 좌절, 자신에 대한 실망과 기대, 하고 싶은 일과 현실과의 괴리, 나 자신을 내려놓기까지의 힘든 경험, 포기하고 싶은 마음과 그래도 살아야 한다는 각오, 노력해도 찾아오지 않는 결과와 그럼에도 해야만 하는 상황 등. 아무것도 하지 않고 죽음만을 기다리며 지낼 수는 없다. '나'라는 사람을 알리고 싶은 마음과 조용히 살고 싶은 마음의 충돌도 있었다. 하고 싶은 일이 정말로 하고 싶은 일인지, 아니면 돈벌이 수단인지 혼란스러웠다. 결국 경제적 자유를 누리지 못하는 답답함과 누리고 싶다는 희망이 만들어 낸 상황들이었다. 이런 과정을 통해서 욕심을 하나하나 버리기 시작했다. '나'라는 사람은 여전히 있지만, 누군가에게 인정받는 사람이 되기보다는 그냥 '나'로 살아가는 사람이 되고 싶은 마음이 커졌다. 돈을 많이 벌겠다는 욕심에서 벗어나 하고 싶은 일을 하며 부수적으로 수입이 생기면 그 수입을 즐기자는 마음으로 변하기 시작했다. 아무리 걱정하고 안달해도 되지 않을 일은 안 된다는 사실을 받아들이니 걱정할 일도 많이 줄어들었다.

힘든 상황 속에서 나를 지켜준 것이 루틴이다. 할 일이 없을 때 한 일이 '걷기'다. 걸으면 생각이 떠오르고 그 떠오른 생각을 글로 정리해서 SNS에 올리고 있다. 일상의 모든 경험과 생각이 글감이 된다. 이제는 글쓰기가 든든한 친구다. 명상도 도움이 되었고, 걷기 동호회 활동도 도움이 되었다. 요즘도 아침에 일어나면 글을 쓰고 걷는다. 오후에는 좀 더 전문적인 상담사가 되기 위해 상담 전공 서적을 공부하거나 책을 읽는다. 나의 루틴이 나를 지켜주었고, 나의 자존감을 회복시켜 주었으며, 상담을 계속할 수 있게 만들어 주었다.

지금도 아무런 경제적 생산성이 없는 걷기와 글쓰기를 하며 지내고 있다. 누군가는 왜 걷고 글을 쓰느냐고 묻는다. 걷는 것이 돈이 되는 것도 아니고, 전문 작가도 아닌 사람이 글을 쓰는 것이 이해되지 않는 모양이다. 내 대답은 한결같다. "할 일도 없고 시간에 치이며 살기 싫어서, 걷고 글을 쓰고 있다." 누구를 위해 걷는 것이 아니다. 독자를 위해 쓰는 글도 아니다. 그럼에도 무의미한 이 일을 반복적으로 하고 있다. 누군가에게는 무의미한 것처럼 보이는 나의 행동들이 내게는 의미가 있다. 좋아하는 일을 하고 있기 때문이다. 얼마 전에 '금융 문맹 탈출기'라는 전자책을 발간했다. 금융 문맹이었던 내가 경험하고 공부한 내용을 정리해서 나와 같은 처지에 있는 사람들과 공유하고 싶어서 쓴 책이다. 전문가도 아닌 사람이 이런 책을 쓴다고 질책하는 사람도 있고, 선물했지만 단 한 페이지도 읽을 마음이 없는 사람도 있다. 그런 사람들에게는 그냥 기념품으로 간직하라고 얘기한다. 그냥 내가 하고 싶은 일을 했을 뿐이다. 나를 위한 책이다.

사회 또는 사람에 대한 기대가 없으면 자유롭게 살아갈 수 있다. 역설적인 표현일 수 있겠지만 이는 사실이다. 내가 타인에게 무관심하면 상대방도 나에게 관심이 없다. 어느 것이 먼저인지는 모르겠지만 그 순서는 상관없다. 오히려 홀로 떨어진 듯 살아가는 자발적 고독 속에서 참다운 자유를 느낄 수 있다. 우리를 구속하는 것에서 벗어나면 자유는 저절로 찾아온다. 홀로 걷는 것도, 글을 쓰는 것도 나만의 자유를 느끼는 방법이다. 그런 면에서 사회적으로나 가정적으로 생산적이지 못하다는 것이 오히려 참다운 자유를 누리면서 좀 더 나다운 사람이 되는 좋은 기회가 될 수도 있다. 자신과 친해지면 된다. 자신과 친하면 외롭지 않다. 욕심을 버리면 더 이상 추구할 것도 없다. 내가 걷고 글을 쓰는 이유는 자유로운 사람이 되고 싶기 때문이다. 나의 루틴이 나에게 자유를 선물해 준다. 혹시 나처럼 할 일이 없는 사람, 무엇을 하면 좋을지 모르는 사람, 온갖 시련 속에서 고통 받는 사람, 삶의 길에서 방황하는 사람이 있다면 자신만의 루틴을 만들어 보라는 말을 해 주고 싶다. 하루에 단 10분 만이라도 자신이 좋아하는 일을 하면서 그 시간을 즐기길 바란다. 그것이 루틴이다. 루틴의 힘으로 모든 고통에서 해방되고, 삶이 회복되며, 자유로워질 수 있다.

사회적 걷기

약간 흐린 날씨다. 소나기 예보가 있지만 햇빛이 강하지 않아 걷기에 아주 적당하다. 물론, 우리는 날씨와 상관없이 걷는다. 날씨는 날씨대로, 우리는 우리대로 살아간다. 경기 둘레길 7코스는 반구정에서 시작해서 율곡 습지 공원에서 끝난다. 대부분 평지로 이루어진 길이다. 도로를 걷는 경우가 많아서 조심해야 한다. 농로를 걸으며 눈앞에 시원하게 펼쳐진 녹색 물결을 보는 것도 이 길을 걷는 즐거움 중 하나다. 가뭄 때문에 걱정했지만, 다행스럽게도 논에는 물이 가득하여 풍년을 기대해 본다. 얼마 전 내린 비 때문인지, 아니면 치수를 잘한 덕분인지, 잘 자라는 벼를 보니 마음이 넉넉해진다.

이 길을 걸으며 임진강가 벼랑 위에 자리 잡은 조선시대 정자 화석정(花石亭)을 만난다. 이 정자는 율곡 이이가 관직에서 물러나 제자들과 함께 학문을 논하고 시를 지으며 소일했던 곳이다. 또한 화석정은 이이의 십만양병설을 받아들이지 않은 선조가 임진왜란 때 의주로 피난 가던 중, 한밤중에 강을 건널 때 이 정자를 태워 불을 밝혔다는 이야기로도 유명하다. 최근에 정찬주의 장편소설 『이순신 7년』을 읽었다. 소설에 나오는 장소를 지나니, 책을 읽으며 느꼈던 선조에 대한 원망이 다시 올라온다. 백성을 속이며 군주로서의 역할과 권위, 책임을 포기하고 오직 자신만 살기 위해 야반도주하는 모습을 보며 지도자로서 자격에 대해 생각해 본다. 그 주변에 있는 대신들의 모습도 꼴불견이다. 나라와 백성에 대한 걱정보다는 오직 자신만의 안위를 걱정하는 모습만 보인다. 정치인의 DNA는 일반 국민과 다른 것 같다. 일반 국민에게 생존을 위한 DNA가 저장되었다면, 정치인들의 DNA는 오직 자신들의 안위와 권력을 위해 국민을 이용하는 DNA가 저장된 것 같다.

화석정에서 바라본 임진강은 'U자형'으로 굽어진 물길을 따라 흘러간다. 물길이 만들어진 이유는 자연현상 때문이다. 치수의 지혜를 깨우친 조상들은 강물의 자연스러운 흐름을 억지로 바꾸지 않는다. 그러나 현대인들은 발전을 앞세워 물길을 바꾸고 개발의 이익에만 눈이 어두워 자연의 이치를 외면한다. 자연의 일부인 인간이 자연을 거스르고 자기 멋대로 통제하려 한다. 자연의 섭리를 따르고 배우며 살아가는 현대인이 되길 바랄 뿐이다.

과거를 생각하며 원망하는 마음으로 길을 걷고 있다. 이럴 때는 감각에 집중하며 걷는 것이 제일 좋다. 걸으며 발바닥의 느낌에 집중한다. 생각이 떠오르면 다시 발바닥의 느낌에 집중하는 것을 반복한다. 걷기에 몰입하면 몸이 힘든 것이 사라지고 생각에서 벗어날 수 있다. 오직 걷는 사람과 길만 존재한다. 오롯이 길과 하나가 된다. 리듬을 타듯 걷는 것은 마치 구름 위를 걷는 것 같다는 착각을 불러일으킬 정도로 몸이 편안하고 가볍다. 잠시 휴식을 취하면서 준비해 온 간식을 나눠 먹고 이야기를 나눈다. 몰입 걷기 후 나누는 대화는 그 즐거움이 더욱 크게 느껴진다. 걷기에 몰입하면 마음속 여유 공간이 생겨나서 그 공간에 길벗들의 마음을 담을 수 있기 때문이다. 길벗들의 생각과 감정에 공감하며 집중해서 얘기를 듣게 된다. 불편한 감정 속에 빠져 걷거나 스트레스 속에서 생활하게 되면 마음속 여유 공간이 사라진다. 자신의 불편함으로 인해 사소한 일에도 짜증과 불만이 생긴다. 이럴 때는 혼자서 조용히 발의 감각에 집중해서 걷는 것이 좋다. 걸으며 만들어진 마음속 여유 공간과 그 공간에 쌓인 긍정적인 힘으로 다시 세상을 살아갈 수 있다.

걷기를 좋아하는 것은 축복이다. 더운 날씨여서, 또는 추운 날씨여서 집 안에만 머무르면 건강도, 기분도 좋아지지 않는다. 오히려 무더위 속에서 땀을 흘리고 걸으면 건강하고 개운하게 하루를 마무리할 수 있다. 게다가 길벗들과 함께 걸으며 마음속 이야기를 수다 떨 듯 가볍게 던지면 마음도 가벼워진다. 길벗들이 어떤 답을 주지 않아도, 얘기하면서 스스로 답을 찾기도 하고 위로를 받기도 하며 자신의 생각이 잘못되지 않았다는 확신도 얻게 된다. 이처럼 걷기는 단순히 개인의 신체적, 정신적 건강 증진만을 위한 것이 아니다. 다양한 길벗들과의 만남과 커뮤니티 참여를 통해 사회적 유대감을 강화하는 사회적 활동이다. 아일랜드 신경과학자 세인 오마라 (Shane O'mara)의 저서 『걷기의 세계』에서 '사회적 걷기'라는 용어를 처음으로 접했다.

사회적 걷기는 여러 가지 긍정적이고 강력한 형태로 모습을 드러낸다. 이는 조금 더 사적인 일대일의 관계뿐만 아니라 더 넓은 의미의 사회에서 사회적 응집력을 만들어 내고 유지하는 데 매우 중요한 역할을 한다. (중략) 마크 트웨인은 이 생각을 다음과 같이 우아하게 표현했다. "보행의 가장 참된 매력은 걷기 그 자체나 경치에 있는 것이 아니라 대화를 나누는 데 있다. 걷기는 입의 움직임의 타이밍을 맞추고, 혈액과 뇌에 자극을 주어 활성화시킬 수 있는 좋은 도구다. 주변 경치와 숲의 향기는 무의식적이고 특별하지 않은 매력으로 사람들에게 다가오고, 눈과 영혼 그리고 감각에 위안을 준다. 그러나 가장 큰 즐거움은 대화에서 비롯된다."

- 세인 오마라, 『걷기의 세계』(2022)

걷기 동호회 활동이 바로 사회적 걷기의 대표적인 사례이다. 단지 길을 걷고 웃고 대화하는 것만으로도 많은 사람이 긍정적으로 변해 가는 모습을 볼 수 있다. 나 역시 걷기를 통해 많은 변화를 맞이했다. 그 고마움을 표현하는 방법은 걷기를 통해 나누는 것이다. 밴드 '걷고의 걷기학교'를 열고 길 안내자로 활동하는 이유이기도 하다. 길 안내라는 명분으로 길벗들과 함께 걸으며 즐거움과 감사함을 느끼고 많이 배운다. 그러니 오히려 나를 위한 걷기이기도 하다. 따라서 '봉사'라는 표현은 길 안내자에게 적합한 단어가 아니다. '봉사'보다는 '나눔'이 훨씬 더 인간적이고 상황에 맞는 표현이다. 걷기를 통한 나눔을 실천하는 것이 '사회적 걷기'이며, 남은 평생 할 수 있는 일이고, 하고 싶은 일이다.

삶의 저항을 줄이는 방법

살면서 수많은 상황을 맞이한다. 좋은 상황도 있고 나쁜 상황도 있다. 좋은 상황이 나쁜 상황으로 변하기도 하고, 그 반대 상황이 되기도 한다. 길을 걷다 보면 오르막길과 내리막길을 만나듯이 인생 역시 마찬가지다. 만약 살아가는 데 굴곡이 없다면 어느 정도 편안함을 느낄 수는 있겠지만, 그 편안함이 곧 무료함으로 변할 수도 있다. 일상에서 약간의 스트레스는 삶에 활기를 불어넣어 준다. 스트레스는 스트레스를 발생시키는 상황인 스트레스원(源) 때문에 생기는 것이 아니라, 그 상황을 해석하는 주관적인 판단 때문에 발생한다고 스트레스 전문가는 말한다. 주관적인 해석은 결국 자신 내부에 저장된 수많은 경험, 감정, 느낌, 인식 등에 의해 결정된다. 저장된 과거의 경험을 바탕으로 지금 발생한 사건을 해석한다. 경험이 저장된 창고를 불교에서는 아뢰야식이라고 한다. 불교의 수행은 이 아뢰야식을 비워 내는 작업이라고 할 수 있다.

명상하면 심층 의식에 머물러 있던 내용물이 떠오른다. 심층 의식이 표층 의식으로 떠오르는 순간이다. 심층 의식이 바로 아뢰야식이고, 떠오른 표층 의식을 흘려보내는 작업이 바로 명상이다. 하지만 일반적으로 명상한다고 앉아서 떠오른 생각을 붙잡거나 생각에 끌려다니며 시간을 헛되이 보내기도 한다. 떠오른 생각에 머물지 않고 흘려보내려면, 또 생각들이 꼬리를 물고 떠오르지 않게 하려면 깨어 있어야 한다. 깨어 있어야 알아차릴 수 있다. 그리고 알아차린 상태를 계속해서 집중하며 유지해야 한다. 이 표층 의식을 흘려보내면 하나의 식(識)이 사라지게 된다. 생각주머니라고 할 수 있는 아뢰야식 속의 내용물 중 한 개가 없어진 것이다. 이런 방식으로 생각주머니 속에 있는 내용물을 하나씩 하나씩 없애는 작업이 바로 명상이고 수행이다.

내용물이 없어진다는 것은 지금 주어진 상황을 이해하고 해석할 근거가 사라진다는 의미다. 판단 기준이 사라지면 주어진 상황을 있는 그대로 받아들이게 된다. 바로 여실지견(如實知見)이다. 주관적인 경험과 사고로 해석해서 받아들이는 것이 아니라, 생각주머니가 빈 상태에서 받아들이기에 주관이 들어갈 공간이 사라져 버린다. 주관이 사라지면 있는 그대로가 저절로 드러나게 된다. 주관이 사라지면 어떤 상황도 자신을 괴롭게 만들 수 없다. 춥다고 괴롭거나 덥다고 짜증이 나지 않는다. 괴로움과 즐거움, 양극이 사라지기 때문이다. 그냥 추위는 추위일 뿐이고 더위는 더위일 뿐이다. 따라서 춥거나 더위를 느끼는 감각은 있어도 이로 인한 고통은 없다.

삶의 굴곡도 마찬가지다. 주어진 삶이나 환경을 어떻게 해석하느냐에 따라 행복할 수도 있고 불행할 수도 있다. 자신이 좋아하는 상황을 만나면 기뻐하고, 반대의 경우에는 화를 내기도 한다. 과거의 경험이 바탕이 된 주관적인 판단을 잣대로 활용하는 경우에는 그 판단과 어긋나면 불편하게 된다. 주어진 상황을 자신의 주관이라는 프레임으로 재단하기 때문이다. 주관의 바탕은 바로 과거 경험과 의식인 생각주머니다. 이 생각주머니의 내용물로 '지금-여기'에서 발생하는 모든 상황을 재단하고 평가한다. 이는 모두 허상에 불과하다. 하지만 우리는 이 사실을 인식하지 못하고, 자신의 주관과 판단이 절대적으로 옳다고 생각하며, 그 생각이 바로 자신이라는 착각을 하며 살아간다. 허상에 속아 살아가고 있다.

주어진 상황을 자신의 프레임으로 재단하기 때문에 삶의 저항이 발생한다. 그 저항이 바로 스트레스다. 저항을 줄이면 스트레스는 저절로 사라진다. 저항의 근본 원인은 자신의 생각주머니다. 우리는 일반적으로 자신이 마주친 상황 때문에 괴롭다고 생각한다. 고통의 원인을 외부 요인으로 돌리는 것이다. 하지만 똑같은 상황에서도 사람마다 느끼는 감정, 받아들이는 생각, 대처하는 방법이 매우 다르다. 그 이유는 바로 각자의 생각주머니 속 내용물이 다르기 때문이다. 결국 삶의 저항은 주어진 상황이 아니라 생각주머니가 만든 것이다.

오랫동안 나 자신을 괴롭혀 온 것 중의 하나가 바로 '통제'와 '권위'였다. 누군가가 나를 통제한다거나 권위적으로 대하면 참기 어려웠다. 아직도 완전히 사라진 것은 아니지만 많이 옅어진 것 같아 그나마 다행이다. 그럼에도 가끔 이런 상황을 마주치면 여전히 화가 나기도 한다. 다행스러운 점은 화를 표출하지 않고 예전보다 빨리 알아차릴 수 있게 되어 화의 불꽃이 더 강하게 올라오기 전에 끌 수 있게 된 것이다. 그 이유를 고인이 되신 아버지한테서 찾았다. 아버지의 권위적이고 통제적인 언행 때문에 주눅이 들었고, 성장하면서 강한 저항감이 생겼던 것 같다. 하지만 단지 그것 때문이라고 나 자신을 변호하는 것은 매우 비겁하다는 생각이 든다. 애초의 원인이 아버지일 수는 있겠지만, 그 이후에는 스스로 노력이 부족했고 빨리 벗어나지 못한 내 잘못이 더 클 수 있다. 누구나 힘든 상황을 겪으며 살아간다. 그 상황을 자신의 동력으로 만드느냐, 아니면 상황의 무게에 눌려 비겁한 핑계를 대며 살아가느냐에 따라서 자신의 삶이 결정된다.

과거를 바꿀 수는 없다. 현재 주어진 상황은 시간이 흘러감에 따라 과거가 된다. 주어진 상황을 어떻게 받아들이느냐에 따라 미래가 결정된다. 과거의 생각주머니는 명상을 통해서 비워 나갈 수 있다. 현재 주어진 상황을 생각주머니로 재단하지 않고, 있는 그대로 받아들이면 삶의 저항을 줄일 수 있다. 저항을 줄인 만큼 생각주머니에 들어갈 내용물은 줄어든다. 따라서 미래의 자신은 과거의 업이 만든 자신과 결별하고 새로운 자신으로 탄생하게 된다. 우리는 매 순간 다시 태어난다.

삶의 저항은 자신이 원하는 삶을 살아갈 수 있는 희망의 끈이다. 저항을 통해서 자신의 과거 모습을 볼 수 있다. 그 저항을 습관대로 받아들이지 말고 직면하면서 생각주머니의 내용물을 들여다보고 흘려보내야 한다. 과거의 방식으로 저항하는 것은 생각주머니를 채우는 일이고, 내용물을 들여다보는 것은 생각주머니를 비우는 일이다. 생각주머니가 가벼워질수록 저항은 줄어들고 삶이 편안해진다.

삶의 저항을 통해서 삶의 편안함을 회복할 수 있다. 번뇌가 바로 깨달음이 되는 순간이다. 길을 걸으며 떠오르는 수많은 생각을 알아차리고 흘려보내며 명상한다. 걷기 명상이다. 걷기를 통해 깨달음에 이를 수 있고 삶의 고통에서 해방될 수 있다.

상상 속 세상 vs 현실 세상

수많은 생각들이 떠오르고 사라지고 떠오르고 사라지기를 반복한다. 같은 생각이 내내 머릿속에 남아 있기도 하고, 물 흐르듯이 잠시도 멈추지 않고 매 순간 변하기도 한다. 어떤 생각을 하며 하루를 살아가느냐가 바로 그 사람의 인생이 된다. 생각이 행동으로 옮겨지고, 행동이 강화되어 정체성이 되고, 정체성이 바로 그 사람이 된다. 생각이 바로 그 사람이다. 생각이 사람이라는 의미는 사람이 바뀔 수 있다는 가능성을 내포하고 있다. 좋은 사람으로 변할 수도 있고, 나쁜 사람으로 변할 수도 있다. 우리 내부에는 선악이 동시에 존재하고 있으며 상황에 따라 다르게 행동한다. 따라서 어떤 사람이 좋은 사람이라는 표현은 적절하지 못하다. 어떤 사람이든지 좋은 사람이 될 수도 있고 나쁜 사람이 될 수도 있다는 것이 더 적절한 표현이다.

불교에서는 '삼업(三業)'이라고 해서 몸으로 짓는 신업(身業), 입으로 짓는 구업(口業), 마음으로 짓는 의업(意業)이 있다. 우리는 이 세 가지, 즉 몸과 입과 생각을 통해서 업을 쌓게 된다. 이 중 의업이 가장 중요한 역할을 한다. 어떻게 생각하는지에 따라 그 생각대로 말하고 행동하게 된다.

우리 마음의 본바탕은 빈 도화지 같다. 도화지는 변하지 않는다. 빨간색으로 그리면 빨간 그림이 되고, 파란색으로 그리면 파란 그림이 된다. 도화지 위에 그린 그림대로 변한다. 그림을 지우면 원래 도화지의 본모습이 드러난다. 그림을 그리려면 생각해야 하고, 그 생각이 그려진다. 도화지 위의 그림은 생각을 표현한 것이지만, 그 표현된 그림 자체가 바로 우리의 참모습은 아니다. 겉으로 보이는 모습이 그 사람이라고 착각하지만, 그것은 그냥 도화지 위에 그려진 그림에 불과하다. 그림은 그림일 뿐 결코 도화지가 아니다.

도화지가 우리의 참모습이고 그림은 겉으로 드러난 우리의 모습이라면, 본성은 늘 그 자리에 그대로 있고 그림을 그리는 생각에 따라 겉모습만 달라질 뿐이다. 사람들은 본성을 보지 못하고 겉모습으로 판단하고 평가한다. 생각이 사람을 만들고, 만들어진 사람이 생각을 강화하여 더욱 견고한 모습을 만들고, 그 모습을 지키기 위해 애쓰며 한평생 살아간다. 우리가 평생 씨름하는 것들이 결국은 도화지 위에 그림을 그리는 일에 불과하다. 그 그림을 보고 울고 웃고 난리 치며 살아간다. 참 어리석은 짓인데, 정작 우리는 그 어리석은 짓을 가장 소중하고 귀하게 여기며 살아간다. 똥파리가 똥을 금으로 보며 쫓고 있는 형국이다. 우리는 똥파리가 똥을 쫓는 모습을 한심스러운 시선으로 바라본다. 깨달은 사람의 눈에 우리가 살아가는 모습도 이처럼 보일 것이다.

어떤 현자는 머릿속 목소리가 우리를 만들어 가고 고통 속으로 끌어들인다고 한다. 생각, 믿음, 판단, 평가는 모두 상상 속의 세계다. 자신만의 생각에 빠져 세상과 단절하고, 자신만의 믿음에 빠져 타인의 믿음을 무시하고, 자신의 판단에 대한 확신으로 타인을 거부하고, 자신만의 평가로 세상을 재단하며 살아간다. 그런 생각들이 점점 더 강화되며 자신만의 성(城)을 더욱 높고 두껍게 쌓아 간다. 결국 남는 것은 외로움으로 인한 고통이다. 그 고통은 다시 외부 세계에 대한 부정과 공격으로 나타난다. 그리고 다시 부메랑이 되어 고스란히 자신에게 되돌아온다.

요즘, 떠오르는 생각을 곰곰이 살펴보는 연습을 자주 한다. 생각의 99%는 이미 지나간 과거의 일, 아직 오지도 않은 미래에 대한 상상, 아무 의미도 없는 잡념이다. 남은 1%는 그 생각을 알아차리고 몸의 감각으로 돌아오거나 명상의 대상으로 돌아오는 순간으로 채워진다. 과거와 미래를 생각하면 할수록, 또는 무의미한 상상 속에 빠져들면 들수록 부정적인 방향으로 흘러가기 쉽다. "궁리 끝에 악심 온다."라는 말이 있다. 맞는 말이다. 쓸데없는 과거나 미래에 대한 궁리는 결국 현재의 자신을 잡아먹고 과거나 미래의 노예로 살게 만들며, 악심만 가득한 괴물을 만들어 낸다.

우리는 과거나 미래로 가득한 상상 속 세상을 살아가고 있다. 현실에서 살지만, 실은 현실과는 동떨어진 현실을 살아가고 있다. 바닥이 없는 허공에 둥둥 떠서 살아가고 있다. 그러니 늘 불안할 수밖에 없다. 도화지에는 과거의 후회와 미래의 허망하고 무의미한 잡념이 가득 그려진다. 그림 위에 덧칠을 계속해서 흰 바탕은 보이지 않는다. 심지어는 본래의 모습을 찾기가 불가능한 상황이 되기도 한다. 하지만 다행스럽게도 마음은 변화무쌍하다. 마음만 먹으면 언제든지 한 찰나에 그림과 덧칠을 지워 바로 원래의 본바탕인 흰 도화지로 돌아오게 만들 수 있다. 상상에서 벗어나 현실로 돌아오는 순간이 바로 흰 도화지가 되는 유일한 방법이다. 마음이 무의미한 잡념 속에 갇혀 있다는 것을 알아차리는 순간 몸의 감각, 또는 화두나 명상의 대상, 또는 지금 하는 일에 집중하면 된다.

"몸이 있는 곳에 마음을 두어라."라는 말이 있다. 수행의 원칙을 이보다 간결하게 정리한 말을 들어본 적이 없다. 지금 하는 생각을 빨리 알아차리는 것이 무엇보다 중요하다. 생각의 뿌리가 채 자라기 전에 잘라 버리고 뽑아 버려야 한다. 이미 크게 자란 생각은 쉽게 사그라들지 않아서 그만큼 뽑아내기도 힘들다. 생각을 알아차리고 생각에서 벗어나기 위해, 발이나 몸의 감각에 집중하며 걷기를 권한다. 이 방법을 꾸준히 실행하면 상상 속 세상이 아닌 현실을 살아갈 수 있다.

실존주의란 무엇일까?

실존주의(existentialism)란 무엇인가에 대한 의문이 있었다. 실존 또는 실존주의라는 말을 자주 책에서 읽거나 얘기를 듣기는 했지만, 정확히 무엇인지 감이 잡히지 않았다. 최근에 얄롬의 책을 읽으며 더욱 궁금해졌다. 지금 책상 위에는 얼마 전에 구입한 어빈 얄롬(Irvin Yalom)의 저서 『실존주의 심리치료』가 놓여 있다. 이 책은 네 개의 큰 목차로 분류되어 실존적인 문제로 고통 받는 사람들을 치료하는 심리치료 기법을 설명하고 있다. 인간 고통의 근원에는 네 가지가 있다고 저자는 말한다. 바로 죽음(death), 자유(freedom), 소외(isolation), 무의미(meaninglessness)다. 이 네 가지가 실존인가? 인간이 가진 특성을 실존이라고 하는지, 그 특성 때문에 갖고 있을 수밖에 없는 상황을 실존이라고 하는지, 아직도 실존의 의미를 잘 모르겠다. 인터넷을 통해 실존주의가 무엇인지 검색해 봤다.

실존주의는 개인의 자유, 책임, 주관성을 중요하게 여기는 철학적, 문학적 흐름이다.

- 위키백과 한국

실존주의는 개인으로서 인간의 주체적 존재성을 강조하는 문예사조이다. 근대의 기계문명과 메커니즘적 조직 속에서 인간이 개성을 잃고 평균화, 기계화, 집단화되는 소외 현상이 심각해지면서 실존의 구조를 인식, 해명 하려고 하는 철학사상과 문예사조가 싹텄다.

- 한국민족문화 대백과

실존주의는 인간의 자유와 책임, 상호 의존성, 인간의 삶과 죽음, 불확실 성 등을 강조하며, 인간이 자신의 삶을 자유롭게 선택하고, 삶의 의미를 스스로 찾아가야 한다는 것을 주장합니다. 또한 인간의 존재는 고정된 본 질이 아니라 선택과 행동을 통해 지속적으로 변화하며, 삶은 불확실성과 불안정성을 가지고 있다는 것을 강조합니다.

- 네이버 검색 자료

검색한 자료를 읽어 보니 실존이란 무엇인지 어느 정도 감이 온다. 예전에 읽었던 책 『죽음의 수용소에서』는 나치의 강제수용소에서도 삶의 의미를 잃지 않고 인간의 존엄성을 지키며 살아온 빅터 프랭클 박사의 자서전적 수기다. 똑같은 상황에 놓여도 사람에 따라 상황을 받아들이고 대처하는 방법이 각각 다르다. 희망을 포기하고 자살을 선택하는 사람도 있고, 폭력적으로 변하거나 오직 자신의 생존만을 추구하는 동물적 본능만 남게 되는 사람도 있고, 빅터 프랭클 박사처럼 그 안에서도 인간의 존엄성을 지키며 살아가고 자살하려는 동료를 구하기 위해 애쓰는 사람도 있다. 결국 실존은 주어진 삶을 어떻게 받아들이고 어떻게 대처하며 살아가는가에 대한 삶의 방편이다. 오직 자신이 자신의 주인으로, 주인의 자유 의지로 선택하고 결정하고 행동하는 모든 행위를 의미한다. 그리고 그 결정에 따른 책임은 오로지 자신의 몫이다. 자유와 책임, 이 두 가지 사이에서 인간은 고민하고 고통받는다. 얄롬이 말하는 인간 고통의 근원 네 가지를 하나씩 살펴보는 것도 의미가 있다.

죽음(death)을 자유 의지로 선택할 수 있을까? 위험한 얘기다. 물론 자신의 의지로 선택할 수 있지만, 선택을 실행에 옮기는 것은 쉽지 않다. 심지어 존엄사의 경우에는 신청자의 심리적 상태가 우울이거나 환각 상태에 있다면 존엄사를 선택할 수 없다. 신청자의 정신이 건강한 상태에서 자신이 선택할 수 있고, 이런 선택을 존중해서 존엄사를 허락한다. 또한 죽음을 선택한다는 것은 삶을 선택한다는 의미이기도 하다. 삶이 있어야 죽음이 성립된다. 태어남을 본인 의지로 선택할 수 있을까? 부모 사랑의 결과로 우리는 태어난다. 과연 태어남은 우리의 의지이고 선택인가? 불교에서는 업(業)의 결과로 생(生)을 받는다고 한다. 따라서 자신이 받은 삶은 자신이 선택한 삶이 된다. 삶이 선택이라면 죽음 역시 선택할 수 있다. 오히려 삶과 죽음을 동전의 양면으로 보고 죽음을 생각하며 하루를 잘 살아가는 것이 동전을 잘 유지하는 것이 아닐까? 결국 죽음은 삶을 잘 살기 위한 방편이 될 수 있다. 만약 내일 죽는다면 오늘 누구를 미워하거나 재물에 욕심을 내거나 세상을 비난하기보다는 사랑과 비움, 그리고 고마움으로 가득할 것이다.

자유(freedom), 요즘 내가 들고 다니는 화두다. 오랜 기간 길을 걸으며 왜 걷는가에 대한 고민을 꾸준히 해왔고, 최근에 찾은 이유는 바로 '자유'를 얻기 위해서다. 삶은 구속이다. 그리고 그 구속을 벗어나는 과정이 삶이다. 하고 싶은 일을 하기 위해 해야만 하는 일을 하는 것이 삶이다. 혼자 살아가는 세상이 아니기에, 자신과 연결된 수많은 사람과 상황 속에 얽혀 살아간다. 그리고 자립한 후에는 다시 이 매듭을 풀어 가는 것이 삶이다. 같은 사람이지만, 매듭을 풀기 전과 후는 완전히 다른 사람이다. 그물코를 들어 올리면 모든 그물이 따라 올라온다. 우리네 삶도 이와 같다. 한 개인의 삶은 수많은 사람과 상황으로 함께 엮여 있다. 사람과 상황 속에서 건강한 그물코로 살다가 어느 정도 세월이 흐르면 그 그물에서 벗어나 자신만의 삶을 살아가야 한다. 하지만 대부분 삶이 힘들어서, 또는 삶이 너무 즐거워서 그물에서 벗어날 생각조차 하지 못하고 삶을 마감하기도 한다. 가정적, 사회적 책임을 어느 정도 마친 사람은 마지막으로 가장 중요한 자신에 대한 책임을 져야 한다. 그것이 바로 자유로운 자신이 되는 길이다. 어떤 상황에도 매이지 않고 자신이 하고 싶은 일을 하더라도, 주변 사람을 힘들게 만들지 않는 삶을 살아야 한다. 70세가 되면 '종심소욕불유구(從心所欲不踰矩)'의 삶이 되어야 한다고 공자가 말했다. 이는 마음 먹은 대로 해도 법도에 어긋나지 않는 삶을 의미한다. 과연 내 나이 70에 이런 경지가 찾아올지 궁금하다.

소외(isolation)는 요즘 느끼고 있는 고민이다. 가끔 사람들과 떨어져 지내고 있다는 생각이 들기도 하고, 사람들과 어울리는 것을 불편하게 느끼기도 한다. 때로는 내가 사람들을 싫어하는 사람인가를 고민하기도 한다. 홀로 지내는 것이 불편하지는 않지만, 그럼에도 가끔은 외로움을 느끼기도 한다. 고독은 스스로 홀로 지내는 것이고,

고립은 어쩔 수 없이 혼자가 되는 상황이다. 그렇다면 소외는 무엇일까? 요즘 내가 느끼는 고민이 소외일까? 인간은 태어날 때 혼자이듯 죽을 때도 혼자 죽을 것인데, 누군가와 함께 있어도 결국은 혼자라는 의미가 아닐까? 소외, 고독, 고립, 외로움은 간혹 같은 뜻으로 쓰이지만 각자 의미가 다른 것 같다. 어떻든 요즘 내가 느끼고 있는 것은 어쩌면 소외에 가깝다는 생각이 든다. 이런 생각을 자주 하게 되면서 마음이 우울해지기도 한다. 소외감을 느끼는 또 다른 이유는 사람들을 만나도 무슨 얘기를 해야 할지 잘 모르기 때문이다. 대부분 나의 관심사와는 전혀 상관없는 얘기를 듣는 것이 마냥 편하지는 않다. 그 대화에 끼어들 자신도 없고, 딱히 할 말도 없다. 그래서 군중 속 고독이라는 말이 나온 것 같다. 가끔 사람들과 어울리면서 느끼는 것 중 하나는 말하는 사람들은 많은데 듣고 있는 사람들은 별로 없다는 것이다. 아마 그래서 사람과 함께 있으면서도 외로움을 느끼고 소외감을 느끼는 것 같다.

마지막 주제인 무의미(meaninglessness). 만약 빅터 프랭클이 삶의 의미를 찾지 못했다면, 또 나치 수용소에 갇혀 있던 사람들이 삶의 의미를 찾지 못하고 포기했다면 그들은 수용소를 벗어날 수 없었을 것이다. 약 10년 전에 '동사섭'이라는 프로그램에 참여한 적이 있다. 거의 끝날 즈음에 독배를 마시는 프로그램이 있다. 연필을 오른편에 놓고 앉아 연필을 독배로 생각하고 마신 후 왼편으로 옮겨 놓는 작업이다. 참석자 중 가장 먼저 할 줄 알았다. 하지만 막상 독배를 마시고 죽게 된다고 생각하니 쉽게 옮길 수가 없었고, 죽음을 목전에 둔 사람처럼 수많은 생각과 영상들이 나타났다 사라졌다. 그리고 많은 감정이 떠올랐는데 마지막까지 내려놓지 못한 감정이 '억울함'이었다. 무슨 억울한 일이 그렇게 많았는지, 그 억울함 때문에 죽는 것을 거부하고 있었다. 정말 많이 울고 또 울었다. 한참을 운 후에 겨우 옮겼던 것 같기도 하고, 어쩌면 마지막 순간까지 옮기지 못했던 것 같기도 하다. 마지막 장면은 정확하게 기억나지 않는다. 그리고 시간이 흐르면서 억울함을 풀기 위해 삶의 의미를 찾기 시작했다. 어쩌면 억울함을 풀기 위해 상담을 공부했는지도 모르겠다.

책을 읽기도 전에 네 가지를 먼저 나름대로 생각하며 정리해 보았다. 죽음, 자유, 소외, 무의미라는 상황은 우리에게 주어진 실존의 문제들이다. 죽음을 피할 수는 없다. 하지만 삶 속에서 자유를 선택할 수는 있다. 소외감을 느낄 수는 있지만 삶의 의미를 찾아 극복해낼 수 있다. 가장 중요한 점은 바로 자신이 주인이 되어야 한다는 것이다. 삶과 죽음의 선택, 자유 의지를 지닌 개인으로서의 삶, 소외감을 삶의 의미로 극복해 나가는 자신의 결정. 실존은 이런 것들을 다룬다. 결국 삶의 문제는 그 문제를 통해 '참 자아'를 찾을 수 있게 만들어 준다. 실존주의 심리 치료를 지금이라도 알게 되어 기쁘다. 상담심리사로서 정체성을 찾고 이 길을 꾸준히 갈 수 있게 되어 기쁘다. 과거의 정체성을 벗어 버리고 지금의 정체성을 찾게 되어 기쁘다. 걷기와 글쓰기를 좋아하는 상담심리사가 나의 정체성이고, '나'다. 그리고 이 일을 하는 사람이 바로 자유롭게 선택하고 자유로운 삶을 살아가고 있는 '참 자아'다.

야생성 회복의 방법

야생성 회복이란 무엇일까? 잊고 있던 자신을 되찾는 것이다. 그럼, 자신이란 무엇일까? 일반적으로 몸, 마음, 감정, 소유물 등을 자신이라고 생각한다. 이런 것들이 자신이라면, 또 자신의 것이라면 자신이 마음껏 다룰 줄 알아야 한다. 하지만 실상은 그렇지 않다. 자신의 것임에도 불구하고 자신이 마음대로 할 수 없는 이상한 상황이 발생한다. 오히려 자신의 소유물이라 생각하는 것들이 주인이 되고 자신은 노예가 된다. 자신의 행복을 위해 얻고자 노력하는 것들이 삶을 불편하고 불행하게 만든다. 야생성의 회복이란 노예나 종의 신분에서 벗어나 자유를 되찾고 주인이 되는 것이다. 자신이 주인임을 인식하고 주인으로서의 삶을 살아가는 것을 의미한다.

그렇다면 무엇으로부터 자유로워져야 하는가? 또 어떻게 자유로워져야 하는가? 요즘 읽고 있는 책『붓다의 호흡법, 아나빠나삿띠』에 그 답이 나온다.

우리를 구속하고 있는 것의 정체는 바로 무지(無知)다. 무지란 아는 것이 부족하거나 없다는 의미가 아니라 존재의 실상인 삼법인, 즉 무상, 고, 무아에 대한 철저한 이해가 없는 것을 의미한다. 무지하기에 무상한 것을 영원하다고 착각하고, 몸을 지닌 인간의 삶 자체가 고(苦)라는 사실을 인식하지 못하고 행복을 구하러 불나방이 되어 불 속으로 뛰어들고 있다. 무아를 이해하지 못하고 자신의 몸과 마음, 그리고 소유물을 자신이라고 착각하며 그것들의 노예로 살아가고 있다. 삼법인에 대한 철저한 인식과 이해를 통해 자유로워질 수 있다.

"마음이 무엇으로부터 자유로워지는가? 즉 마음은 번뇌들로부터 자유로워진다. 다시 말하면, 마음은 탐욕, 증오 또는 분노, 어리석음, 자만, 그릇된 견해, 의심, 나태와 무기력, 불안, 양심 없음, 두려움 없음 등으로부터 해방된다. (중략) 그러면 이제 어떤 방법으로 이 모든 번뇌들을 제거할 수 있는지 궁금할 것이다. 수행자는 다양한 방법으로 수행하여 번뇌들을 제거하여 마음을 자유롭게 할 수 있다. (중략) 숨을 내쉬고 숨을 들이쉬는 동안 빈틈없이 알아차림 한다면, 호흡을 하는 동안 수행자는 번뇌로부터 마음은 자유로워진다."

- 위의 책 본문 중에서

이 책은 아나빠나삿띠, 즉 들숨 날숨에 마음 챙기는 호흡 수행법을 자세하게 설명해 놓은 책이다. 호흡이 없으면 죽는다. 호흡이 있어야 산다. 호흡은 바로 우리 몸이자 생명이다. 또 몸의 감각도 있다. 몸의 감각을 느끼고 인식함으로써 우리는 외부 자극에 반응하며 살아간다. 감각을 느낀다는 것은 살아 있다는 것이고, 감각을 느끼지 못한다는 것은 죽음을 의미한다. 살아 있는 몸과 시신이 된 몸은 같은 몸이지만 다른 몸이기도 하다. 시신은 몸의 감각기관을 갖고 있지만, 호흡도 없고 감각을 느끼지도 못한다. 호흡이 살아 있어야 감각을 느낄 수 있다. 호흡과 감각은 한 몸이고, 바로 우리 몸이다. 호흡을 통해 자유를 얻을 수 있다는 의미는 몸의 감각을 통해 자유를 얻을 수 있다는 것과 같은 말이다.

해파랑길을 걸으며 야생성, 즉 자유를 되찾고 싶다는 글을 예전에 쓴 적이 있다. 수행자처럼 평생 선방에서 화두 참선을 하거나 위빠사나 수행을 할 수는 없지만, 생활 속 호흡 명상을 통해 자유를 되찾고 싶고, 길을 걸으며 몸의 감각을 통해 자유를 되찾고 싶다. 따라서 내게 걷기는 고귀한 수행(noble practice)이다. 이 고귀한 수행을 하기 위해서는 고귀한 침묵(noble silence)이 필수적이다. 침묵을 유지해야 호흡과 몸의 감각을 느끼며 걸을 수 있다. 해파랑길을 걸으며 오전과 오후에 각각 30분 정도 침묵 속에서 걷는다. 혼자 걸을 때는 자연스럽게 침묵 속에서 걷게 되지만, 함께 걸을 때는 의식적으로 침묵 시간을 만들고, 침묵 걷기를 하겠다는 마음을 확립하고, 침묵 속에서 걸을 필요가 있다.

고엔카 수행센터의 한국 분원인 '담마코리아 위빠사나 명상센터'에서 10박 11일간 집중 수행을 했던 적이 있다. 그 안에서 철저하게 지켜지는 것이 이 고귀한 침묵이다. 등록한 직후부터 10일 내내 침묵을 유지하며 집중 수행을 한다. 11일째 되는 마지막 날, 침묵을 풀게 되는데 그때부터 명상센터는 매우 소란스러운 난장이 되어 버린다. 마지막 날에 침묵을 해제하는 이유를 모르겠다. 이 글을 쓰며, 어쩌면 침묵 수행의 중요성을 일깨워 주기 위한 방편이라는 생각이 든다.

요즘 호흡 명상을 할 때는 한 호흡, 한 호흡 정성을 다하려고 노력한다. 잘 되지 않는다. 하지만 한 호흡에 목숨이 달려 있다는 마음으로 정성을 다한다. 그리고 좌정(坐定) 명상이 끝난 후, 일상에서도 호흡 접촉점을 의식하려고 한다. 가능하면 호흡이 나의 의식에서 떨어지지 않도록 노력하고 있다. 의식과 상관없이 호흡은 저절로 진행되고 있지만, 그 호흡을 의식하는 것과 의식하지 못하는 것은 큰 차이를 만들어 낸다. 의식하는 순간 번뇌는 사라지고, 의식하지 못하는 순간 그 틈을 이용해서 번뇌가 침투한다. 걸으며 몸의 감각을 느끼며 걷는다. 몸의 감각을 느끼지 못하는 순간 역시 번뇌는 쳐들어온다. 번뇌에서 벗어나는 방법은 의외로 쉽다. 호흡과 몸의 감각을 느끼며 지내는 것이다. 말은 쉽지만 실천하기는 쉽지 않다. 그래서 선사들이 화두를 단 한 순간도 놓치지 않으면 일주일 만에 깨달음을 얻을 수 있다고 말씀하신 것 같다.

어떤 마음으로 걷느냐, 어떻게 걷느냐에 따라 완전히 다른 결과에 다다른다. 호흡과 몸의 감각에 집중하며 걸으면 모든 번뇌에서 벗어나 자유롭게 살아갈 수 있다. 반면, 일상의 습관적인 태도를 유지하고 걸으면 오히려 자신의 성을 더 높고 두껍게 강화한다. 걷기는 자신이 만든 성을 부수는 행위다. 자신의 성을 부수면 온 세상과 하나가 된다. 너와 나의 구별이 사라지고 모든 존재에 대한 차별이 사라진다. 차별은 집착과 혐오를 만들어 낸다. 이 두 가지에서 벗어나면 야생성, 즉 자유를 되찾게 된다.

우리가 걷는 이유

자주 걸어 다녔던 월드컵 공원, 하늘 공원, 노을 공원, 난지천 공원을 길벗들과 함께 오랜만에 걸었다. 그간 주말에는 경기 둘레길을 진행하고, 평일에는 딸네 집에 머물기 시작하면서 한동안 이 길을 걷지 못했다. 길과 사람은 공통점이 많다. 길과 사람은 늘 그 자리에 있는 것처럼 보이지만, 조금씩 변하고 있다. 세월의 흐름이나 계절의 변화에 따라, 또 길이나 사람을 바라보는 마음에 따라 달라 보인다. 하지만 변하지 않는 중요한 한 가지도 있다. 길은 모습이나 주변이 변해도 늘 그 자리에 있다. 사람도 변한 것처럼 보이지만 그 사람은 그 사람이다. 길과 사람은 겉모습이 변해 보여도, 길과 사람이라는 사실은 절대 변하지 않는다. 다만, 우리가 길을 자주 가다가 어느 순간 찾아가지 않게 되면서 멀어지듯이, 사람들도 자주 만나다가도 만나지 않으면 멀어진다. 찾아가고 만나려는 노력은 자신에게 달려 있다. 길과 사람이 변한 것이 아니라 자신이 변한 것이다.

상암동 공원은 고향 같은 곳이다. 그래서 언제, 어떤 상황, 어떤 날씨에 걸어도 편안하고 즐겁다. 고향은 지친 사람들에게 몸과 마음의 휴식을 제공해 주고 회복할 수 있는 자원을 제공한다. 그래서 사람들은 나이가 들면 고향을 찾는다. 반면, 경기 둘레길은 바깥세상이다. 바깥세상은 두려우며 긴장하게 만든다. 하지만 이 두려움과 긴장감은 사람을 단련시킨다. 웬만한 풍파에 흔들리지 않는 근력을 키워 준다. 나뭇잎이 떨어지고 가지가 부러져도 뿌리 깊은 나무는 흔들리지 않는다. 바깥세상에서 힘든 풍파를 견딘 후에 심신의 안정과 휴식을 찾기 위해 고향으로 돌아간다. 고향은 휴양소이고 바깥세상은 전쟁터이다. 전쟁이 두렵다고 바깥세상에 나가는 것을 꺼리고 고향에만 머물러 있는 것도 바람직한 일은 아니다. 고향은 내부의 힘을 키우는 장소이고, 바깥세상은 그 키운 힘을 기반으로 전쟁을 치르는 장소이다.

안과 밖을 어떻게 활용하느냐에 따라 강해질 수도 있고 약해질 수도 있다. 안에만 머물면 안락함은 있지만 발전과 변화가 없다. 밖에만 머물면 강해질 수는 있지만 자신의 정체성을 잃어버릴 수 있다. 이 두 가지, 안과 밖을 넘나들며 균형 있는 발전과 성장을 이루는 것이 삶의 지혜다. 그런 면에서 상암동 공원은 안이고 경기 둘레길은 밖이다. 안에서 체력을 키워 밖을 걷고 있다. 밖에서는 단련된 체력을 활용해서 좀 더 넓은 세상을 경험하며 성장한다. 밖에서 겪었던 일들이 때로는 상처가 되기도 한다. 그러면 안으로 들어와 상처를 치료한 후 다시 밖으로 나가 전쟁을 치른다. 경기 둘레길을 걸으며 참가자들이 변화하는 모습을 많이 보게 된다. 나 또한 변화한다. 긍정적인 변화도 있고 부정적인 변화도 있다. 이 두 가지가 합해져서 '나'를 만들어 간다. 우리는 모두 긍정적인 면과 부정적인 면을 지니고 있다. 긍정적인 부분만 인정하려는 습관도 서서히 변화하며 부정적인 부분도 받아들이게 된다. 상처가 있는 나무가 아무 상처도 없는 매끈한 나무보다 더 매력 있어 보이는 이유다.

경기 둘레길을 걸으며 도전하고 있다. 길에 대한 도전, 자신에 대한 도전, 사람들과 함께 걷는 도전, 날씨에 대한 도전, 시작과 마무리에 대한 도전 등을 하고 있다. 용기와 자신감을 얻기도 하지만, 가끔은 부정적인 상황을 만나서 힘들 때도 있다. 이 두 가지가 모두 내 안에 머물며 화학 작용을 일으켜 '나'가 되어 간다. 긍정과 부정이 섞이면서 두 가지를 모두 수용하는 지혜를 얻는다. 아직 끝나지 않은 길이지만 지금처럼 걸으면 언젠가는 끝날 것이다. 시작한 일을 마무리하는 것은 매우 의미 있는 일이다. 성취감이 생기고 그 성취감은 자기 효능감으로 연결된다. 어떤 일이든 수행할 수 있다는 자신감이다. "실패는 없고 다만 포기만 있다."라는 말을 들은 적이 있다. 맞는 말이다.

길을 걷는 것은 밖의 세상을 경험하며 자신의 세상을 넓히는 작업이다. 길과 자연, 사람들을 만나며 자신의 벽을 허물게 된다. 때로는 자신 속으로 더욱 움츠러들기도 한다. 움츠러드는 자신을 안고 달래며 걸으면, 저절로 어깨가 펴지고 허리도 곧게 서게 된다. 중요한 것은 포기하지 않는 마음이다. 불편함과 힘듦을 안고 가야할 길을 가고, 만나기 싫은 사람을 만나고, 하기 싫은 일을 한다. 불편함, 사람에 대한 감정, 삶의 짐에 대한 부담감은 그 자체로 존재하는 것이 아니라, 생각과 의식이 만들어 낸 허상이다. 우리는 허상에 속아 그 안에서 힘들게 살아간다. 이런 삶의 무게를 버티게 해 주는 것이 바로 걷기다. 이 모두를 안고 걸으면 된다. 처음에는 발걸음이 무겁고 힘들 수도 있지만, 불편함을 안고 견디는 힘이 생기면 생길수록 무게는 점점 더 줄어들어 가볍게 걸을 수 있다.

오래 걷다 보면 심지어 생각조차 무거워 내려놓게 된다. 걷기를 마치면 저절로 행복한 미소가 얼굴에 가득 떠오른다. 삶의 모든 고통에서 해방되는 순간이다. 갖고 있으면 무겁지만 흘려보내면 가볍다. 상황과 사람에 대한 불편함을 안고 살면 힘들지만 흘려보내면 편안하다. 그러나 흘려보내려 해도 잘 안 되는 것들이 있다. 그때는 무작정 걸으면 된다. 굳이 그 생각을 잊으려고 애쓸 필요 없이 몸의 감각에 집중하며 걸으면 된다. 감각에 집중하는 순간 모든 생각들은 저절로 사라진다. 걷기는 안과 밖의 경계를 허물고 몸의 감각을 통해 삶의 고통을 행복으로 바꾸는 아주 쉽고 건강한 방법이다. 우리가 걷는 이유다.

우중(雨中) 걷기

날씨는 걷기의 방해꾼일까? 걷기에 즐거움을 더해 주는 고마운 친구일까? 매일 같은 날씨라면 어떨까? 각자 자신이 처한 상황이나 건강 상태에 따라 다를 것이다. 하지만 오랜 기간 꾸준히 걸어온 사람으로서, 날씨는 걷기와 전혀 상관이 없다는 얘기를 하고 싶다. 다양한 날씨는 걷기의 즐거움을 더욱 크게 만들어 준다. 한겨울에도 옷을 잘 챙겨 입고 밖으로 나가서 걸으면 추위보다는 시원함을 느낄 수 있다. 무더운 날씨에 걸으면 땀범벅이 되기는 하지만 걸은 후 느끼는 개운함은 이루 말할 수 없다. 눈이 오는 날 걷는 즐거움은 말할 필요도 없고, 비가 오는 날도 운치가 있어 걷는 즐거움이 크다. 다만 한 가지 주의할 점은 날씨에 맞게 준비를 잘하고 걸어야 한다는 것이다. 그래서 꾸준히 걷는 사람들은 일기 예보를 미리 살펴보는 습관이 있고, 걸으면서도 기상청 일기 예보를 실시간으로 확인하기도 한다. 준비한 만큼 즐길 수 있다.

오늘은 양재시민의숲역에서 수서역까지 서울 둘레길 9코스를 걷는다. 원래 일기 예보에는 오후 1시경 소나기가 올 예정이었는데 시간에 따라 예보가 계속 변하고 있다. 오전 9시가 넘으면서 비가 내리기 시작한다. 오전 10시에 모여 각자 비를 맞을 준비를 하며 걷기 시작한다. 어떤 사람은 우비를 입고, 어떤 사람은 우산을 쓰고 걷는다. 산길을 걸을 때 늘 스틱을 사용하는 나는 우비를 선호한다. 두 손이 편해야 걷기가 수월하다. 우중 걷기를 할 때 늘 고민이 되는 것이 어떤 우비를 사용하느냐다. 우비를 쓰면 덥고, 우산을 쓰면 손이 불편하고, 비가 제법 많이 내릴 때는 어떻게 하는 것이 좋은지 늘 고민이었다. 작년에 할인점에서 싸게 구입한 우비를 입어 보니 가볍고 덥지도 않아 편하다. 우중 걷기의 필수품인 우비를 제대로 만난 것 같아 좋다.

서울 둘레길 코스 중 대모·구룡산 코스는 가장 좋아하는 길 중의 하나다. 서울 둘레길의 어느 코스든 모두 좋지만, 특히 이 코스는 더 정이 간다. 산길이어서 그늘도 많고, 두 개의 산을 오르락내리락하는 즐거움도 크고, 무엇보다 길 자체가 참 멋있고 기품이 있다. 길이 끝날 때쯤 되면 끝나는 것이 아깝고 아쉬워 발걸음을 조금 천천히 한다. 그만큼 걸어도 또 걷고 싶고, 걸으면서 계속 걷고 싶은 길이다. 산 입구에 들어서면서 30분간 침묵 걷기로 발의 감각에 집중하며 걷는다. 비로 인해 땅이 부드럽다. 가끔은 진흙 길을 만나기도 하지만 이 또한 비 오는 날에만 경험할 수 있는 독특한 즐거움이다. 이 길을 매일 걷는다고 해도 이런 진흙 길을 만나는 것은 일 년에 며칠 되지 않을 것이다. 일기일회(一期一會)다. 그러니 진흙 길도 반갑다. 우비에 떨어지는 빗소리를 들으며 발의 감각에 집중하며 걷는다. 두 가지 감각을 동시에 느낄 수 없기에 다시 발의 감각에 집중하며 걷는다. 나뭇잎과 이름 모를 풀들도 비를 맞이하며 한껏 들떠 있는 것 같다. 우중 걷기가 그리워 비를 기다리듯이 이들도 비가 그리웠나 보다. 비가 안개를 만들고, 안개 속을 걸으며 우리는 신선이 된

다. 안개의 몽롱한 분위기가 만들어 주는 신비감 또한 우중 걷기의
즐거움이다.

지난주에는 물을 다섯 병 마셨는데, 오늘 마신 물의 양은 지난주
의 1/3 정도밖에 안 된다. 날씨와 물의 양은 상관관계가 있다. 하지
만 날씨와 걷기와는 아무런 관계도 없다. 잠시 휴식을 취한 후, 이번
에는 30분간 소리에 집중하며 걷는다. 우비 위로 떨어지는 빗소리
를 들으며 걷는 일은 색다른 경험이다. 마치 나만의 세계에 빠져 걷
는 느낌이다. 가끔 저 너머에서 새소리가 들린다. 소리에 집중하며
걸을 때는 가까운 소리보다는 멀리서 들리는 희미한 소리를 들으려
고 노력하면 집중이 더 잘 된다. 가까운 소리에서 조금씩 멀리서 들
리는 소리로 의식을 옮겨 가며 청각에 집중하는 것도 좋은 방법이
다. 길벗과 함께 걷고 있지만, 침묵 속에서 우비 위에 떨어지는 빗소
리를 들으면 마치 진공 속에서 홀로 걷고 있는 것 같은 착각이 들 정
도로 고요하고 편안하다. 그 어떤 것도 침묵 걷기를 방해할 수 없
다. 우비 위에 떨어지는 빗소리가 나를 보호해 주는 방어막이 된다.

우중 걷기를 즐기게 된 데는 나름의 이유가 있다. 산티아고 길을
걸을 때 흠뻑 비를 맞고 걸었던 경험 덕분인 것 같다. 그 이전에는
비 오는 날 걷는 것을 싫어했다. 축축한 날씨에 몸은 땀에 젖고, 신
발도 비에 젖고, 몸에 비 맞는 것이 싫었다. 산티아고 길을 걸으며
서너 번 폭풍우를 만났다. 우비를 입어도 우비가 뒤집힐 정도로 바
람이 매우 거셌다. 그래서 방수 점퍼를 입고 걸었다. 방수 점퍼는
가벼운 비 정도는 막아줄지 몰라도 많은 비를 맞으면 그 습기는 그

대로 전달되고 옷이 비에 흠뻑 젖으며 방수 기능을 상실한다. 그냥 일반 점퍼를 입은 것과 별반 다르지 않다. 엄청난 비는 천둥과 번개를 동반하며 나의 길을 막으려 했다. 되돌아갈 수도 없는 길이고, 막 지나쳐 온 지역의 알베르게는 빈방이 없어서 한 코스를 더 걸어야만 했다. 하늘은 먹구름이 가득해서 낮인데도 저녁처럼 어두웠다. 무서웠다. 하지만 멈춰설 수도 없는 상황이다. 설상가상으로 등산화 밑창이 덜렁대며 신발과 분리되기 직전이다. 땅은 진흙 길이어서 걷기가 불편했다. 어떻든 그렇게 해서 찾아간 곳이 지도에도 없는 이탈리아 신부님이 운영하는 알베르게였다. 그날 밤 세족식이라는 거룩한 의식을 받았고, 전기가 들어오지 않아 촛불을 켠 식탁에서 포도주와 함께 최고의 만찬을 즐기게 되었다. 마치 과거로 여행 온 느낌이었다. 그날의 경험이 우중 걷기를 그렇게 만든다. 그 후로 비를 피하지 않고 즐기며 맞을 수 있게 되었고, 우중 걷기는 가장 좋아하는 걷기가 되었다. 비 오는 날이면 집에 있다가도 우산을 꺼내 들고 일부러 비를 맞으러 나가서 걷기도 한다. 나가면서 설레고 기분이 좋아지고, 걸으면서 저절로 콧노래가 나온다.

금요일 오전이어서 그런지 인적이 드물어서 길은 여유롭고 한산하다. 가끔 삼삼오오 걷는 사람들을 만난다. 맨발 걷기를 즐기기 위해 나온 사람들의 모습도 보인다. 이 길 끝나는 지점은 맨발 걷기에 좋은 장소이고, 맨발 걷기 체험 교육을 한다는 플래카드도 걸려 있다. 요즘 둘레길을 걸을 때 맨발로 걷는 사람들을 자주 본다. 비 오는 날에 발의 감각에 집중하고 땅의 감촉을 느끼며 맨발로 걷는 재미도 무척 클 것이다. 이들이 단순한 건강 위주의 걷기에서 마음도 챙기는 걷기를 할 수 있다면 더 좋겠다. 몸과 마음의 균형과 건강을 동시에 챙길 수 있는 것이 마음챙김 걷기다. 특히 비 오는 날은 마음챙김 걷기를 하기에 매우 좋은 날씨다.

　서울 둘레길을 걸으며 오랜만에 참다운 우중 걷기를 즐겼다. 함께 걷는 길벗들의 웃는 얼굴을 보며 이들도 우중 걷기를 즐기고 있다는 것을 알 수 있었다. 한 길벗이 뒤에서 "멋있다!"라고 외친다. 걷는 자신과 길벗들의 모습이 멋있게 보였던 것 같다. 비 오는 멋진 날에, 멋진 길을, 멋진 길벗과 함께 걸으며, 멋진 하루를 보냈다.

인생 3막의 과업

흔히 인생을 1막과 2막으로 나누지만, 나는 3막으로 나눈다. 1막은 부모님과 선생님, 친구들 덕분에 만들어진 삶이다. 이때는 거의 모두를 지원받기에 자신이 할 일만 하면 된다. 일반적으로 태어나서 학교 졸업까지가 1막이 된다. 2막은 홀로 서는 시기다. 졸업 후 생활 전선에 뛰어들어 치열하게 살아가며 고군분투한다. 하고 싶은 일을 하기도 하지만, 해야만 하는 일이 더 많다. 자신의 꿈을 이루기 위해 자신에게 주어진 책무를 다하는 시기다. 퇴직하고 자녀들을 결혼시키고 가정적, 사회적 의무를 마치며 2막의 커튼은 내려진다. 3막은 그동안 쓰고 살았던 가면을 벗어던지고 자기 자신을 찾아가는 시기다. 2막의 정체성은 자신의 꿈을 실현하며 만들어진다. 하지만 3막에서는 2막에서 만들어진 정체성을 부수고 '참 자신'이라는 새로운 정체성을 만들어야 한다.

칼 융은 중년의 삶을 매우 중요하게 생각한 분석심리학자다. 가정적으로 또 사회적으로 자신의 역할을 어느 정도 완수한 후, 삶의 의미를 찾는 작업이 인생 전반에서 매우 중요한 과업이라고 강조한다. 가면을 쓰고 자신의 꿈과 역할에만 충실하게 살아온 이전의 삶에서 벗어나, 오로지 자신만의 삶을 찾아 떠나는 여정이 인생 3막이다. 여기서 삶의 의미를 찾지 못한다면 무기력한 삶을 살아가게 된다.

많은 것을 포기하거나 체념하며 우울감을 느낄 수도 있다. 이 우울감은 뭔가를 하고 싶다는 생각조차 하지 못하게 만들고, 스스로 동굴 안에 들어가 있는 듯 없는 듯 살아가게 만든다. 따라서 인생 3막에서는 삶의 의미를 찾는 매우 중요한 작업을 시작해야 한다. 삶의 의미는 결국 "왜 태어났는가?" 또는 "나는 누구인가?"라는 질문을 하고, 그 질문에 대한 답을 찾으며 알아가게 된다.

요즘 함께 걷는 길벗들은 인생 3막에 있는 사람들이다. 대부분 퇴직했고, 자녀들은 결혼했거나 성인으로 독립해서 살아간다. 지금부터 어떤 삶을 살아가야 하는가가 우리 앞에 놓인 인생 3막의 무대가 된다. 어떤 무대를 꾸미고 싶은가? 인생 1막과 2막을 그리워하거나 과거에 매여 지금을 살고 싶은가? 아니면 자신만의 3막을 위해 무언가를 도전하며 살아가고 싶은가? 선택은 오직 자신만이 할 수 있다. 그 누구도 인생 3막을 대신 살아 줄 수 없다. 1막과 2막은 주변 사람들의 도움을 받으며 살 수 있지만, 3막은 그렇지 않다. 오로지 자신만의 두 발로 우뚝 서야 한다. 그래서 "나는 누구인가?"라는 가장 원초적인 질문을 하며 자신의 참모습을 찾아야 한다.

우리는 살면서 자신을 지키기 위해 '나'라는 ego를 만들게 된다. 그리고 ego가 자신이라고 착각하며 살아간다. 하지만 ego와 Self는 구별되어야 한다. ego는 생존을 위해 자신을 지키는 수단이 될 수는 있지만, 참 자신인 Self가 될 수는 없다. ego는 목표 지향적이고 이기적이며, 타인과 경쟁하고 비교하며 우위에 서려고 한다. 비교는 결국 비참함으로 끝을 맺는다. 우월감을 느끼려는 마음은 결국 열

등감에서 비롯된 것이고, 이 두 가지 모두 자신에게 부정적인 영향을 미치게 된다. ego는 'Doing Mode'의 삶을 추구한다. 늘 행동하고 비교하고 성취하기 위해 자신을 바친다. 자신의 ego를 만족시키기 위해 자신을 바치는 꼴이다. 결코 만족을 모르고 늘 결핍에 시달리며 불안과 불편, 불만이 가득한 삶을 살게 된다.

반면, Self는 참 자신이다. 존재 그 자체로 이미 완벽하다. 더 이상 완전함이나 만족을 추구할 필요조차 없다. 너와 나의 구별이 없으니 비교하지 않으며, '하나'라는 세상을 이루고 늘 평온하게 살아간다. Self는 'Being Mode'의 삶이다. 이미 완벽하고 충만한 삶이다. 굳이 무언가를 추구하려 한다면 이는 맨살을 긁어 부스럼을 만드는 꼴이다. 주변 사람의 행복과 불행이 곧 나의 행복과 불행이 된다. 모든 존재의 행복과 건강을 기원하는 삶을 살아간다. 너와 나의 구별이 사라진 오직 하나의 우주만 존재한다. 그리고 주어진 하루하루를 무심하게 살아갈 뿐이다.

Self를 찾기 위해서는 ego를 죽여야 한다. ego는 Self의 눈을 가리며 Self가 본 모습을 드러내지 못하게 한다. ego가 모습을 드러낼 때 그 ego를 죽이면 Self는 저절로 그 모습이 드러난다. ego를 죽이는 작업이 바로 Self를 되찾는 작업이다. ego는 자신을 자랑하고 싶어 하고, 남을 비난하고 싶어 하고, 자신이 하기 싫은 일을 다른 사람에게 시키려는 언행과 태도로 그 모습이 드러난다. 이런 마음이 올라올 때 빨리 알아차리면 ego는 저절로 사라진다. ego라는 어두운 어리석음은 알아차림이라는 빛이 발하는 순간 사라진다. 굳이

ego를 몰아내려고 애쓸 필요가 없다. 자신의 언행을 잘 관찰하면 된다. 언행을 관찰하는 행위가 바로 마음챙김이다. 마음챙김을 통해 알아차리면 그런 언행을 멈출 수 있다. 멈추는 순간 ego는 자취를 감추고 자연스럽게 Self가 본 모습을 드러내게 된다.

오랜 기간 ego가 Self를 둘러싸고 있어서 ego를 Self로 동일시하며 살아왔다. 인생 3막은 이 두 가지를 분리해서 바라보는 탈동일시를 해야 할 때다. 탈동일시를 하는 방법은 바로 마음챙김과 알아차림이다. 마음챙김은 자신의 언행과 태도를 객관적인 시각에서 지켜보는 것이고, 알아차림은 ego가 모습을 드러낼 때 ego를 사라지게 만들어 Self가 본 모습을 자연스럽게 드러내도록 하는 것이다.

길을 걸으며 마주치는 사람과 상황을 통해 우리는 ego를 볼 수 있다. ego를 본다는 것은 바로 Self를 찾는다는 의미다. ego는 알아차리면 사라지고, ego가 사라지면 바로 그 자리에 Self가 본 모습을 드러낸다. 길벗의 모습을 보며 어떤 생각과 감정이 올라오면 그것에 속지 말고, 그것이 자신의 ego라고 알아차리기만 하면 된다. 상황과 마주칠 때 다양한 생각과 감정이 떠오르면 그것에 속지 말고 그 상황이 Self를 찾게 해주는 스승이라고 생각하면 된다. 번뇌가 곧 깨달음이라고 한다. 번뇌가 깨달음의 바탕이 된다. 마주치는 사람과 상황에서 불편함이 올라온다면 바로 그것이 번뇌이고, 불편함을 알아차리면 깨달음이 된다. Self를 찾는 방법이다. 자신의 ego를 통해 Self를 찾는 과정에서 수많은 시행착오를 하게 된다. 하지만 포기하지 않으면 된다. 반복을 통해 조금씩 Self에 다가갈 수 있다.

우리가 함께 걷는 것이 바로 ego를 통해 Self를 찾아가는 수행이다. 길은 마음 수련의 장소가 되고, 길벗과 상황은 스승이 된다.

퍼펙트 데이즈(Perfect Days)

삶의 의미와 목적은 같을까? 다를까? 의미는 좀 더 근원적인 질문 같고, 목적은 좀 더 구체적이고 실용적인 질문 같다. 최근 몇 달간 조금 힘든 시간을 보냈고, 벗어나기 위해 빅터 프랭클의 책을 읽고 있다. 그의 책에서 내가 힘들었던 이유를 알게 되었다. 의미보다는 목적에 무게를 두고 살아왔고, 그 목적을 성취하기 위해 오랜 시간 노력했지만 달성하지 못하고 심지어 목적조차 희미해지면서 지쳤던 것 같다. 빅터 프랭클이 얘기한 실존적 좌절 때문에 만들어진 실존적 공허감이다. 의미를 추구하고 의미를 찾는 노력을 꾸준히 해왔다면 이런 좌절이 찾아오지 않았을 것이다. 의미는 과정이고 목적은 결과이다. 의미를 찾기 위해 노력할 때 부산물로 결과물이나 성취물이 따라온다. 빅터 프랭클은 삶의 의미를 찾는 일이 무엇보다 중요하며, 찾는 방법으로 주어진 일을 열심히 해내는 일상의 중요성을 강조하고 있다. 그는 어떤 일을 하느냐가 중요한 것이 아니라 어떤 태도로 일을 하느냐가 중요하다고 한다.

니체는 "왜 살아야 하는지를 아는 사람은 그 어떤 상황도 견뎌낼 수 있다."라고 했다. 즉 삶의 의미를 찾고 삶의 방향을 찾는 사람은 자신 앞에 전개되는 다양한 상황을 수용할 수 있다는 것이다. 삶의 한 면에는 희망적이고 아름답고 즐거운 일이 존재하고, 다른 면에는 절망적이고 괴롭고 추한 것이 존재한다. 양면 모두를 인정하고 받아들이는 태도가 중요하다. 하지만 우리는 삶의 양면 중, 긍정적이고 즐겁고 행복하기만을 원한다. 그런 삶은 평생 누릴 수도 없고 존재하지도 않는 파랑새를 쫓는 꼴이 된다. 행복을 제대로 느끼기 위해서는 고난을 겪어 봐야 한다. 행복의 다른 단어는 고난과 불행이라고 할 수 있다. 고난 속에서도 행복한 순간은 존재하며, 행복 속에서도 불행한 순간은 존재한다. 손은 손등과 손바닥으로 이루어져 있다. 빅터 프랭클의 글을 읽으며 돌이켜보니 힘들었던 이유는 아직도 사회적인 성공과 성취를 이루고자 하는 욕심을 버리지 못해서였다. 매우 운 좋게도 이번 상황이 목적에서 의미로 들어가는 마지막 신고식이라는 생각이 든다. 물론 앞으로도 굴곡은 늘 존재하겠지만, 이 사실을 편안하게 받아들일 수 있는 지혜를 조금이나마 얻게 된 것 같다.

업무 때문에 지난주부터 딸네 집에 가지 않고 혼자 집에서 지내고 있다. 업무가 없는 날은 딱히 할 일도 없고, 반드시 해야만 하는 일도 없다. 그럼에도 오전 7시경 눈을 뜬 후에 명상을 한 시간 정도 한다. 때로는 늦잠을 자서 명상을 하지 않는 날도 있다. 8시경 아침 식사를 하고 신문을 본 후에 9시경 책상에 앉아 글을 쓴다. 쓴 글을 SNS에 업로드하고 나면 12시쯤 된다. 점심 식사 후 30분 정도 낮잠을 자고 나서 오후 2시경 도서관에 가거나 지인을 만나기도 한다. 요즘처럼 무더운 날에는 도서관처럼 지내기 편안한 곳이 없다. 시원하고 조용해서 휴식을 취하거나 책 읽기에는 최고의 환경이다. 오후 4~5시경 집으로 돌아와 옷을 갈아입고 한두 시간 정도 걷고 온다.

저녁 식사 후 TV를 보며 밤 11시경 잠을 잔다. 무척 평범한 일상이다. 무슨 목적이 있는 것도 아니고 어떤 일이 일어나리라는 기대 역시 없다. 이렇게 하지 않는다고 해서 무슨 일이 생기는 것도 아니다.

나의 일상을 열거하고 보니 얼마 전에 보았던 영화 「퍼펙트 데이즈」가 떠오른다. 이 영화 속 주인공의 삶이 나와 다르지 않다. 그의 일상과 나의 일상은 겉으로 보기에는 달라 보여도 실은 비슷하다. 딱히 추구하는 바도 없고, 원하는 것도 없다. 그냥 주어진 일을 묵묵히 하며 하루를 살아갈 뿐이다. 심각한 고민거리도, 이루어야 할 특별한 목표도, 욕심도, 꿈도 없다. 주인공 히라야마는 공용화장실 청소를 하며 생업을 이어간다. 그는 화장실 청소에 정성을 다한다. 일을 마친 후 술 한잔하고 집에 돌아와 책을 읽고 잠을 잔다. 나도 채용 면접관으로, 상담사로, 걷기 동호회 운영자로 하루하루 살아가고 있다. 아침에 일어나 글을 쓰거나 당일 주어진 업무를 한다. 길을 걸은 후 길벗들과 술 한잔하고 책을 읽고 잠을 잔다. 다른 사람들의 삶은 어떨까? 우리처럼 살아가는 사람도 있겠지만, 꿈과 야망이라는 목표를 추구하며 삶을 열정적으로 살아가는 사람도 있을 것이고, 삶의 방향을 잃어버린 채 절망 속에서 살아가는 사람도 있을 것이다.

어떤 삶을 살든 우리의 삶은 이미 완벽하다. 따라서 우리의 하루하루도 완벽하다. 다만 그 완벽한 하루를 어떻게 살아가느냐는 우리의 태도에 달려 있다. 빅터 프랭클에 의하면 우리의 운명은 정해져 있다고 한다. 세상은 모자이크 판이고, 모자이크의 한 조각이 우리네 삶이다. 그렇다고 우리의 자유 의지가 사라지는 것은 아니다. 모자이크의 한 조각이라는 유일무이한 삶의 의미를 찾고, 그 조각이 역할을 제대로 하게끔 만드는 것이 우리가 할 일이다. 우리의 운명이 비록 결정되어 있다고 해도, 우리는 태도를 선택할 수 있는 자유와 권리를 갖고 있다. 영화의 마지막 장면에서 주인공은 우는 표정과 웃는 표정을 매우 미묘하게 표현하고 있다. 이 두 가지 표정은 하나가 된다. 우는 표정이 바로 웃는 표정이 되고, 웃는 표정이 우는 표정이 된다. 울고 웃는 표정을 짓는 사람은 바로 주인공 한 사람이다. 울고 웃는 삶이 우리네 삶이고, 그런 면에서 우리의 하루하루는 완벽한 하루일 수밖에 없다. 사과의 모양은 모두 다르다. 모양이 다르다고 해서 사과가 아닌 것이 아니다. 삶 역시 이와 같다. 행복한 삶도 고통스러운 삶도 모두 삶이다. 즐거운 날만 날이 아니고 괴로운 날도 날이다. 그러니 매일매일 완벽한 날이다.

유일무이한 모자이크의 한 조각인 나의 삶, 단 한 번뿐인 일회성의 조건을 지닌 삶이 나의 운명이다. 나의 운명은 유일무이하고 일회성이라는 피할 수 없는 조건을 지니고 있다. 운명이다. 벗어날 수 있다면 운명이 아니다. 나에게 주어진 모자이크 조각의 의미는 무엇일까? 삶의 의미를 찾아야 한다. 니체가 의미를 찾는 방법을 매우 명쾌하게 얘기했다. "그대의 의무를 다하도록 하라. 그러면 자신이 어떤 사람인지 금방 알게 될 것이다. 그대의 의무란 무엇인가? 바로 그날의 요구를 행하는 것이다." 그날의 요구는 매 순간 주어진 일이다. 그 일이 마음에 들건 들지 않건, 좋아하는 일이건 아니건, 주어진 일에 최선을 다하는 것이 삶의 의미를 찾는 것이고 삶의 의무를 다하는 것이라고 한다.

예전에 가까운 친구 한 명이 나에게 걷기를 통해 주변 사람과 나누는 삶을 살 수 있을 것이라는 예언 아닌 예언을 한 적이 있다. 그의 말대로 밴드 '걷고의 걷기학교'를 운영하고 있다. 걷기 동호회는 많이 있다. 하지만 군이 '걷기학교'라고 명명한 것은 나름의 이유가 있어서다. 걷기를 통해 무언가를 배우고, 그 배운 것이 삶 속에 녹아들어 도움이 되길 바라는 생각으로 지은 이름이다. 길과 자연이 선생님이 되고, 걷기 자체가 선생님이 되고, 길벗이 선생님이 된다. 참다운 배움은 누가 가르쳐 줘서 얻는 것이 아니라 스스로 배워 가는 것이다. 이런 마음으로 임하면 삼라만상이 스승이 된다. 유일무이한 존재인 나의 독창성과 차별성을 표현하고 펼칠 수 있는 곳이 바로 '걷고의 걷기학교'다. 글을 쓰다 보니 결국 이 길을 오기 위해 힘든 시간을 견뎠다는 생각이 든다. 힘든 시간 역시 이 길을 찾는 여정 중 일부였을 것이다. 우리의 하루는 완벽한 하루고, 우리네 삶은 완벽한 삶이다. 뭔가를 찾아 나설 필요가 없다. 주어진 일을 매 순간 열심히, 그리고 꾸준히 하는 것이야말로 우리의 하루와 삶을 완벽하게 살아가는 방법이다.

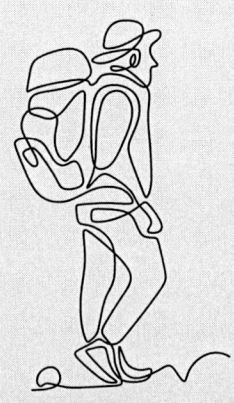

5장

걷기란?

우리는 왜 걸을까?

　월간 「산」이 창간 50주년 기념 특집으로 한국 리서치에 의뢰한 설문 조사에 따르면, 전체 성인의 62%가 한 달에 한 번 이상 등산이나 트레킹을 한다는 조사 결과가 나왔다. 4,200만 성인 인구 중 2,600만 명이 등산을 하거나 트레킹을 한다. 인구 분포를 살펴보면 60대 이상이 77%로 1위를 차지했고, 40대가 58%로 2위, 30대가 54%로 3위를 차지했다. 한 가지 큰 변화는 월 1회 이상 트래킹을 하는 인구가 전체 성인의 51%로 등산 인구가 차지하는 48%를 추월했다는 사실이다. 힘든 등산보다는 비교적 걷기 편하고 운동에도 도움이 되는 트레킹을 선호하고 있다.

　우리는 왜 걸을까? 서울 둘레길을 걷는 사람들을 대상으로 조사한 설문에 의하면 62%가 건강을 위해 걷고, 뒤를 이어 자연 감상, 휴식, 친목 도모 순으로 나왔다. 그만큼 많은 사람이 건강을 위해 걷고 있다. 건강 외에도 걷기 자체가 좋아서 걷는 사람들도 있고, 산과 들을 걸으며 느끼는 여유로움을 즐기는 사람들도 있다. 온라인과 오프라인을 이용한 다양한 취미 생활이 있지만, 성인 인구의 62%가 월 1회 이상 걷는다는 것은 그만큼 걷기가 주는 효과가 크다는 의미일 것이다.

과연 걷기는 어떤 효과가 있을까? 미국 오스틴 텍사스 대학 연구팀이 실시한 실험에 의하면 조금 빠른 걸음으로 30분만 걸어도 우울증 완화 효과를 얻을 수 있다고 밝혔다. 미국 오리건 보건과학대학 연구팀에 따르면 꾸준한 걷기 운동을 하면 심장마비의 위험을 37% 정도 예방할 수 있다고 한다. 걸으면서 체내 지방이 연소되어 혈액 순환이 원활해지기 때문이다. 15분 이상 걷게 되면 지방이 분해되어 에너지원으로 쓰인다. 국립공원관리공단에 따르면 12주간 걷기 프로그램을 운영한 결과, 평균 주 2, 3회 이상 약 12km를 걸었을 때 허리둘레는 평균 1.5cm 감소했다고 밝혔다. 또한 혈액 순환이 원활해지고 평균 수축기 혈압이 떨어졌고, 혈당과 동맥경화증의 원인이 되는 중성지방도 감소했다고 밝혔다. 미국 피츠버그 대학교 심리학과 커크 에릭슨 박사에 따르면, 1년 동안 활발한 걷기 운동을 하면 뇌의 해마를 키울 수 있어 노화로 인한 기억 장애 개선에 효과가 있다고 한다.

규칙적으로 걸으면 교감 신경과 부교감 신경의 균형이 이루어지고, 자율 신경 작용이 원활해지면서 스트레스를 완화하고 정신적인 안정을 찾는 데 도움이 된다. 또한 햇볕을 쬐면서 관절에 무리가 가지 않을 정도로 꾸준히 걸으면 다리와 허리의 근력이 증대되고 뼈의 밀도가 유지되어 골다공증 예방 효과가 있다. 걷기는 단순히 신체적 건강에만 효과가 있는 것이 아니고 인지 회복과 심리적 안정에도 효과가 있다. 몸, 마음, 생각이 우리를 만든다. 걷기는 우리를 온전하게 만들어 주는 아주 쉽고 편안하고 좋은 방편이다.

걷기 동호회에서 11년 이상 활동했고 지금은 '걷고의 걷기학교'를 운영하고 있다. 처음 동호회 걷기에 참가할 때는 말수가 적고 표정이 어두웠던 길벗들이 시간이 지나며 밝은 표정으로 변해 가는 모습을 지켜보았다. 신장 이식 수술한 어떤 길벗은 열심히 걸어서 체력을 회복한 후 철인 3종 경기에 참여했다. 위암 수술을 받은 후 건강을 회복하고 자신의 삶을 되돌아보기 위해 국내외 트레킹 코스를 걷는 길벗도 보았다. 생사의 기로에 놓인 자식을 지켜보며 그 힘든 시간을 견디기 위해 걷는 길벗도 만났다. 퇴직 후 지친 심신의 휴식과 인생 2막의 준비를 위해 걷는 길벗도 있었다. 단순히 걷기가 좋아서 나온 길벗들도 있지만, 개인마다 사연과 이유가 있는 길벗들도 많다. 꾸준히 걷는 길벗들이 왜 걷는지 궁금해서 그들을 직접 만나 인터뷰하기로 했다.

면담자를 찾는 과정이 생각보다 쉽지 않았다. 단순히 많이 걸은 사람이나 잘 모르는 사람을 취재하기보다는, 함께 알고 지내며 걸었던 길벗들의 진솔한 얘기를 듣고 싶었다. 걷기 동호회 회원이나 지인 중에 꾸준히 걷고 있는 사람들에게 인터뷰를 요청했다. 자신의 아픈 과거가 노출되는 것이 불편해서 인터뷰하는 것이 부담스럽다는 길벗도 있었다. 어떤 길벗은 인터뷰한 내용을 글로 정리하여 검토를 부탁했는데, 가족들이 아직 자신들의 얘기가 공개될 준비가 되어 있지 않다고 해서 올리지 못한 글도 있다. 면담자를 찾기 위한 공고를 SNS에 올렸는데, 모두 성사되지 못했다. 수개월에 걸쳐 총 13명을 만나 인터뷰했다. 글로 정리한 후에는 잘못된 내용 확인을 위해 면담자에게 보내서 두세 번 정도의 수정 과정을 거치기도 했다. 인터뷰에 기꺼이 응해 준 길벗들에게 지면을 통해 진심으로 감사를 전한다. 이 책에는 면담자 중 일곱 명의 얘기를 실었다.

과연 걷기란 무엇일까? 나는 왜 걸을까? 우선 걷지 않으면 몸이 찌뿌듯하다. 반면에 걸으면 에너지가 충전되며 몸에 활기가 생긴다. 걸으면서 심리적 부담을 덜어낼 수도 있다. 사람들과 불편한 일이 생겼을 때 대응하지 않고 한 시간 이상 걸으면 마음의 그림자는 대부분 사라져 버린다. 노화를 막을 수는 없겠지만 걷기를 통해 치매도 예방할 수 있다. 무엇보다도 걸으면 기분이 좋아지고 몸도 건강해진다. 잠이 잘 오고 밥맛도 좋다. 자연과 벗하며 사계절의 매력을 가까이에서 느낄 수 있다. 길벗을 만나 즐거운 대화를 나눌 수 있어서 외롭지 않고 즐겁다. 이렇게 좋은 점이 많은데 굳이 걷지 않을 이유가 있을까? 오히려 '왜 걷지 않느냐?'고 묻고 싶다.

프랑스 사회학자 다비드 르 브르통은 "정신적인 시련은 걷기라는 육체적 시련을 통해 극복할 수 있다."라고 했다. 이 말은 인터뷰했던 길벗들의 경험과 일치하고 있다. 그들은 걷기를 통해 시련을 극복하며 살아갈 자신감을 얻게 되었다. 그런 자신감으로 삶의 의미를 찾아 더욱 활기찬 삶을 이어가고 있다. 우리는 모두 행복하게 살고 싶어 한다. 몸과 마음의 건강이 행복의 열쇠다. 어떤 상황에 있든 행복하게 살고 싶으면 걸으라고 권하고 싶다. 티베트어로 사람을 뜻하는 의미가 '걷는 자'라고 한다. 사람으로 살기 위해서, 또 사람이 되기 위해서 걸어야 한다. 걸으면 원하는 삶을 살 수 있다. 행복한 삶을 원하는가? 살고 싶은가? 그렇다면 지금 당장 책을 덮고 문밖으로 나가서 걷자. 걷다 보면 길 위에서 행복의 길을 찾을 수 있을 것이다.

걷기는 생활의 균형을 잡아 주는 행동이다

- 제제 -

평정이란 곧 그냥 길을 따라 걸어가는 것이다. 걷는 동안의 평정은 또한 모든 근심 걱정과 비극이, 우리의 삶과 육체에 속이 텅 빈 고랑을 파 놓는 모든 것이 완전히 정지된 것처럼 보이는 것이다. 걷기의 집요한 권태로움은 결국 힘을 소모시키는 지나친 열정으로, 그리고 죽을 정도로 억압된 삶에 대한 혐오로 바뀐다. 그냥 걷는 것이다. 평정이란 더 이상 아무것도 기다리지 않을 때 느껴지는 큰 즐거움이다. 그냥 앞으로 걸어가기만 하는 것이다.

- 프랑스 철학자 프레데리크 그로

많은 사람이 병으로 인해 힘들어하고 스트레스를 받고 있다. 병자체가 주는 스트레스도 있지만, 그 스트레스 원(源)으로 인해 심리적으로 더욱 스트레스를 받는다. 특히 여성이 겉으로 드러나는 발진이나 화상이 있는 경우, 대인기피증이 생겨서 집안에 갇혀 지내며 고통을 겪는 경우도 많다.

"2018년 7월에 걷기 동호회에 가입했다. 걷기를 좋아해서 가입 전에도 혼자 걷기는 했지만 꾸준히 걷지는 않았고 잠깐씩 걷는 정도였다. 2016년에 피부 발진이 시작됐다. 의사 선생님도 정확한 원인을 모른다고 하며 약을 처방해 주었다. 약을 먹으면 나아졌다가 끊으면 다시 발진이 올라오는 일이 반복되었다. 2018년에 습진이 악화되었다. 그래서 피부과 치료와 운동을 병행하기로 하고, 걷기 동호회를 검색해서 가입하고 걷기 시작했다. 주 3회 이상 꾸준히 걸었고, 처방받은 약을 의사 선생님이 시키는 대로 복용했다. 날씨가 따뜻해지면 발진이 올라오곤 했는데, 2019년 봄에는 약을 끊었는데도 발진이 올라오지 않았다. 요즘도 가끔 한두 개 정도의 발진이 생기지만 신경 쓰지 않고 내버려 두면 저절로 사라진다. 환우 카페에는 온갖 치료법이 등장하는데, 치료와 운동을 병행하며 생활 습관을 바꾸는 것이 가장 기본이자 중요한 치료법이라는 확신이 생겼다."

그녀는 걷기 동호회 활동을 시작하기 전에는 집순이로 살았다. 퇴근 후 집에 오면 별로 움직이지 않고 책을 보거나 집안에서 조용히 지내는 편이었다. 하지만 좋아하는 활동만 하는 것으로는 뭔가 살짝 부족하다는 생각을 늘 하고 있었다. 집과 회사를 다람쥐 쳇바퀴 돌 듯이 왔다 갔다 했고, 일과 관련된 사람들만 만났다. 집안에 고립될 수도 있다는 두려움과 불안감을 느끼기 시작했다. 용기 내어 걷기 동호회에 가입해서 걷기 시작하면서 활동 범위가 넓어지게 되었고 다양한 사람들을 만날 기회도 생겼다. 규칙적으로 걸으면서 활동량이 많아지니까 수면 습관이 변했다. 보통 새벽 2, 3시경 잠이 들었는데, 저녁 걷기에 참가하면서 12시 이전에 잠이 들게 되었다. 주 3회 이상 정기적으로 걸으면서 생활의 균형이 잡히기 시작했고 치료 효과도 지속되었다.

또 한 가지 매우 중요한 변화가 일어났다. 움직이기보다는 생각을 많이 하고 생각으로 끝나는 편이었는데, 걷기 시작한 후 결정하고 행동으로 옮기는 힘이 생겼다. 스스로 만든 벽을 넘어선 것이다. 고민의 마지막 질문은 늘 같았다. "하고 후회하느냐? 아니면 하지 않고 후회하느냐?" 시도를 해 본 후에는 실패해도 여한이 없다. 하지만 시도조차 하지 않고 후회하면 그 찝찝한 감정이 끝까지 남는다. 실패하더라도 후회는 하지 말자는 생각을 갖게 된 것도 그녀에게 생긴 큰 변화다.

"스트레스나 생각이 많은 경우에 걷는다. '스트레스'라는 심리적 상황과 '무한한 걷기'라는 행동의 접점이 주는 힘과 맛이 있다. 걸으면 마음의 뜰을 걷는 느낌이 든다. 자신만의 세상을 걸으면 생각의 거품이 꺼지게 되고 불편한 마음도 가라앉게 된다. 걷기는 신체의 균형과 마음의 균형을 잡아 준다. 우리의 삶, 마음, 생각, 몸의 균형을 잡는 데 걷기가 최고다. 사회적 환경, 경제적 여건, 개인적 상황 등으로 힘든 사람들이 많다. 그들에게 몸을 일으켜 현관 밖으로 나오라고 강력하게 권하고 싶다. 일단 나오기만 하면 된다. 현관 밖까지 나오는 것은 그 누구도 대신 해 줄 수 없지만, 나오면 같이 걸을 수 있는 사람들이 많다. 걷기 시작한 후 얼굴과 몸이 좋아졌다는 얘기를 친구들에게 많이 듣는다. 생기가 돌고 힘이 있어 보인다고 말하면서도, 정작 자신들은 걸으러 나올 생각을 하지 않는다. 이런 점이 안타까울 뿐이다."

그녀는 자신과 비슷한 사람들과 좁은 인간관계를 맺으며 좁은 세상에서 지냈다. 하지만 동호회 활동을 통해 다양한 사람들을 만나면서 다양한 생각, 느낌, 감정이 있다는 것을 알게 되었다. 각자 살아온 과정이 서로 다른 그들만의 얘기가 있다. 그런 사람들의 태도, 말, 행동을 보며 그녀는 생동감을 느낄 수 있었다. 세상은 넓고 사람은 다양하다. 여러 사람이 모여 세상을 만들며 살아가고 있고, 우리는 세상을 구성하고 있는 사람 중 하나다. 산에 서 있는 휜 나무가 곧은 나무를 질투하지 않고, 꽃이 동물을 보고 자신과 다르다고 비난하지 않는다. 다양한 동식물들이 모여서 산을 이루고 있다. 만약 산속의 나무가 모두 같은 모양이라면? 꽃이 모두 같은 꽃이라면? 바위 모습이 모두 정육면체라면? 그런 산은 존재하지도 않겠지만, 아마도 그런 산을 찾는 사람도 없을 것이다. 함께 살아간다는 것은 다양성을 인정하고 수용하고 존중하며 살아가는 것을 의미한다. 그녀는 자신의 건강을 위해 걷기 동호회에서 걷기 시작했지만, 신체적인 건강뿐 아니라 삶의 이치를 깨달아 가기 시작했다.

처음에 걷기 시작했을 때 다른 사람들의 속도를 따라가기 힘들었고 오르막길에서는 숨이 차서 힘들었다. 지금도 몸이 힘들 때의 신체 반응은 예전과 별반 다르지 않지만 힘들다고 인식하지는 않는다. 단지 다리가 무겁게 느껴지고 숨이 거칠어질 뿐이다. 인식의 변화가 생긴 것이다. 우리가 자신과 세상에 대해서 인지할 수 있는 부분은 너무나 적다. 하지만 우리가 인식하지 못하고 있을 뿐 자신과 세상은 무궁하다. 작고 좁은 자신만의 인식 세계를 확장해서 좀 더 큰 자신이 되어 가는 것이 성장이고, 그런 성장은 세상을 평화롭게 만들 수 있다. 인식의 확장을 통해 자신과 타인의 경계가 허물어지면서, 타인을 좀 더 너그러운 눈으로 바라보고 포용할 수 있게 된다. 바로 이런 점에서 걷기는 자신을 확장할 수 있는 아주 좋은 장

(場)이다.

"걷기는 생활의 균형을 잡아 주는 일이고 행동이다. 어느 한쪽으로 치우치지 않게 중도를 유지하게 만들어 주는 행동이다. 우리는 시계추 같은 반복된 삶을 살아가고 있다. 우리의 현재 상황은 시계추의 진자 운동 반경 어디쯤엔가 있다. 오른쪽과 왼쪽을 반복하고, 내려왔다 올라갔다 반복할 것이다. 이런 반복된 일상이 '삶'이라는 것을 알고 균형을 잡아 평정심을 유지하며 살아가게 해 주는 것이 걷기다."

걷기는 평생 친구다

- 제이양 -

명상은 정신건강에 도움을 준다. 동적 명상은 정신뿐만 아니라 육체적 건강에도 더할 나위 없이 좋다. 그게 바로 걷기고 등산이다. 걷기 같은 운동만큼 공평한 것도 없다. 고생한 만큼 육체에 유익하다. 등산은 덤으로 조금 더 준다. 걸어 올라갈 때 힘들지만 내려갈 때 육체적 건강에 덧붙여 만족감, 행복, 즐거움을 만끽하도록 한다. 우울증 치료에 걷기나 등산만 한 운동도 없다. 깊은 호흡은 생리적 변화에 임팩트를 주고, 긴장을 완화시켜 스트레스를 해소한다.

- 이홍식, 연세대 의대 정신건강의학과 명예교수

처음에는 자기의 경험이 다른 사람들에게 무슨 도움이 될지 모르겠다며 약간 조심스러워했지만, 걷기 얘기를 시작하면서 매우 적극적으로 이끌어 갔다. 그녀는 문구 디자이너로 20년 이상 근무하고 있다. 동종 업계인 다른 회사의 임원이 스카우트를 제안해서 입사했는데, 그 상사와의 갈등이 심했다. 지금까지 늘 잘한다는 얘기와 칭찬을 듣고 살아왔는데, 많은 지적과 비판을 받게 되니 손발이 묶인 느낌이었다. 거부당하는 느낌을 받으니 견디기 힘들었다. 나중에는 자신이 잘못되었고, 부족하다는 자괴감까지 들었다. 설상가상으로 5년간 사귀었던 남자 친구와도 그즈음 헤어지게 되면서 충격을 더 심하게 받았다. 평상시에는 자존감도 높고 자신의 능력을 의심한 적없이 지내온 그녀였다. 하지만 그런 일을 당하고 보니 능력과 경력을 모두 인정받지 못한다는 생각이 들면서 대인 기피 현상이 나타났고 만사가 싫어졌다.

주변의 추천으로 심리 상담을 받았다. 그 당시 만났던 의사는 잘 왔다며 격려를 해주고 스스로 찾아올 정도의 의지가 있다면 충분히 회복될 수 있다는 자신감을 심어 주기도 했다. 작은 목표를 정해서 성취감을 경험해 보라고 조언해 주었다. 독서와 영화가 취미였지만, 그것만으로 성취감을 느끼기에는 뭔가 부족한 느낌이 들었다. 몇 년 전 라틴댄스를 배운 적이 있었는데, 그때 만났던 분들이 자신들은 걷기 동호회 회원이라며 걷기를 추천했던 것이 기억났다. 걷기 동호회 검색 후 가입하고 걷기 시작했다.

공덕역에서 강변을 따라 답십리역까지 19km를 걷는 토요 걷기가 처음 참가한 걷기 모임이었다. 깃발(길 안내자)은 간단한 인사 후 참가자들을 신경 쓰지도 않고 목적지를 향해서 걷기만 했다. 다른 참가자들도 서로에게 별 관심 없이 그저 걷기만 했다. 중간 휴식 시간에 당시 38세인 그녀에게 "잘 걷는다. 왜 걷느냐?" 질문하며 따뜻한 관심을 보여주었다. 휴식 시간 후 걷기 시작하자 또 각자 걷기에만 집중하는 모습이 그녀에게 오히려 편안하게 다가왔다. 1월이었지만 땀을 많이 흘리며 걸었다. 목적지에 먼저 도착한 길 안내자가 그녀를 맞이하기 위해 되돌아오는 모습이 감동이었다. 누군가 자신을 반겨 주는 사람이 있다는 것이 너무 좋았던 그녀는 그 기분을 친구들에게 자랑하기도 했다. 그 이후 토요 걷기에 꾸준히 참가하면서 동호회 활동을 이어 나갔다. 그 당시 평일은 토요일을 위해 존재했다. 그럴 정도로 일주일 내내 토요일을 기다리며 한 주를 보냈다.

4월 중순에 50km를 걷는 울트라 도보 행사가 있었다. 그 이전까지 걸었던 최장 거리는 25km 정도여서 도전하고 싶었지만 망설이고 있었다. 3월에 경주 1박 2일 걷기에 참가했다. 거기서 다리를 절며 걸으시는 분을 만났는데, 그분이 25km를 걸을 정도면 기어서라도 50km를 완보할 수 있다고 격려해 주셨다. 그 얘기를 듣고 용기 내어 참가를 결정했다. 심리적으로 힘든 시기여서 유기견을 입양했는데 그 애완견과 함께 매일 7km씩 걷는 연습을 했다. 결과적으로 11시간 조금 넘게 걸려서 완보했다. 특히나 마지막 10km를 남겨 놓고는 아무리 걸어도 거리가 줄어들지 않고, 마치 도착 지점이 뒤로 물러가고 있다는 착각이 들 정도로 힘에 부쳤다. 그날 완보를 한 후 발바닥은 물집으로 인해 모두 뒤집어졌다. 도저히 걸을 수 없어서 택시를 타고 집에 갈 정도로 힘들었다. 그 이후 두 번 더 참가해서 10시간대로 기록을 단축하기도 했다. 회사에서 상사에게 받은 스트레스로 대인기피증을 겪고 있으면서도 스스로 의지와 노력으로 서서히 극복해 나가고 있다.

"회원들 간의 관계가 너무 가깝지 않으면서도 친밀한 점이 편안했다. 개인적으로 잘 아는 사람들은 경계를 넘어 너무 깊이 들어오는 경향이 있어서 불편한 점이 있다. 하지만 동호회에서는 일정한 거리를 두고 지낸다. 만나면 반갑고 좋은 사람들이면서도 서로 선을 지키며 활동하고 있다. 그런 관계가 오랜 기간 같이 만나고 활동하는

데 편하다. 또한 일반 사회에서는 만날 수 없는 인생 선배들을 만나 삶의 문제에 대한 해답을 얻기도 한다. 60대 선배들은 가끔 내 얘기를 들으며 툭툭 한 마디씩 던지는데, 그런 말씀이 문제 해결에 큰 도움이 된다. 그렇다고 나중에 만날 때 그 문제가 어떻게 되어 가느냐고 묻지도 않는다. 던져 놓고 그냥 내버려 둔다. 그런 분들을 통해 도움도 받고 많이 배우기도 했다."

그녀는 걸으며 많은 변화를 스스로 만들어 냈다. 상사와의 갈등, 그리고 연인과 헤어진 이별의 슬픔을 걸으면서 해결하고 스스로 치유해 나갔다. 그녀가 유기견을 입양한 것도 어쩌면 유기견과 자신의 입장이 비슷하다는 동병상련의 마음이었을 것이다. 고통을 받아 본 사람만이 고통받는 생명의 아픔을 온전히 이해하고 그 고통을 감싸 줄 수 있다. 그녀는 자신의 고통을 통해 다른 생명을 사랑하는 법을 배우고, 그 사랑을 실천하고 있다. 그녀는 걷기를 통해 힘든 상황을 극복해 나갈 수 있는 의지가 강한 사람이라는 생각이 들었다. 스트레스의 내성을 키우며 사회 속에서 건강하게 살아갈 힘을 얻게 된 것도 그녀의 의지가 있었기에 가능했을 것이다. 누군가는 기꺼이 도전하는 한편, 누군가는 망설임 속에 앞으로 나아가지 못하고 점점 자신 속에 갇혀 살기도 한다. 그녀는 환경에 얽매여 살지 않고, 자신의 주인이 되어 자신의 의지와 판단에 따라 결정을 내리며 살기 시작한 것이다. 걷기를 통해 자신감과 자존감을 회복한 그녀는 그 힘으로 과감히 그녀 앞에 놓인 삶에 도전하기 시작했다. 걷기가 바로 그 도전의 중요한 전환점이 된 것이다. 그녀는 걸으며 구원받은 느낌이었다고 말한다.

걷기 시작한 초기에는 계단이 많은 북한산 둘레길이 그녀에게 힘든 코스였다. 그 힘든 길을 걸으며 과호흡으로 인해 구토도 했다. 그런데 1년 뒤 같은 코스를 걸을 때는 아무 탈 없이 즐겁게 걸을 수 있었다. 그만큼 건강해진 것이다. 걷기 전에는 돈 버는 이유가 택시를 타기 위해서라고 할 정도로 가까운 거리도 택시를 이용했던 그녀였다. 요즘은 덥거나, 춥거나, 비가 오거나, 날씨와 거리에 상관없이 걷는다. 걸으며 우울증을 극복했다는 그녀는 점점 더 신이 난 듯 끊임없이 말을 이어 갔다. 걷기를 좋아하는 나로서는 그 마음을 충분히 이해할 수 있었다.

"걷기는 평생 함께 갈 친구다. 길이 내 애인이다. 언제 와도 늘 같은 모습으로 반겨 주고 위로해 주는 덕분에 행복을 느낄 수 있다. 또한 걸으면 머리가 맑아진다. 동호회에 이런 말이 있다. '마음이 떨리고 무릎이 떨리지 않을 때 많이 걸어라.' 건강할 때 꾸준히 걸으라는 말이다. 그 말대로 열심히 걸을 생각이다. 여자에게 평생 필요한 것이 딸, 친구, 돈이라고 하는데, 한 가지 더 포함하고 싶은 게 있다. 무릎을 포함하고 싶다."

그녀는 일상에서 삶에 지쳐 있거나 힘든 사람들을 만나면 자기 경험을 들려주며 걷기를 강력하게 추천한다고 했다. 인터뷰에 응한 이유도 바로 걷기를 많이 권하고 싶어서라고 했다. 많은 사람이 혼자 또는 친구와 함께, 밤이나 낮이나, 계절과 기후에 상관없이 나와서 걸으면 좋겠다고 누누이 강조했다. 그만큼 그녀는 걷기를 통해 심신이 건강해진 경험을 많은 사람들과 공유하고 싶어 한다. 그녀의 멋진 인생을 응원한다.

걷기는 나를 들여다보는 시간이다

- 지니 -

교육을 받은 사람들은 너무 많은 정보를 얻은 나머지 본질을 제대로 보지
못한다. 여행은 지식을 버리는 과정이다. 버리고 준비하지 말고 떠나라. 여
행을 하면서 스스로 바보가 되는 걸 익혀라. 여행을 하면서 눈으로 얻어지
는 정보를 경계하고 버려라. 사물과 빛, 감각으로만 얻으려고 하라. 보는 것
과 생각하는 것, 두 가지를 항상 생각해라. 두 가지는 정반대의 세계다.
(……) 여행은 무언의 바이블이다. 자연은 도덕이 있다. 침묵은 나를 사로잡
았다. 걸을 때마다 나 자신과 내가 배워 온 세계의 허위가 보였다. 정보는
많을수록 안심은 되지만 실상은 멀어진다.

- 후지와라 신야, 일본의 세계적인 도보 여행가

그녀는 어느 날 문득 아침에 일어나 주방으로 향하고 있는 자신
의 모습을 보며 '이렇게 내 인생이 끝나면 어쩌지?'라는 절박감이 불
현듯 들었다. 일어나자마자 마치 기계처럼 움직이고 있는 자신의 모
습을 보며 어떤 강렬한 느낌을 받았다. 결혼한 후 아내로서, 엄마로
서 해야만 하는 역할과 책임에 눌러 살아왔다. 그녀에게 지난 50년
의 삶은 주변의 기대와 사회의 이상적인 모델에 맞춰 사느라 스트레
스를 받으며 지내온 세월이었다. 자신의 삶을 '내가 나 자신이 되지
못한 삶'이었다고 단 한 마디로 표현했다. 심지어는 먹는 것도 그녀
가 원하는 음식보다 가족들이 원하는 것을 먹었다. 좋은 엄마, 바람

직한 아내가 되기 위해 살아온 삶이었다. 그러던 어느 날, 문득 '내가 죽는다면 이게 무슨 의미가 있을까?'라는 의문이 들기 시작했다. 감정적으로 또 심리적으로 소진된 그녀는, 자신의 삶은 없었으며 자신은 아무것도 아니라는 절박한 생각이 들기 시작했다.

결혼 전에는 나름대로 그녀 스스로 끌고 갔던 자신만의 삶이 있었다. 하지만 결혼 후 대학원도 수료만 했고, 전업주부와 초보 엄마의 역할에만 충실하게 살아왔다. 아이들에 대한 책임은 온전히 그녀의 몫이었다. 그녀 자신의 삶은 정체되어 있었던 반면에 남편은 순탄하게 자기의 길을 가고 있었다. 상대적인 불이익을 당하고 있다는 생각이 들며 뭔가 불공평하다는 생각도 들기 시작했다. 자신의 삶은 사라지고 엄마로서, 아내로서 책임만 있는 삶이었다. 그녀는 결혼 후 늘 뭔가가 채워지지 않아서 갈증을 느끼고 있었다. 강렬했던 단 한 순간의 느낌이 그녀를 산티아고 길로 이끌었다.

국내 여행은 거추장스러운 부분도 있다. 언제 어디서든 아는 사람을 만날 수도 있고, 하고 싶은 대로 하기에도 무리가 있다고 판단했다. 아무도 모르는 곳에서 자기 마음대로 누리며 하고 싶은 대로 지내고 싶었다. 한국에서 50년간 살아온 '지니'가 아닌 원래의 '나'가 되고 싶었다. 타인의 시선에 신경 쓰며 사회의 기준에 맞춰 살기 위해 애쓰는 '지니'가 아닌 온전한 '나'로 살고 싶었다. '참 나'를 알기 위해 불확실한 세상 속에 자신을 던져 보고 싶었다. 그러기 위해서 물리적으로나 심리적으로 멀리 떨어진 곳으로 가고 싶었다. 그녀가 산티아고를 선택한 이유다.

원래 무슨 일을 하든지 미리 준비를 철저히 하는 편이지만, 산티아고 여행은 아무런 사전 준비 없이 떠났다. 세부 계획 없이 신발만 걷기 편한 것으로 준비하고 항공권을 예매한 후 출발했다. 늘 살아왔던 방식으로 사전 준비를 위해 애쓰고 싶지 않았다. 불확실한 것이 주는 불안감도 있지만, 그에 따른 만족감을 느끼고 싶어서 무조건 출발을 감행했다.

"여러 가면을 쓰고 살아왔고, 살고 있다. 역할과 상황에 따라 달라지는 내 모습을 볼 수 있었다. 사회적인 기준 또는 자신이 만들어 놓은 기준에 따르는 것이 '나인가?'라는 의문이 들었다. 동시에 그 기준을 맞추지 못할 때는 자책했다. 상황이 나를 좌지우지하는 것을 보며 과연 '나는 누구인가?'라는 질문을 하기 시작했다. 신이 나를 창조했다면 그 목적이 있을 것이다. 왜 나를 창조하셨을까? 궁금했다. 그 목적을 찾고 확인하는 것은 의미 있는 일이며, 목적에 맞게 살아가는 것이 삶이라는 생각이 들었다. 신의 존재를 의심하지는 않지만, 볼 수 없어서 증명이 불가능하다. 그런 상황에서 오직 '모르는 나'만이 오롯이 남아 있다. 내가 알고 있는 진실은 '모르는 현재'라는 것밖에 없다. 그 '모르는 현재'에 살고 있는 이유를 알고 싶었다. 나의 중심을 잡고 싶었다. 여러 욕망을 추구하는, 늘 변하는 '어떤 것'은 있었지만, 그 '어떤 것'도 '나'는 아니었다. 과연 '나는 누구인가?', '나는 존재하는가?'라는 질문을 지금도 끊임없이 나 자신에게 묻곤 한다. '모르는 나'를 자각하며 '나'를 찾고 있는 과정이다."

그녀는 산티아고 길에서 오로지 걷기에만 집중했다. 자신을 자각하며 자신에게 집중하고 걸었다. 그러면서 '이게 나'임을 느낄 수 있었다. 생전 처음으로 '내가 되어감'을 느낄 수 있었다. 걸으면서 몸은 피곤했지만, 에너지가 충전되는 느낌이었다. 마치 휴대전화 배터리의 표시가 늘어나듯. 자유가 주는 기쁨으로 온몸에 자신감과 웃음이 가득하게 되었다. 충만감에 젖어 "나로 살아갈 거야."를 외치며 걸었다. 자신감이 커진 만큼 그녀의 목소리도 커졌다. 타인의 시선은 이미 순위에서 멀어졌고, 그녀 자신이 1순위, 아니 0순위가 되었다. 그러면서 자신에게 '내가 진정 원하는 것은 뭐지?'라는 질문을 끊임없이 던지고 답을 찾으며 걸었다. 그런 질문을 던지면서 평온함을 느꼈다. 방향을 잃어버렸을 때도 평온하게 과정을 지켜보면서 방향을 되찾았다. 당황하거나 불안하지 않았다. 그녀는 그 방향이 잘못된 선택이라면 다시 리셋하면 된다고 확신에 차서 얘기했다.

"걸으면서 모든 존재와 하나가 되어 교감하고 있다는 느낌을 받았다. 사람, 자연, 나무, 꽃 등 모든 존재와 '나' 사이에 경계가 없어진 것 같다. 모든 존재와 통하고 하나가 되는 느낌이 마치 마술 같다. 어느 날 수녀원에서 수녀님들이 순례자들에게 걷는 이유를 물으며 각자 소개하는 자리를 만들어 주었다. 그리고 우리 모두에게 노래를 한 곡씩 부르라고 했는데 내가 머뭇거리자, 천상의 목소리로 '아리랑'을 불러 주셨다. 그런 성스러운 자리에서 노래를 들으니 저절로 한없이 눈물이 흘러내렸다. 참회, 지나온 과거와의 이별, 마음속 깊이 자리한 기쁨 등이 자연스럽게 눈물로 표현된 카타르시스였던 것 같다. 그 장면이 지금도 생생하다."

산티아고 길을 다녀온 후, 그녀에게 일어난 가장 큰 변화는 도전 정신이 생긴 것이다. 결과에 연연하지 않는 도전, 과정을 즐기는 도전이다. 친구들의 응원으로 발간한 책 『길 위의 안식년』이 그녀에게 큰 도약의 발판이 되었다. 그녀는 자신을 '문화 살롱 가이드'라고 칭한다. 사람들과 함께 나눌 수 있는 문화 콘텐츠를 기획하고 운영하고 안내하는 가이드라는 뜻이다. 문학의 밤 행사도 열었고, 서촌 나들이 행사를 진행하기도 했으며, 여성 비전 센터에서 진로 독서 강사로 바쁘게 활동하고 있다. 그녀는 나누면 삶이 훨씬 더 충만해진다고 말한다. 그녀는 요즘도 홀로 꾸준히 걷고 있다. 집 주변의 길도 걷고, 시간이 날 때마다 제주 올레길도 나눠서 걷고 있다. 2018년에는 일주일 동안 섬에서 스스로 고립되어 지내기도 했다. 홀로 또 함께, 삶의 조화를 이루며 하루하루 충만하게 지내고 있다.

"걷기는 나를 들여다보는 시간이다. 나는 나를 걷는다."

그녀의 답변은 확신에 차 있었고 단순했다. 인터뷰하면서 그녀가 마치 수행자처럼 느껴졌다. 그것도 아주 진지하게 화두를 참구하는 수좌(首座)와 같다는 느낌을 지울 수 없었다. '나는 누구인가?'라는 질문을 끊임없이 하고, 길을 걷는 내내 오직 자신에게 집중하며 자신을 자각하기 위해 노력했다. 그녀와의 인터뷰를 마칠 즈음, 불화 (佛畫) '심우도(尋牛圖)'가 떠올랐다. 열 장으로 이루어져 있어서 '십우도(十牛圖)'라고도 불리는 심우도의 마지막 그림은 깨달음을 얻은 후 속세로 돌아와 중생을 제도한다는 입전수수(入廛垂手) 단계를 상징적으로 표현하고 있다. 그녀가 살고 있는 삶이 바로 이 입전수수 단계라는 생각이 들었다. 문화 살롱 가이드로서 길을 잃은 많은 사람들에게 눈 밝은 안내자가 되어 앞길을 밝혀 주길 진심으로 바란다. 동시에 자신을 찾기 위한 끊임없는 정진으로 깨달음을 얻기를 진심으로 기원한다.

걷기는 삶의 활력소다

- 진용 -

산에도 굴곡이 있듯 인생에도 수많은 부침이 있다. 내리막의 순간에도 그
고비들을 그냥 그대로 받아들이고 계속 정진하니 이미 그 고비들은 극복되
어 있었다. 멀리 있는 산도 도저히 못 올라갈 것 같아 보이지만, 열심히 오
르고 보면 먼 길을 왔다는 뿌듯함과 동시에 자신을 극복했다는 큰 기쁨을
동시에 느낄 수 있다.

- 작가·여행가 한비야

걷기 동호회에서 처음 만났을 때 그녀는 말이 별로 없었고, 표정
이 다소 어두워 보였다. 닉네임을 물으니 '진용'이라고 했다. '진짜 용
기를 내고 싶은 사람'이 되고 싶어서 그렇게 정했다는 것이다. 걷기
동호회에 나온 것 자체만으로도 이미 큰 용기를 가진 사람이라고 얘
기했던 기억이 난다. 하지만 오늘 모습은 처음 만났을 때와는 느낌
이 완전히 달라 보였다. 의사 표현도 잘하고 표정도 밝아졌으며, 웃
음이 많아졌다는 것을 느낄 수 있었다. 남편과 사별하고, 그 이후
힘든 시간을 극복하기 위해 걷기에 나오게 되었다는 얘기를 우연한
기회에 들어서 인터뷰를 요청했고, 그녀는 고민 끝에 인터뷰에 응했
다. 남편에 대해 질문하니 약간 먹먹한 모습으로 차분하게 얘기하기
시작했다.

"남편이 뇌종양으로 3년 투병하다 4년 전에 세상을 떠났다. 처음에는 내가 걱정할까 봐 얘기도 안 하고 혼자 병원에 갔다. 술을 좋아하던 남편이어서 간이 걱정되었는데 청천벽력 같은 소식을 들은 것이다. 뇌종양으로 머리가 마비되어 의사소통도 잘 안 되고, 걸을 수도 없는 상태가 되었다. 간병하며 차라리 다른 병이면 좋을 것 같다는 생각도 많이 했다. 나중에 호스피스 병동에 입원했는데, 거기서 세상을 떠나는 사람들의 여러 모습을 볼 수 있었다. 그분들을 보며 나 자신도 잘 가야겠다는 생각이 들었다. 한편으로는 남편 간병하느라 아이에게 잘 대해 주지 못해서 미안하다는 생각도 많이 들었다. 남편 간병을 하던 중 우연히 TV를 봤는데, 어느 할머니가 걷는 모습이 방영되는 것을 보며 남편과 이별한 후에는 나도 저 할머니처럼 걷고 싶다는 생각이 막연히 들었다."

남편과 사별한 후 1년 정도는 정신없이 지냈다. 아이와 살기 위해서라도 정신을 차려야 했다. 경제 활동을 하기 위해 약국에서 아르바이트도 했고, 좀 더 안정된 일자리를 구하기 위해 야간에 간호조무사 학원에 다니며 자격증을 취득하기도 했다. 그녀는 그동안 살아온 삶이 '우물 안 개구리' 같았다고 한다. 평범한 전업주부로서 살림하고, 남편과 아이 돌보고, 남편에게 의지하고, 아들에게 집착하는 삶을 살아왔다. 남편이 병고를 치르는 동안 누구에게도 기대지 않고 홀로 극복하겠다고 생각했고, 결과적으로 그런 생각은 잘 내린 결정이었다고 조심스럽지만 당당하게 얘기했다. 힘든 기간 동안 친구들이 큰 도움이 되었다며 고마움을 표현하기도 했다.

그녀는 남편과 사별한 후 6개월 정도 지나서부터 걷기 시작했다. TV에서 본 할머니 생각도 났고, 자신을 찾고 싶어서 걷기 동호회에 가입해서 걷기 시작했다. 주중에는 열심히 일하고 주말에는 걷기 동호회에 참가하여 꾸준히 걸었다. 걷기가 익숙하지 않아서 하루에 12~16km 정도 걸으면 발바닥이 아파서 힘들었지만, 티를 내지 않고 걷고 또 걸었다. 걸으면 생각이 단순화되며 치유되고 밝은 에너지가 나오는 느낌을 받았다고 한다. 가입 후 얼마 지나지 않아 다녀온 남해 3일 걷기는 그녀의 기억 속에 아직도 선명하게 남아 있다. 그날 이후로 버스를 타고 이동해서 지방의 아름다운 트레킹 코스를 걷는 정기 도보를 설레는 마음으로 기다리곤 했다. 그 당시 그녀는 그 설렘으로 한 달을 견뎌내며 회사 업무에 최선을 다할 수 있었다. 취미가 전혀 없었던 그녀는 걷기가 자신을 위한 탁월한 선택이었다고 했다.

남편과의 사별 이전에는 주체적으로 살아 본 적이 없었고 남을 많이 의식하며 살았다. 이제는 자신을 찾고 싶다고 말한다. 그녀는 자신을 알게 되면 타인과 비교하거나 시기, 질투 같은 것을 하지 않고, 주어진 삶을 잘 받아들일 것 같다고 한다. 갖고 있는 것에 만족하고 즐기고 누리며 사는 사람은 행복하게 살 수 있다. 아래나 위를 보지 않고 자신의 상황을 수용하고 인정하게 되면 마음이 편안해진다. 그런 이유로 세상 구경을 더 많이 할 필요를 느끼게 되었고, 걷기는 그런 호기심을 채워 줄 수 있는 좋은 방편이 되었다. 또한 지금까지는 남편과 아이를 위해 살아왔다면, 앞으로는 자신을 위해 또 자신의 감정에 충실하게 살고 싶다고 한다.

삶의 수용은 말처럼 쉬운 일이 아니다. 고통의 원인이 타인과 비교하거나 과거나 미래의 삶에 가 있기 때문이다. 그녀는 남편의 간병과 사별 후 홀로서기를 하면서 지냈던 7년이라는 긴 세월을 통해서 많은 성장과 성숙을 거듭해 왔을 것이다. 남과 비교하지 않고 자신의 장단점을 모두 수용하게 되면서 세상을 바라보는 시각에 변화가 생겼을 것이다. 그런 시각의 변화는 같은 세상을 다르게 인식하게 만들어 준다. 인식의 변화는 자신의 주변 상황이 변하지 않더라도 마음의 평화를 느낄 수 있게 해 준다. 자신이 바라보는 관점의 변화로 같은 세상이 다른 세상이 되는 것이다. "세상을 바꾸고 싶은가? 자신을 바꾸면 이미 세상이 다르게 변해 있다."라는 어느 현자의 말은 아주 정확한 표현이다. 지금의 감정에 충실하게 살고 싶다는 것은 삶의 초점을 현재에 맞추고 싶다는 의미 있는 얘기다. 삶의 과정에서 체득한 통찰의 힘은 대단히 크다. 앞으로 어떤 상황이 닥쳐도 그녀는 지금 얻은 통찰의 힘으로 잘 극복해 나갈 수 있으리라는 생각이 든다.

"걷기는 삶의 활력소이고 삶의 에너지원이다. 걸으면 치유가 되고 말로는 표현할 수 없는 어떤 내면의 힘이 생기는 것을 느낄 수 있다. 걸으면 활력이 생기고 마음과 얼굴이 밝아진다. 걷기를 알게 된 사실 자체만으로도 뿌듯하고 행복하다."

인터뷰를 마치고 저녁 식사를 겸해 소주 한잔하며 얘기를 이어갔다. '남편만 애도하며 사는 것이 과연 남편이 원하는 것일까?'라는 얘기를 조심스럽게 꺼내며, 애도의 시간을 잘 보냈다고 한다. 애도는 일정 기간이 필요하다. 서둘러 덮으려 하거나, 평생 애도만 하며 살아가는 것 모두 현실을 살아가는 데 걸림돌이 될 수 있다. 현재에 초점을 맞추고, 자신의 감정에 충실하고, 주어진 상황을 받아들이고, 자신을 찾아가는 그녀의 모습에서 수행자의 모습이 느껴진다. 수행은 '지금 여기'에 충실하게 살며 자신을 찾아가는 여정으로, 큰 용기와 정진이 필요하다. 그녀와 인터뷰를 마치며, 닉네임 진용이 '진짜 용기'를 '내고 싶은'이 아니라 '이미 되어 있는' 사람이라는 생각이 들었다. 걷기를 통해 사별의 아픔을 이겨내고 홀로서기를 하며 자신을 찾아가는 그녀의 여정과 노력을 진심으로 응원한다.

걷기는 삶의 동반자다

- 방수영 -

무엇을 해야 하는지 알고 싶은가? 자네가 어떤 일을 하려 할 때는 '누군가 다른 사람이 나 대신에 이걸 할 수 있을까?'라고 스스로에게 물어보게. 만일 다른 사람이 대신할 수 있다면 그 일을 그만두게. 무슨 일이 있어도 꼭 그 일을 해야만 하는 경우가 아니라면 말일세. 왜냐하면 그 일은 삶의 필연성 속에서 이루어지는 게 아니기 때문이지. 그 누구도 내면 깊숙한 곳에서 우리 대신 살아 줄 수는 없다네. 누군가가 우리를 대신해서 일을 해줄 수는 있지만 우리를 대신하여 걸어 줄 수는 없지. 가장 큰 기준은 바로 이것일세.

- 미국 작가·학자 헨리 데이비드 소로

그녀는 온 국민의 1/2이 자신만의 책을 만드는 문화를 정착하기 위해 사회적 기업인 '㈜이분의일코리아'를 운영하고 있다. 여행을 좋아해서 '여행사를 차려 볼까?' 하다가 '사람 여행'이라는 주제를 찾게 되었고, 그 주제에 맞는 일이 무엇인지 친구들과 함께 고민하며 답을 찾고 있었다. 최종적으로 내린 결론이 어르신들 자서전 만들기 프로젝트였고, 그 일을 친구 세 명과 함께 시작했다. 2014년부터 그 사업을 계속 이어오고 있다. 지하철에서 젊은이들이 어르신들에게 무례하게 대하는 모습을 보고, 어르신에 대한 부정적인 편견을 변화시켜 함께 살 수 있는 세상을 만들고 싶어서 시작한 일이다. 그녀가 노인이 되었을 때 그런 상황에 놓이게 된다면 견디기 힘들 것 같

다고 한다.

원래 목표는 1년에 자서전 한 권 발간이었다. 50년간 이 일을 계속한다면 최소한 50권 이상의 자서전이 발간될 것이고, 이런 노력이 작은 변화를 만들 수 있다는 믿음을 갖고 시작했다. 처음에는 봉사활동으로 시작했는데, 서대문 50 플러스 센터와 업무 협약을 하면서 그간 사용했던 비용을 보상받게 되었다. 수입 모델보다는 사람의 마음을 움직일 수 있는 진심이 통해서 이런 결과가 나온 것 같다고 웃으며 얘기했다. 최근에는 청소년들을 위한 자서전 프로젝트도 진행 중이다.

"뭔가 인생이 안 풀리고 있다는 생각이 들었다. 마치 실이 엉킨 느낌이 들어서 매듭을 풀고 싶었지만 풀지도 못하고 지친 상태였다. 매듭 자체를 놓아 버리면 되는데, 그것도 쉽지 않았다. 친구들이 여행을 권하기도 했고, 나 역시 고민할 시간이 필요했다. 서울에서는 늘 같은 환경 속에서 익숙한 사람들을 만나 익숙한 일을 하며 살고 있어서 깊은 고민을 하고 답을 찾기가 어려웠다. 낯선 환경 속에 나를 던지고 앞으로의 삶에 대한 방향을 찾고 싶었다. 또한 '타인'이라는 거울을 통해서 내 삶을 돌아보고 싶었다. 막상 산티아고 길을 떠나려 하니 불안하고 초조해지기도 했다. 연습 삼아 제주 올레길을 일주일간 걸으며 두려움을 느끼기도 했다. 산티아고는 마법 같은 길이다. 길을 걸으며 매 순간 선택을 하기 위해 고민하고, 그 선택에 대한 책임을 전적으로 혼자 감당해야만 하는 길이다."

삶 자체가 매 순간 선택하고 결정하고 실행에 옮기는 과정으로 이루어졌다고 할 수 있다. 그녀는 어르신들을 위한 자서전 사업을 하면서, 또 산티아고 길을 걸으면서 많은 사람을 만났다. 그런 경험을 통해서 선택의 필요성과 결과에 대한 책임의 중요성을 직·간접적으로 경험할 수 있었다. 그런 경험을 바탕으로 그녀는 자기 삶의 주인공으로 스스로 선택하고 책임지며 활기차게 앞으로 나아가야 한다는 것을 배웠다. 그녀는 데이비드 소로의 말처럼 아무도 가지 않은 길, 아무도 걷지 않은 길을 스스로 선택해서 실행에 옮기고 있다. 선택과 결정을 하지 못하고 그 자리에 멈춰 서거나 안전지대 내에서만 머물려고 하는 사람들이 있다. 그런 사람들은 점점 더 자신만의 세계에 빠져 자신이 만들어 놓은 벽을 허물지 못하고 사회와 단절된 채 살 수밖에 없다. 삶을 개척하는 능동적인 삶의 주인이 아니라, 상황이 삶의 방향을 결정하는 수동적인 존재로 하루하루 불안 속에 힘들게 살아간다.

원래 PCT(Pacific Crest Trail)를 가고 싶었지만, 그 당시 고교생 과외를 하고 있어서 수능 마치고 1월 초부터 32일간 자유로운 시간이 주어졌다. 기간과 경비를 고려할 때 PCT는 어렵다고 판단했다. PCT는 멕시코 국경부터 캐나다 국경까지 미국 서부를 종단하는 약 4,300km에 달하는 장거리 트레일로 6개월 정도의 기간이 필요한 길이다. 동양권 여행을 많이 다닌 편이어서 고민하던 중에 친구의 추천으로 산티아고로 결정했다. 1월은 산티아고를 찾는 순례자들이 그다지 많지 않은 시기다. 그래서 그런지 그녀는 길에서 만난 사람들과 훨씬 더 끈끈한 관계를 유지할 수 있었다고 한다. 프랑스 생장에 도착하기 전에 예상치 못한 어려움을 겪으며 중간에 포기하고 싶은 생각도 들었지만, 자신의 운명을 시험하듯 불확실한 세상에 과감하게 자신을 던졌다. 주어진 상황을 묵묵히 받아들이고 하루하루 걸었다. 어느새 그녀는 그 여정을 여유롭게 즐기고 있었다. 산티아고 길을 완주한 후에 그녀는 삶에 자신감이 생겼다.

"산티아고 길을 걷는 게 쉬운 일은 아니다. 짐도 무겁고 영어도 부족하고 모든 결정을 스스로 내려야 했다. 발도 내 발이 아닌 것처럼 느껴지기도 했지만, 일부러 장난을 치기도 하며 닥친 문제나 어려움을 하나하나 해결해 나갔다. 모든 상황을 온전히 혼자 결정하고 해결해야만 했다. 순례를 마치고 나니 '못할 게 뭐야?'라는 생각이 들면서 얽혔던 실타래 매듭을 풀 수 있는 자신감이 생겼다. 다녀온 후에 사업하면서 힘든 결정을 내려야만 하는 경우가 있었다. 부모님이나 친구에게도 묻기 어려운 상황이었다. 고민하는 순간에 울기도 했고, 동료들의 불안이 느껴져서 더 힘들었다. 치열한 고민 끝에 결정을 내리고 동료들을 설득했다. 고맙게도 동료들은 나를 믿고 따라와 주었고, 그 덕분에 우리의 관계는 더욱 끈끈해졌다. 길에서 배운 것을 일상생활에 적용해서 좋은 결과를 만들어 낸 중요하고 의미 있는 경험이었다. 이런 경험이 바탕이 되어 지금은 문제가 생겨도 재미있게 받아들이게 되었다."

그녀는 산티아고 길을 걸으며 사람을 배운 것 같다고 했다. 사람 보는 눈을 키울 수 있게 된 것이다. 사람들과 얘기하면서 그들의 태도를 보면 진심인지 아닌지 판별할 수 있는 눈을 갖게 되었다. 하지

만 그들의 태도와는 상관없이 그녀는 자신이 먼저 진실하게 다가가
려고 노력하고 있다. 진심으로 대하면 상대방이 먼저 마음을 열 수
있다는 삶의 지혜를 얻은 것이다. 이 점이 그녀가 얻은 가장 큰 소
득이었다. 또한 선택의 과정보다는 선택에 따른 책임을 더욱 중요하
게 여기게 되었다. 어떤 경우라도 잘못된 선택을 할 수 있음을 받아
들이고, 그 후 자신의 선택에 책임지는 태도가 더욱 중요하다는 것
을 배웠다. 산티아고에서 만난 어떤 사람은 먼 길을 가다가 되돌아
와서는 '그 길이 아니면 돌아오면 된다.'라고 쿨하게 얘기하는 말을
듣고, 비록 잘못된 선택이라도 바로 인정하고 다시 시작하면 된다는
중요한 삶의 지혜를 깨달을 수 있었다.

"걷기는 삶의 동반자다. 동시에 같이 걷는 사람들이 동반자가 되
기도 한다. 길에서 동반자를 만나고, 나 역시 그들의 동반자가 될
수 있다."

걷기는 자유를 찾아가는 과정이다

- 자유인 Don -

이제 제대로 즐거움을 맛보기 위해서는 혼자 도보 여행을 해야만 한다. 여러 명이 함께, 혹은 심지어는 두 명이 함께 도보 여행을 할 경우, 도보 여행은 이름만 도보 여행이 되고 만다. 그것은 도보 여행과는 다른 무엇으로 오히려 소풍에 가깝다. 도보 여행은 혼자 해야 한다. 가장 중요한 것은 자유이기 때문이다. 자기가 원하는 대로 자유롭게 멈춰 서기도 하고, 계속 길을 가기도 하고, 이쪽 길이나 저쪽 길을 따라갈 수도 있기 때문이다. 그리고 자기 리듬대로 걸어야 하기 때문이다.

- 영국 소설가, 시인 로버트 루이스 스티븐슨

2017년 산티아고 길에서 그를 만났다. 초행길임에도 그는 마치 현지인처럼 자연스럽게 행동하고 편안해 보였다. 열심히 사진 찍고 다른 순례자들과 잘 어울리며 즐겁게 걷고 있었다. 피레네산맥을 오르며 서로 인사를 나눈 후, 때로는 같이 걸었고 때로는 각자 걸었다. 해외 지사에서 근무했던 경험이 있는 그는 외국어 구사 능력이 뛰어났고 친화력이 돋보이는 사람이었다. 10kg 배낭 외에 5kg이나 되는 카메라 거치대를 허리에 차고 사진을 찍기 위해 열심히 걷고 뛰며 산티아고 길을 걷고 있었다. 그는 걸으며 음악을 즐겨 들었다. 음악과 사진은 떼어 낼 수 없는 그의 일부와 같다는 느낌을 받았다. 어떤 상황에서도 유머를 잃지 않고 분위기를 밝게 만들어 주는 매우

긍정적이고 유쾌한 사람으로 다가왔다.

그는 퇴임 후 새로운 단계로 넘어가기 위한 상징적인 활동을 원했다. 그 당시 그는 지금까지 살아온 방식과의 단절, 그리고 앞으로의 새로운 삶에 대한 연결이 필요한 시점에 서 있었다. 또한 부친께서 돌아가신 지 얼마 지나지 않아서 추모와 추억을 되새기며 걷고 싶었다. 한 달 이상 홀로 걸으며 생각을 정리하기에 어디가 좋을까 고민하다가 산티아고 길을 선택했다.

"협력 회사에서 연락이 왔다. 하지만 바로 취업하기에는 시간이 너무 아깝고 아쉬웠다. 나 자신에게 보상할 기회를 주고 싶었다. 또한 삶을 돌아볼 시간도 필요했다. 회사 대표에게 양해를 구하고 산티아고를 다녀온 후에 입사하겠다고 약속했다. 산티아고 길을 완주하고 돌아와서 약속대로 9월 11일에 입사했다. 2년간 자문역으로 근무를 마친 후 인생의 마지막 퇴사를 했다. 퇴사 후에 또 다른 회사에서 연락이 왔지만, 이제는 나를 위한 생활에 몰두하고 싶었다. 출·퇴근하는 삶보다 자유로운 일을 하고 싶었다. 조금 일찍 퇴사하지 못한 것이 아쉬울 정도다."

그는 직장 생활을 하면서도 개인적인 취미 활동을 꾸준히 해왔다. 회사 업무에 충실하면서도 자유를 향한 꿈을 단 한 순간도 포기하지 않았다. 주말이나 퇴근 후 시간을 이용해 사진과 음악 작업을 꾸준히 해왔다. 입사 후 사내 사진 동호회에 가입해서 사진을 배워 온 그는 집에 암실을 꾸며 놓을 정도로 열정을 갖고 사진 작업을 하기도 했다. 사진은 퇴임한 이후 그의 삶을 풍요롭고 의미 있게 만들어 주는 원동력이 되었다. 음악은 어릴 적부터 삶의 일부였다. 집안에 꾸며 놓은 오디오 룸에는 수천 장의 음악 CD와 진공관 스피커가 설치되어 있다. 오디오 룸은 그만의 유일한 휴식 공간이며 치유 공간이다.

음악과 사진에 대한 열정으로 인해 한때는 회사 생활이 힘들었던 경우도 있었다. '하고 싶은 일'과 '해야만 하는 일'의 갈등 속에서 심각하게 퇴사를 고민하기도 했다. 하지만 가장으로서 가정이 최우선이라 생각하고, 회사 업무에 성실하게 집중하기로 했다. 그렇게 결정하고 나니 회사 생활이 그다지 어렵지 않았다. 그런 노력 덕분에 임원으로 승진했으며, 만족스러운 회사 생활을 할 수 있었다.

그는 국내 대기업에 공채로 입사하여 30년 이상 근무했다. 회사 덕분에 가장 역할을 무난하게 할 수 있어서 회사에 감사한 마음을 갖고 있다. 퇴임 후 회사에 대해 섭섭함을 표현하거나 회사의 인사 동정 등에 관심을 보이는 선배들의 모습을 그다지 좋게 보지 않았다. 자유로운 영혼과 얽매이기 싫어하는 성격을 지닌 그가 대기업에서 오랜 기간 근무했다는 사실이 매우 놀라웠다. 그는 주어진 상황에 맞춰 자신의 역할과 욕구를 조절할 수 있는 절제력을 지닌 사람이다. 동시에 자신이 원하는 꿈을 끝까지 포기하지 않는 자유로운 영혼을 지닌 사람이다.

"왜 걷는가? 무엇을 배웠는가? 이런 질문을 받기도 한다. 딱히 말로 표현할 수가 없다. Just Walking! 그 자체다. 다른 이유가 없다. 군이 얘기한다면 '끌림'이라고 할 수 있다. 걷고 싶은 욕망이 강해서 걷는다. 그런 끌림이 옳았고, 그 끌림은 쾌감과 재미라는 선물을 준다. 젊었을 때부터 '자유인 Don'이라는 별칭을 사용하고 있다. 걸으면 자유가 충족된다. 또한 걷기를 통해 삶의 진리를 체득할 수 있다. 모든 것은 무상하다는 진리와 '삶은 과정'이라는 사실을 알게 되었다. 모든 것은 생기고, 스러지고, 없어지는 과정의 반복이다. 그런 진리를 체득하면 과정에 충실하고 결과에 대한 집착에서 벗어날 수 있다."

그는 자신만의 삶을 추구하며 만족스러운 삶을 살고 싶어 한다. 직장 생활을 하면서 풍요롭게 살기 위한 연습을 꾸준히 해온 그는 할 일이 너무 많다. 보고 싶은 책들이 쌓여 있고, 다듬고 정리할 사진도 많다. 아직도 듣지 못한 음악 CD가 수두룩하다. 걷고 싶은 길이 그를 설레게 만든다. 이런 일을 곶감 빼먹듯이 야금야금 하며 살고 싶어 하는 그는 이 일만으로도 충분히 바쁘고 할 일이 너무 많다고 한다. 그는 자신을 'Lucky Man'이라고 부른다. 대기업에 다니면서 경제적으로, 사회적으로 안정된 삶을 살아왔다. 가장으로서 열심히 생활하면서도 자신만의 꿈을 포기하지 않고 꾸준히 추구해 왔다. 평상시 그런 태도를 유지하며 살아왔기에, 퇴임 후에도 불안감이나 무료함 없이 행복한 인생 2막의 삶이 가능하게 된 것이다.

"걷기는 자유를 찾아가는 과정이다. 인생을 느낄 수 있다. 추구하고 있는 자유를 실현할 수 있는 가장 좋은 방법이다. 걸으며 주어진 환경에 적응하고 자연과 교감하며 자유를 느낄 수 있다. 내 삶의 일부인 사진과 음악과 걷기의 삼위일체를 동시에 이룰 수 있다."

 그는 닉네임처럼 '자유인 Don'이 되어 가고 있다. 사회적으로 또 가정적으로 의무와 책임을 다하기 위해 오랜 기간 썼던 가면을 벗어 던지고 '자유인 Don'의 모습으로 돌아가기 위해 걷고 있다. 그는 이미 '자유인 Don'으로 살고 있다. '자유인 Don'의 멋진 인생 2막을 응원한다.

걷기는 내면의 정화 작업이다

- 안개 -

> 그냥 산책만 해도 우선 멈춤의 자유를 얻게 된다. 이런저런 걱정거리가 안
> 겨주는 부담을 덜고 잠시나마 일을 잊을 수 있는 것이다. 회사 일은 뒤로
> 다 미뤄 놓기로 한다. 나가서 한가로이 거닐며 다른 걸 생각한다. 먼 길을
> 며칠씩 걷다 보면 일탈의 움직임이 한층 더 강해진다. 일의 속박에서 벗어
> 나고, 습관의 굴레에서 해방되는 것이다.
>
> - 프랑스 철학자 프레데리크 그로)

　6년 전, 걷기 동호회에서 그녀를 처음 만났다. 수더분한 인상에 마
음씨가 고운 사람으로, 적지 않은 나이임에도 자신을 드러내지 않고
모든 사람과 원만하고 편안하게 지냈다. 서로 일정이 어긋나 한동안
만나지 못했다가 해파랑길을 걸으면서 오랜만에 만났다. 나는 늘 뒤
에서 걷는 편이어서 자연스럽게 회원들의 뒷모습을 보게 된다. 그날
은 그녀의 모습에서 생기를 느낄 수 없었고, 약간 넋이 나갔다는 느
낌을 받았다. 알고 보니 외아들이 심한 교통사고를 당해 어쩌면 평
생 다리를 못 쓰게 될 수도 있는 절망적인 상황에서 힘들게 걷고 있
었던 것이다.

　2018년 2월 7일, 교통사고로 고관절이 부러진 아들은 하반신을 움
직일 수 없는 상황이었다. 큰 병원으로 옮겨서 수술을 마쳤지만, 의

사 선생님도 걸을 수 있을지는 미지수라고 말했다. 그녀는 그런 상황을 믿을 수가 없었고 답답하기만 했다. 수술 이후 처음 두 달간 아들은 혼자 설 수도 없었다. 그러나 재활 치료와 근육 강화 운동을 통해 8개월 만에 걸어서 나왔다. 그 당시 그녀는 아들이 누워 있는 모습을 보고 엄마로서 할 수 있는 일이 아무것도 없어서 괴롭고 무능하다는 생각만 떠올랐다. 괴로움에서 벗어나기 위해 그녀는 자신의 몸을 혹사해 가며 걷고 또 걸었다. 평상시 장시간 걸었던 경험이 없는 그녀에게 1박 2일간 30km 이상의 해파랑길을 걷는 일은 결코 쉽지 않았다.

"지난 세월을 돌이켜보니 크게 힘든 일을 겪었던 적이 없던 것 같다. 만약 아들이 걷지 못하게 된다면 평생 책임져야겠다는 생각이 들었다. 그런 생각이 들자, 정신을 바짝 차리게 되었다. 그전에는 가까운 거리도 차로 이동하는 편이었는데, 몸을 혹사해서라도 정신을 차리고 싶었다. 하루 걷고 나면 다리가 퉁퉁 부었다. 하지만 아프다는 소리조차 내지 않고 꾹 참으며 걸었다. 힘들다는 생각보다는 극복해야 한다는 생각이 강했다. 아들을 책임지려면 이런 정도의 어려움은 극복해야 할 것 같았다. 함께 걸었던 길벗들이 있어서 가능했던 일이다. 그렇게 해파랑길을 걸으며 용기를 얻고 정신을 차릴 수 있게 되었다."

그녀는 살아오면서 힘든 상황을 겪어 본 적이 없다고 했다. 그만큼 편안하게 살아왔다는 얘기로 들렸다. 하지만 인터뷰를 진행하면서 그녀는 힘든 상황을 담담하게 견뎌내는 강한 사람이라는 사실을 알게 되었다. 시부모와 친정 부모 병간호를 도맡아 했다. 시부모님은 폐암과 신장암으로, 친정 부모님은 당뇨와 혈압으로 돌아가셨다. 가족밖에 모르고 십여 년을 소용돌이 속에서 정신없이 살았다. 양가 부모님 병간호로 10년 이상의 긴 세월을 버텨 온 그녀 주변에는 아무도 없었다. 친구들도 모두 그녀 곁을 떠나 버렸다. 양가 부모님께서 돌아가시고 난 후 갑자기 주위가 너무 조용해졌다. 어디선가 전화벨이 울릴 것 같다는 불안감이 엄습해 오기도 했다. 그 시기에 남편의 사업이 무너졌고, 그녀는 난소암 진단을 받고 수술대에 올랐다. 엎친 데 덮친 격이다. 수술하려고 개복했는데, 다행스럽게 암이 아닌 것으로 판명되었다. 수술실에서 나오면서, 죽고 싶은데 죽지도 못한다는 생각이 들면서 다시 시작해야겠다고 마음을 먹었다.

그런 일을 겪는 과정에서 심한 갱년기 증상이 나타났다. 남편도 싫고 자식도 싫어졌다. 혼자 어디론가 훌쩍 떠나고 싶었다. 집안에만 박혀 살다 보니 혼자 갈 엄두도 나지 않았고, 갈 데도 없었다. 걷기 여행을 검색하다가 걷기 동호회를 알게 되었다. 가입 후 첫걸음을 나가기까지 많은 시간과 용기가 필요했다. 전세 버스를 타고 지방에 내려가 걷는 일정이 있었는데, 그때 용기 내어 참가한 후에 계속 활동하고 싶다는 생각이 들었다. 함께 갔던 회원들이 따뜻하게 맞아주고 친절하게 대해 준 덕분이었다.

"아들과 남편의 허락을 받고 1박 2일 진행하는 해파랑길을 매월 함께 걸었다. 길을 걸으면 잠시라도 아들 일을 잊을 수 있었다. 잡생각이 사라지고 주변 경치가 오롯이 들어온다. 정신이 맑아지고 풀한 포기도 고맙게 느껴진다. 할 수 있는 일이 아무것도 없는 상황에서 걸으며 속으로 울기도 했고, 불안한 마음을 달래기도 했다. 동료들의 격려와 말 없는 기도도 많은 도움이 되었다. 포항 해변의 자갈밭을 보며 내 인생 같다는 생각이 들었다. 평범하게 살아왔다고 생각했는데, 그게 아닌 것 같더라. 모가 난 부분이 닳아서 둥근 모습으로 변한 자갈들이 마치 내 모습처럼 느껴졌다. 조류로 인해 자갈들이 이리저리 쏠리고 서로 부딪치며 소리 내고 마찰로 인해 둥글게 변해 버린 모습을 보며 내 인생을 생각하게 되었다. 그런 이유 때문인지 포항 바닷길이 인상에 가장 많이 남는다."

아름다운 세상을 느끼고 경험할 수 있게 해 준 길벗들을 통해 많은 것을 배웠다고 말하는 그녀는, 그분들 덕분에 힘든 상황을 극복할 수 있어서 무척 감사하다고 했다. 해파랑길도 길 안내를 해 주시는 분이 있어서 따라갈 수 있었고, 길벗들의 격려가 있어서 걸을 수 있었다. 아무것도 바라지 않고 그런 봉사를 하는 분들을 보며 자신도 누군가에게 도움이 되고 싶다는 생각이 들었다고 한다. 처음 걷기 동호회에 참가했을 때, 누군가가 옆에서 친절하게 동호회에 관한 설명을 해 주었던 그 고마움을 잊을 수 없다고 했다. 그런 고마움에 보답하는 마음으로 그녀도 처음 나오는 사람들에게 조금 더 신경을 쓰고, 길벗의 고민도 듣고 해결해 주려고 노력하고 있다.

"지금까지 집, 회사, 가족만 알고 살아왔는데, 걸으며 시야가 넓어졌다는 생각이 든다. 해파랑길걷기는 오직 나만을 위해 보내는 시간이다. 모든 책임에서 벗어나 홀가분하게 오로지 자신만을 위해 걷는 것이다. 자연의 경치를 즐기고, 사람들과 얘기하고, 다양한 지역의 음식을 먹으며 삶이 풍부해지고 넓어지는 것 같다. 또한 길을 걸으며 여유로움을 배우게 되었다. 몸은 힘들어도 정신이 맑아지고 복잡한 생각이 사라진다. 모든 세상일, 집안일을 잊어버리고 힐링할 수 있는 가장 좋은 방법이 걷는 것이다. 특히 해파랑길을 걸으며 바다가 너무 아름답다는 것을 새삼 알게 되었다. 예전에는 바다 내음도 싫었는데, 지금은 그 냄새가 그리울 정도로 바다를 좋아하게 되었다. 바다 앞에 당당하게 서 있는 내 모습을 상상하며, 삶 속에서 용기와 희망을 품게 되었다."

삶의 고통은 그에 상응하는 선물을 가져다준다. 힘든 상황을 많이 겪어 낸 그녀는 그런 과정을 통해서 더욱 단단해졌고 가족 간의 사랑은 더욱 깊어졌다. 홀로 다니는 여행을 생각조차 하지 못했던 그녀는 새로운 세상을 만나 멋진 인생 후반을 맞이하고 있다. 그녀의 변화에는 그녀 자신의 노력도 있었지만, 가족들의 지지와 격려도 큰 몫을 차지했다. 가족들은 점점 더 깊은 사랑을 느끼며 평화롭고 행복한 가정을 만들어 가고 있다. 걷기와 길벗이 그녀에게 큰 도움을 주었고, 걷기에 익숙하지 않았던 그녀는 어느새 걷기의 달인이 되어 가고 있다. 평일에는 가족들과 시간을 보내느라 걷기에 자주 나오지 못하지만, 매월 진행하고 있는 남파랑길 걷기에 빠지지 않고 참가하고 있다. 그녀는 걷는 그 시간만이라도 오롯이 자신만을 위한 시간으로 보내며 멋진 추억을 만들어 가고 있다.

"걷기는 내면의 정화 작업이다. 걷기를 하면 복잡한 생각을 씻어

버리게 된다. 1박 2일 걷고 오면 적어도 1주일은 그 효과가 지속된다. 그런 이유로 계속해서 참가하게 된다. 지금은 가만히 누워 있으면 길을 걷고 싶다는 생각이 차오른다. 길이 나를 부르고 있다."

참고 문헌

Christopher K. Germer 외. (2012). 마음챙김과 심리치료

S. N. 고엔카. (2024). 명상 바로 지금. 내면의 지혜를 통한 내면의 평화

S.N.고엔카. (2021). 고엔카의 위빳사나 명상 2

다닐로 자넹. (2017). 나는 걷는다 고로 존재한다

달라이라마. (2017). 달라이 라마, 명상을 말하다

래리 로젠버그. (2006). 일상에서의 호흡명상

레베카 솔닛. (2017). 걷기의 인문학

레스터 레븐슨. (2018). 깨달음 그리고 지혜

로제 폴 드루아. (2010). 걷기, 철학자의 생각법

붓다다사. (2021). 붓다의 호흡법 아나빠나삿띠

빅터 프랭클. (2020). 죽음의 수용소에서

셰인 오마라. (2022). 걷기의 세계

수지 크립스 엮음. (2023). 걷기의 즐거움

애덤 포드. (2020). 걷다보니 마음이 편해졌습니다

액설 호퍼. (2018). 프로이트의 의자와 붓다의 방석

에바 M 셀허브 외. (2014). 자연 몰입

에크하르트 톨레. (2024). 삶으로 다시 떠오르기

엘렌 랑거. (2008). 마음챙김 - 생각을 여는 심리학

우 실라난다 사야도. (2002). 네 가지 알아차림의 확립, 사념처

윌리엄 하트. (2017). 고엔카의 위빳사나 명상

전현수. (2015). 정신과 의사의 체험으로 보는 사마타와 위빠사나

정승석. (2008). 유식에서 상식으로

존 카밧진. (2005). 마음챙김 명상과 자기 치유 (상, 하)

질 볼트 테일러. (2019). 나는 내가 죽었다고 생각했습니다

카렌 호나이. (2015). 내가 나를 치유한다

톨스토이. (2023). 이반 일리치의 죽음

틱낫한. (2018). How to Walk. 걷기 명상